新兴产业
金融大战略
中国经济的下一个支点

方家喜/著

Emerging Industry Financial Strategy
—China's Economy under a Fulcrum

经济管理出版社
ECONOMY & MANAGEMENT PUBLISHING HOUSE

图书在版编目（CIP）数据

新兴产业金融大战略/方家喜著. —北京：经济管理出版社，2013.5
ISBN 978-7-5096-2439-5

Ⅰ.①新… Ⅱ.①方… Ⅲ.①新兴产业—产业经济—研究—中国 Ⅳ.①F279.244.4

中国版本图书馆 CIP 数据核字（2013）第 080474 号

组稿编辑：申桂萍
责任编辑：申桂萍
责任印制：黄　铄
责任校对：陈　颖

出版发行：经济管理出版社
（北京市海淀区北蜂窝 8 号中雅大厦 A 座 11 层　100038）

网　　址：	www.E-mp.com.cn
电　　话：	(010) 51915602
印　　刷：	北京广益印刷有限公司
经　　销：	新华书店
开　　本：	720mm×1000mm/16
印　　张：	16.25
字　　数：	310 千字
版　　次：	2013 年 7 月第 1 版　2013 年 7 月第 1 次印刷
书　　号：	ISBN 978-7-5096-2439-5
定　　价：	48.00 元

·版权所有　翻印必究·
凡购本社图书，如有印装错误，由本社读者服务部负责调换。
联系地址：北京阜外月坛北小街 2 号
电话：(010) 68022974　　邮编：100836

序
危机后的选择

三年前,《七大趋势——危机后的世界金融格局》出版后,我认为自己还有一项工作需要去做,也就是要对危机后的实体经济或是产业部门做一基本的预期。肇始于2008年的金融危机直接的表现是虚拟经济的危机,而实质是实体经济创新不足和技术升级乏力。只有同时对实体部门的问题进行关注,才能在危机后做出理性的选择。

全球经济正在从危机走向复苏,世界各国都开始把目光和思考投向危机后的经济和生活。在复苏的进程中,全球学术界的一个声音在逐渐提升:如果说人类经历了顺应型社会(农业社会)、扩张型社会(工业经济)两个阶段,现在我们应该主动、理性地走向"第三季",也就是控制型社会,即以全球的理性去控制发展速度、调整发展方向。

近两年来,我利用到国外大学和研究机构访问讲学的机会,与世界知名专家和学者探讨危机后全球的发展问题。他们比较一致地指出,世界经济需要面对两个重要命题:一个是增长速度,一个是发展方向。

在今天的历史时点看世界经济发展的方向,需要有更多的维度和综合的视角。不光要着眼走出危机、走向复苏,更需要关照生态和社会的持续发展,选择符合人类共同利益和道德伦理的新兴产业。

(一)

伫立在今天的时空里,我经常恍惚中有一个真切的梦想,我真想回到工业革命之前。由于没有现代交通工具,我心安理得地从江南几千里步行进京赶考,呼吸清新空气,看万里河山,阅人间四季。这是一种情怀,一种人之为人的美好感受。

我心之梦想,不是要世界重回当初的农业社会,而是对人们不顾地球的承受力和人类的持续福祉而匆匆前行的担忧,更是对生态环境和人类身心整体文明的期待。

我们首先要担心的问题是,危机之后世界进入新一轮增长速度的比拼。毕竟，现在我们缺乏的不是速度，而是发展的质量。不求质量的高增长带来的是资源的粗放利用和环境破坏。

据研究，GDP增速超过7.18%就必然出现资源环境问题。中国科学院的一份文献称，1775年，欧洲进行工业革命时，世界人口大约为6.7亿，而今天的世界人口为70亿。1775年，人类对自然环境的干扰和破坏较少，所产生的废弃物也相对较少。而今天，每个人所产生的废弃物大约相当于当时的10倍。如此，人类对于环境的干扰和破坏大约相当于1775年的100倍。

危机之后，全球都有了一个共同的声音：抛弃速度，追求质量。从世界各国的发展规律来看，一国的GDP增长速度和GDP总量密切关联。GDP的总量越大，每增长一个百分点的绝对量就越多。世界上的发达国家如美国、日本的经济总量大，现阶段的增长率都比较低，低于历史上平均的增长率。随着我国经济总量越来越大，GDP潜在的增长率逐步下降是正常的。需要明确的一点是，中国已到了要主动控制增长速度，把发展质量和效率作为终极目标的时刻。

我们所期待的"稳态经济"强调的是质量的发展而不是数量的增长。"增长是同样的东西变多，而发展是同样数量的东西变好。"

另一个问题就是我们将来的发展方向。对于全球经济和中国经济来说，都面临着结构调整问题。这种调整和选择，需要符合全人类的共同利益和道德伦理。

本轮经济危机表面上由次贷危机肇始，逐步波及金融领域和实体经济领域，而实质是第三次工业革命后，技术进步的动能逐步递减，边际技术进步已无力推动生产力大幅增长，从而无法满足逐步提高的生产和消费需求所致。

百年一遇的经济危机之后，全球都在思考能源和环境问题。人类需要改变生活方式，应该发展符合人类长远利益的新兴产业，同时创建新机构管理空气和海洋这些全人类共有的资产。

我们需要在理论和实践上界定人类新兴技术和新兴产业的内涵，为之注入应对气候变化的低碳因素。发展低碳化的经济体系，将是应对全球性经济和环境双重危机的有效途径。

人类已经到达或超越了经济增长产生反作用、环境和社会成本超过抵消收益的临界点。所谓"经济的"增长已经变得不经济了，增长型经济正在衰退。

我们需要反思和调整我们的经济。在经济无限增长的观念将我们推向悬崖之前，理应对其审议。必须彻底改革经济学以更好地解释地球的物质现实。文明无须忽然终止，只需转移重点。对我们的发展方向和生产方式进行历史性变革，是国脉所系，也是未来国家地位的保障。

2011~2012年，我到美国斯坦福大学和韩国首尔大学作访问学者，专门就发展新兴产业和全球产业新周期与有关机构进行了合作研究。关于新产业革命的发展方向，美国、欧盟和一些新兴市场经济体总体认为，在经历了蒸汽机、电力、

互联网技术为代表的三次产业革命后,第四次产业革命主要集中在新能源、生物产业、新一代信息技术三大方面。国际上也有把即将到来的产业革命定义为第三次工业革命。

我与国外知名机构合作研究的结论是,第四次产业革命牵引下的全球产业新周期已经揭幕,预计到2030年将进入产业成熟期。据有关方面预期,如果发展中国家特别是"金砖四国"抓住了此次工业革命的机遇,与发达国家同步发展新兴产业,在未来20年内会改变全球经济不平衡的状态。

在走出危机的重要时点,中国政府提出了发展七大战略性新兴产业的重大政策导向。从战略预期上看,发展战略性新兴产业是把握第四次产业革命的根本举措。发展战略性新兴产业对于中国的更深层意义,是中国实现内在经济结构调整和增长方式转变的关键。中国对于新兴产业的选择符合集约型社会的需要,也符合世界的共同利益和道德伦理。

面对经济和环境双重危机,我们呼唤世界所有的经济活动主体强化经济伦理,立足于这个星球的整体福祉做出自己新的选择。

任何一个国家或政府,在制订宏观政策、发展战略和法律时,都要重视经济伦理。当政策、战略等涉及国家与国家之间的关系时,要有经济伦理的约束;在处理政府产业政策、经济战略等涉及与自然的关系时,要有人类共同、长远的利益观念,要坚持人与自然和谐的原则,而不能搞人类沙文主义;政府对本国的企业和公民,要履行提倡、灌输经济伦理并采取相应具体措施的义务。

(二)

我们怀揣着"中国梦"做出了一个重要选择,培育和发展七大战略性新兴产业,七大产业寄托了我们的梦想和期许,承载着经济发展和文明再造的使命。

自我国政府提出培育和发展战略性新兴产业以后,舆论上一直有一种意见,根据中国目前的发展阶段,仍然要把更多的资源投向传统产业,不用急于发展新兴产业。我的一个理解是,新兴产业不是与传统产业割裂的一个概念,而是传统产业在价值链上的深化和产业链上的延伸,其发展的内涵和外延涵盖了传统产业。新兴产业是传统产业改造和升级的牵引和支撑,我国经济的结构调整和产业升级需要新兴产业这一崭新动力。

但新兴产业如何发展,也就是市场和政府分别扮演什么角色?国际上一般有两种看法,一是任由市场发挥作用的新古典主义,一是政府发挥指导作用的凯恩斯主义。近两年来,我与国家有关部门的专家一同调研论证后的一个基本看法是,新古典和凯恩斯都不是完全适用于当前我国发展新兴产业的理论。

欧美国家的一个基本情况是,其大多数产业都已经处于全球产业链的最前沿,对于什么是新兴产业、什么是下一个经济支点,每个企业的看法不同,不会达成共识,政府也不可能比企业有更准确的信息。如此,政府最好的投资管理方式是让企业凭自己的判断来选择项目、自主投资。

不过,在发达国家也会出现这种情况,许多企业同时看好某一个相同的产业,例如20世纪90年代的信息产业和互联网。此时,企业的投资会出现"潮涌现象",像浪潮般地涌向这个产业。在投资前,每个企业都确信这个投资项目是个获利极好的项目,金融市场也会出现行为金融学所研究的"羊群行为",大量的资金投向这些项目,结果导致整个社会的过度投资,出现"非理性繁荣"(席勒,2001),等这些投资项目都完成以后,产能出现严重过剩,价格大幅下跌。

发展中国家的产业在世界产业链中处于链条内部的较低部位,经济发展沿着现有的各种资本和技术密集程度不同的产业台阶,由低向高不断升级。由于发展中国家在每一个经济发展阶段的产业升级,企业所要投资的是技术成熟、市场明朗、处于世界产业链上的产业。由于这个原因,在发达国家偶然出现一次"潮涌现象",在处于快速发展阶段的发展中国家很可能会一波接着一波的出现。所以,发展中国家的政府如果遵循新古典宏观经济理论,不对市场进行任何干预,完全依靠市场利率的升跌来调节投资,国民经济很可能出现一个产业接着一个产业的投资过热和产能过剩。

一段时间里,理论界对国家发改委等部门制定战略性新兴产业的发展方向和产业规划提出质疑。其实,由于前面提到的原因,国家有关部门对未来新兴产业做出粗线条的指引是必要的,也是可能的,只不过不要对细分产业和相关技术方面做出太多、太细的"指导目录"。

现在日本电子产业逐步后退,这归于日本通产省在20年前为日本企业筹划了未来的发展方向。当时它认为未来电子工业发展的趋势是大屏幕高清晰电视,因此指导企业纷纷进入这个行业。

发展中国家在发展新兴产业初期,如何做到有所为和有所不为显得相当关键。由于有发达国家的"先锋"和"参照"作用,发展中国家的产业升级并非像发达国家那样是属于不确定的事件,企业和政府都可以有相当准确的信息和判断。政府对于整个经济中的投资、信贷总量、国内外市场的需求等信息比个别的企业和金融机构有优势,政府可以利用总量信息的优势形成产业政策,对市场准入和银行信贷制定标准;同时,适时发布投资规模、信贷总量和市场需求情况的信息,让企业和金融机构了解整个经济的现在和未来总体情况的变化,避免产能过剩在传统产业升级和发展新兴产业时给整个经济体带来重大伤害。

方家喜
2013年5月

目 录

第一章 危机后的新产业周期 …………………………………………… 1

    第一节 危机后的展望：2020年的世界 ……………………………… 1
        一、21世纪的三大判断 ………………………………………… 1
        二、世界经济新格局 …………………………………………… 3
        三、危机后的产业格局 ………………………………………… 8

    第二节 第四次科技革命 …………………………………………… 11
        一、全球经济缺乏新的增长动力 ……………………………… 11
        二、第四次科技革命的特征：聚变的世界 …………………… 12
        三、第四次科技革命的战略价值与现实价值 ………………… 16
        四、2020年的世界：本轮技术全面成熟 ……………………… 25

    第三节 全球新兴产业行动 ………………………………………… 28
        一、各国选择新产业发展方向 ………………………………… 28
        二、全球新兴产业前景评估 …………………………………… 36
        三、世界新兴产业发展基本规律 ……………………………… 39

    第四节 中国新兴产业的发展方向和战略重点 …………………… 45
        一、新兴产业的基本特征 ……………………………………… 45
        二、产业发展路径和影响因素 ………………………………… 47
        三、选择七大战略性新兴产业的依据 ………………………… 50

    第五节 国家战略支持体系设计 …………………………………… 60
        一、建立政府运行机制 ………………………………………… 60
        二、建立产业法规政策体系 …………………………………… 62
        三、提出新兴产业技术振兴规划 ……………………………… 64
        四、构建国家教育支持规划 …………………………………… 67
        五、构建金融财税支持体系 …………………………………… 69

第二章 七大产业链 ……………………………………………………… 73

    第一节 四大支柱产业三大先导产业 ……………………………… 73

第二节 节能环保产业 ································· 74
　　一、产业的三大方向 ································· 74
　　二、产业链细分机会 ································· 78
第三节 新一代信息技术 ································· 81
　　一、物联网产业的三大应用 ·························· 82
　　二、三网融合 ······································· 93
　　三、下一代互联网 ··································· 96
　　四、云计算 ··· 99
第四节 生物产业 ······································· 105
　　一、各国提升生物产业定位 ·························· 106
　　二、生物医药产业：全球市场初具规模 ················ 108
　　三、全球资本钟情生物医药 ·························· 112
　　四、生物农业：实施五大战略 ························ 115
第五节 高端装备制造业的五大方向 ······················· 122
　　一、2020年高端装备制造业的发展趋势 ················ 123
　　二、高端装备制造业的投资机会 ······················ 127
第六节 新能源产业 ····································· 138
　　一、2020年中国能源结构 ···························· 140
　　二、生物能源 ······································· 143
　　三、核电 ··· 149
　　四、风电 ··· 153
　　五、太阳能光伏发电 ································· 155
　　六、智能电网 ······································· 156
　　七、清洁煤技术 ····································· 157
第七节 新材料产业 ····································· 158
　　一、中国新材料产业的发展 ·························· 160
　　二、新材料产业的市场规模 ·························· 161
　　三、新材料产业的重点投资方向 ······················ 163
第八节 新能源汽车产业 ································· 170
　　一、全球共识：发展新能源汽车 ······················ 171
　　二、产业发展路线 ··································· 173
　　三、产业链的发展 ··································· 177
　　四、资本市场机会 ··································· 181

第三章 金融资本的力量 …… 183

第一节 新兴产业融资周期 …… 184
一、新兴产业的五大融资周期 …… 184
二、资本开始布局 …… 186

第二节 四类投资基金直指新兴产业 …… 187
一、政府创业投资引导基金 …… 187
二、激发PE与VC投资热情 …… 203
三、设立七大产业基金：专注单一产业投资 …… 209

第三节 建立七家产业银行 …… 213
一、新兴产业银行模式设计 …… 213
二、设立新兴产业信贷中心 …… 217

第四节 中小企业集合债券和集合票据 …… 218
一、发达地区积极尝试 …… 219
二、健全信用担保体系 …… 220

第五节 新兴产业财税支持体系 …… 222
一、慎重梳理前期政策 …… 224
二、设计财税支持体系 …… 230
三、创设税收支持政策 …… 236
四、创设特别法案 …… 238

第六节 高新区新使命：科技金融试点 …… 241
一、高新区的新功能 …… 241
二、新兴产业的核心载体 …… 243
三、62个产业基地 …… 246

参考文献 …… 249

第一章　危机后的新产业周期

第一节　危机后的展望：2020年的世界

一、21世纪的三大判断

（一）世界持续面临两大危机

全球经济危机让人们对自身所生活的时间和空间有了更清醒的感知和认识。

不可回避的是，世界经济将长时间面临两股寒流：一是经济体自身出现发展危机；二是气候变化带来环境危机。全球在这两个领域都采取了一切可以利用的措施来克服危机，渡过难关。

实际上，经济领域和环境领域各自的问题一直以来都不同程度存在，给世界发展带来挑战，只不过在有的时期里是以经济危机为主导，比如20世纪30年代、70年代发生的全球经济危机；而有的时期里却是以环境危机为主导，比如20世纪50年代发生的大规模环境污染事件、近20年来由于石化能源消耗带来的全球气候变化危机等。

因此，以往我们都可以对这两种性质不同的危机有重点地分而治之，从而实现可持续发展。但这一做法在近期受到了挑战，因为全球性经济危机和环境危机首度出现了交叉的趋势。20年来一直受气候变化挑战的世界各国，在气候问题仍愈演愈烈的情况下，同期遭遇了严重的经济危机。

我们似乎越来越看到两者间可能存在的某种因果联系，而两者同步作用于人类和地球则给我们带来巨大的挑战。在传统意义上，经济鼓励政策与环境保护政策间存在着相左的作用力，这意味着我们无法仅仅采取单方面政策来同时克服两种危机。倘若要同步地刺激经济和保护环境，不仅需要对传统的经济理论进行革新，而且还需要提出更为综合和有效的政策措施。

（二）创新速度将成为全球竞争的核心

世界经济发展的逻辑已经十分清晰，每一轮科技革命带动新一轮经济结构和产业结构的变革。本次经济危机后的科技革命必然也带来产业的大调整和全球分工格局的深刻变化。

创新速度决定了大国经济复苏,特别是新兴经济体历史性崛起的速度。80年前的那场大萧条尽管使美国经济倒退了30年,但依靠汽车、石化、通信等领域的技术创新,美国经济仅用了8年的时间即得到恢复,进入重化工业时代,一跃成为世界首席经济强国;两次石油危机期间,以钢铁、汽车、化工等为代表的重化工业遭受了严重打击,但已有应对危机经验的美国大力发展计算机、航天航空、生物工程等一批高附加值、低能耗的新兴产业,顺势完成了经济结构的转型。与此同时,欧洲在计算机、机器人、通信网、生物技术、新材料等领域先后取得了一大批超前技术成果,为产业转型奠定了坚实基础。

本次危机大概也不会例外。目前,全球产业经过本次经济与金融危机的冲击,正处于调整与恢复时期,但是产业调整与发展步伐却不会因为金融危机而止步。美欧和日本等国政府及其处于顶层的一些企业正在酝酿一场产业革命,力图造就一个能够成为世界经济增长新引擎的超级产业。

新一轮科技和产业革命,让中国有机会站在同一起跑线上与经济和科技强国相竞争。而竞争中的关键因素是创新的速度和效率,中国需要看清形势,更需要选择好路径。

(三)新兴产业引领全球经济进入新周期

未来10年,世界经济仍将受到当前国际金融危机的后续影响,进入新的经济周期存在诸多不确定不稳定因素。但一个基本的规律将同样呈现,新兴产业从推动到成长、成熟的过程,即是经济危机后新的经济周期的基本进程。

未来5~10年,世界经济将在调整中逐步恢复增长,总体上呈现前低后高的走势。首先,从应对金融危机的政策措施看,各国在稳定金融形势、刺激经济复苏、改善基础设施、培育新兴产业等方面,采取了一系列力度空前的大规模综合性措施,实行极度宽松的货币政策和大规模的扩张性财政政策,同时加强国际政策协调合作。这对恢复当前市场信心、扭转经济下滑、促进经济复苏将发挥积极作用。

其次,从推动世界经济增长的长期基本动力看,经济全球化和科技进步仍将继续推动世界经济增长。各国大力发展新能源和节能环保等绿色产业,有可能引发新一轮的科技进步浪潮,形成新的经济增长点。

最后,从以往世界经济的增长趋势和波动规律看,经济金融危机不会改变世界经济长期增长趋势。根据以往规律,世界经济仍将逐步回升到长期年均增长水平。

危机后,中国和全球经济前低后高的增长,将源于目前正在发展的新兴产业的持续支撑。

二、世界经济新格局

（一）经济危机影响世界格局

世界经济在百年不遇的全球金融危机中"起死回生"，中国经济更是创造增长奇迹。危机以来，中国经济的韧性和应对大危机的宏观调控能力逐步增强，在货币政策与财政政策、产业政策的协调配合下，依靠强劲的内需增长抵御了罕见的外部冲击，较快地扭转下滑局面。中国不仅使经济率先实现了远超预期的Ｖ型复苏，引领全球经济走出阴霾，也开启了国际经济政治新秩序重塑的序幕。危机之后，世界的经济格局将按照一定的轨迹发生巨大变化。

据美国和日本权威机构预测，中国的国内生产总值在2020年前会超过美国，成为世界上最大的经济大国。不过，由于经济增长速度逐步放慢，到2050年时反而会被美国超过，尽管被超过的幅度很小。

到2050年时，世界的经济形势将会发生巨大变化。为了便于进行各国之间的比较，需要对按本国货币计算的国内生产总值进行货币换算。在进行换算时，采取了以2000年为基准年的购买力平价的计算方法。所谓使任何商品都不出现地区差价，也就是说采取"一物一价"的设想，适合对长期经济指标进行货币换算。

另外，印度的经济规模将会超过日本，并继续扩大。到2050年，美国和中国的国内生产总值的规模将近日本的7倍，印度的3.8倍。

俄罗斯经济发展和贸易部对2020年前国际经济发展前景进行预测，以卢布对美元汇率为30∶1计算，俄罗斯的GDP将在2020年超过5万亿美元。预测还说，2020年，俄罗斯的GDP将超越所有欧洲国家，在世界范围内，排在中国、美国、印度和日本之后。

高盛预测，墨西哥将在2020年超过俄罗斯和印度，成为世界第七大经济体，其对世界GDP的贡献也将达到7.8%。虽然墨西哥并不属于"金砖四国"之列，但是却属于奥尼尔2010年所提出的"增长型经济体"中的一员。据奥尼尔对这一概念的解释，属于该经济体成员国家的经济发展增速将在未来的10年内处于世界领先地位。此外，奥尼尔还表示，在过去的10年中，"金砖四国"对世界经济发展贡献达到了总额的1/3，其经济总量占世界经济总量的1/4。但是未来10年，世界的目光将逐渐转向这些所谓的"增长型经济体"。

世界权威机构的预测有一定的合理性。但事实是，每次国际金融危机都与世界经济格局变化有内在的逻辑关系。人类似乎总能从危机中寻找到新的解决方案。无论是美国大萧条后，建立了以美元为主导的国际金融与货币体系，或是1992年欧洲货币体系危机加速了欧元和欧洲经济同盟的诞生，或是1997年亚洲金融危机则改变了传统的以"雁行模式"为特征的东亚区域分工格局，促进了东

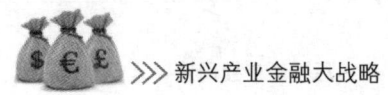

盟经济一体化进程。而此次全球金融危机也将对全球经济政治格局和发展路径产生了深远影响。

回望1933年大危机前后的世界经济增长格局变化。19世纪末20世纪初，西方国家经济步入空前繁荣，资本主义从自由竞争走向垄断。但是，以美国为首的资本主义经济在第一次世界大战后的高涨繁荣并没有消除周期性危机的严重弊端。随着世界工业生产能力不断扩张和产品市场逐渐缩小的矛盾日益激化，最终爆发了一场席卷全球并且影响深远的大规模经济危机。

危机最初于1929年爆发自美国，其后很快向欧洲、北美、日本等资本主义国家蔓延，并波及许多殖民地、半殖民地国家和地区。这次危机持续了4年，整个资本主义社会和经济受到沉重打击，工业生产率下降40%以上，直接损失高达2500亿美元。其中，美国和德国经济受到沉重打击，英国受危机影响较轻，日本时间较短，法国时间最长。但这并不是危机后全球经济格局变化的方向。相反，这次危机的结果大大出乎意料，世界经济力量对比、国际经济秩序甚至货币体系都出现了深刻变化。

1929年危机爆发后，美国对生产关系进行了调整，以使其适应社会生产的需要，并最终成为真正的世界强国。虽然英国所受影响最轻，但是由于缺乏必要的制度调整和合理的战略对策，因此其重新恢复一战前国际经济秩序的企图被彻底摧毁。德、意、日等国由于内部市场狭小，经济严重依赖外部，经济竞争力脆弱，在资本主义世界经济体系和国际市场的竞争中处于不利的地位，因此逐渐走上扩军备战、以武力夺取国际市场、重新瓜分世界的道路。与危机几乎同期，苏联开始了第一个五年计划（1928~1933）。该计划使苏联建成了独立的国民经济体系，并从农业国转变为世界第二大工业强国。这次危机使几乎所有大国都放弃了金本位制度。但是在美国带领下，西方国家最终于1944年在美国布雷顿森林召开国际货币会议，探索确立以美元为主导的国际货币体系。这标志着以美国为主导的新的资本主义世界经济秩序的最终形成。

1997~1998年的亚洲金融危机也是影响当代世界经济格局的一次大型危机。危机爆发之前，亚洲各国的经济关系主要基于"雁行模式"的区域分工结构。"雁行模式"的基本含义是，率先实现了工业化的日本将成熟产业转移到亚洲"四小龙"（韩国、中国台湾、中国香港、新加坡），后者又将其成熟的产业转移到东南亚四国（泰国、马来西亚、菲律宾、印尼）。纺织、化工、机械、电子等产业均以这样的次序传递，从而在区域内形成了一群处于不同发展阶段的新兴工业化经济体。在这种分工格局驱动下，东南亚各国经济得到飞速发展，也成功经受住了20世纪90年代日本泡沫经济崩溃的冲击。

但是，高速的经济增长和繁荣使东南亚各国忽略了世界大国之间的经济博弈和货币秩序变化可能对其产生的严重影响。在20世纪80年代《广场协议》后，美元曾遭遇很强的贬值过程和贬值倾向，但是当贬值被认为有损美元的储备货币地位时，美国开始提出强势美元思路。而这对于日本来说，《广场协议》后日元的升值直接导致了泡沫经济的产生。在进入90年代后，日本经济陷入困境，日元对美元贬值成为大势所趋。在此背景下，日本政府附和了美元升值要求，开始推动日元贬值。

日美两国经济力量和币值关系变化对于完全融入"雁行模式"，并大量依靠外资、奉行出口主导型经济和采取固定汇率制度的东南亚国家来说，是十分危险的信号。美元升值使实行固定汇率制度的东南亚各国货币具有巨大的贬值压力。日元贬值则使日本出口商在世界上更具价格优势，从而削弱了亚洲竞争者的竞争力。这样，1997年在经济结构和金融体制不相匹配的东南亚国家最先爆发了严重的金融危机。

危机爆发后，亚太经济格局迅速出现了一些新的变化特点：第一，"雁行模式"被打破。最有趣的现象是这次危机在亚洲的爆发和传递过程正好和"雁行模式"的分工格局演化方向相反，所有参与"雁行模式"分工的国家都依次受到危机冲击。第二，中国经济受到严重考验，国内首次出现通货紧缩局面。但是，鉴于良好的发展预期、国内改革的稳步进行以及人民币对外不贬值承诺，中国经济进入了一个新的机遇期。第三，危机也促使东南亚国家加快改革，并加速了东盟区域的经济一体化、东盟与区外国家的自由贸易区以及东盟成员国与区外国家双边自由贸易协定的建立。第四，为防范未来危机，很多发展中国家和新兴经济体开始大规模积累外汇储备，但是其贸易条件则呈现持续恶化趋势，同时其经济和金融也日益受到美国经济和美元的束缚甚至盘剥。

（二）本轮危机后的金融格局

1. 全球金融资产将缩水一半

2008年10月，笔者开始收集全球知名机构和经济学家对金融危机影响金融业的分析和预期。随着时间的推移，机构和经济学家悲观预期总体上升。据判断，全球金融资产总量（包括所有银行存款、政府债券、企业债券和股票）将缩水一半。笔者综合亚洲开发银行、日本日兴资产管理公司等多家机构的研究报告，这些报告总共调查近50家美国、欧洲以及亚洲的商业银行，得出的一个预期是，全球整个银行业将会经历2~3年的寒冬期，而全球银行业坏账将呈现近30年来最高水平。

本书作者调查包括纽约美国证券交易所、高盛、中国金融公司等50家机构的专家，65%的分析人士认为自2009年起全球股市将低位震荡两年。专家们认为，由于全球股票市场提前反映经济基本面，自2007年以来已先后下行比较大的深度，而且最悲观的预期也已经在2008年第四季度形成，未来全球股市大面积大幅下跌的可能性已经不大。

经济学家的另一个预期是，中国股市最先爬起但震荡最大。他们认为，A股市场或在2009年下半年可能出现新一轮上涨，但由于受到国际经济危机和国内经济的影响，领先世界爬起的中国股市在以后的走势中将呈现最大的震荡。对于未来三年中国股市的走势，经济学家的判断是，2009年股市仍将面临较大的不确定性，震荡有可能加剧，2010年和2011年则可望维持较小震荡中逐步上涨的势头。

2. 危机后将确立全球金融稳定协调机制

回顾历史上历次金融危机的救市情状可以发现，基本上是一国或区域性的行动，同时救市措施也较为单一，主要是向金融机构注资、回购股票等方式。此次金融危机中救市与过去相比呈现出诸多特点：政府起主导作用、各国有了更多的沟通与协商、区域和全球联动救市、国际机构 IMF 也罕见地参与了救市。特别是各国政府主要推出了注资、减税、降息、投资、银行国有化、产业振兴计划六种救市措施。

美国芝加哥商业交易所集团 CEO 多诺霍等人士表示，金融危机之后，全球各国应总结联合救市的程序、时间、方式等，讨论成立类似于"全球金融市场应急协作委员会"的机构。10多位经济学家表示，金融危机之后，应设立常态化的"全球金融稳定工作组"，"工作组"设在联合国。"全球金融稳定工作组"旨在确保救市参与者和各国监管机构集中注意力，紧跟经济（金融）危机复杂且不断变化的环境和形势，推动信息共享，加强彼此交流，提高政府间协商决策的效率。

根据预期，就像G20金融峰会，将来的"全球金融稳定协调机制"也会是以全球范围内的多方参加的会议为主要形式，来讨论和决定将来救市的时间、方式、分工等。

3. 过度虚拟将主导21世纪金融危机

经济学家预期，虽然各国正在用尽全力化解危机，但由于美欧主导下的过度虚拟经济积累甚重，无论如何也不可能借一次行动而全部消肿。可以断言，在21世纪，过度虚拟经济将不时（每隔5~10）会给世界人们带来或大或小的麻烦。

4. 美元一币独大对全球经济的负面影响将加大

中国、印度的一些经济学家表示，美国用自己几乎无成本印制的美元来换取国外廉价的原材料等初级产品和劳动密集型制成品，或者并购国外的战略性企业。

经济学家们认为，美联储过度宽松的货币政策是全球流动性过剩，大宗商品、黄金和石油价格暴涨，全球通胀迅速恶化的根源。经济学家们预期，金融危机后的五年内，美元仍将制造危机前的全球流动性过剩，并导致大宗商品、黄金和石油价格暴涨。全球流动性过剩将造成三种情况：一是资产价格上升，泡沫形成；二是CPI上升，通货膨胀；三是两者兼而有之。

中国、印度的一些经济学家表示，未来数年，流入新兴市场的资本多数是证券资本，如果发生大量资本外流，新兴经济体股市可能将剧烈波动，部分国家可能爆发金融危机。

5. 未来 20 年世界金融体系演绎大变局

经济学家们对金融危机后的世界金融体系充满了期待，他们认为应该从货币体系、国际金融组织、世界金融监管体系等方面逐步重建一个新的框架。

美国经济研究局（NBER）2008 年 10 月的一份研究报告预期，金融危机之后，欧元 7 年内取代美元的霸主地位，到 2015 年，美元作为全球储备货币的王者地位将被欧元取代。

不过，全球多数经济学家总体不认为美元作为参照货币的地位将在很短时间内受到彻底颠覆。他们认为，货币转变需要很长的过程，美元将依然保持优势地位但是处在多种主要货币体系中，欧元将是美元在今后 15~20 年的竞争对手。

针对人民币国际化的前景，中国有关机构组织了一项系统的研究。研究回顾了过去近 40 年来世界 7 种主要货币的国际化走势，试图总结出一些一般性规律，并借此来预测人民币国际化可能的前景。根据推测，人民币未来 15 年将成为非常重要的国际性货币。

笔者调查近 20 位中国、印度、欧盟和美国的经济学家和货币专家，他们中的一半以上对国际货币基金组织、世界银行、美联储等进行了尖锐批评和指责，并提出改造这些机构的理由和方案。他们预期，金融危机之后的 10 年内，目前的国际金融组织将接受系统性改组，而真正代表全球利益的"世界央行"应早日建立。中国和印度的几位经济学家表示，在金融危机之后，应该及时积极地将 IMF 改造成全球中央银行；重建联合国体系，使之成为政治和经济谈判的场所，以便于把世界主要地区的金融活动和货币政策协调机制建立起来。

6. 美元作为主要国际货币的地位将进一步削弱

首先，世界各国对美国恢复金融体系稳定和实现经济可持续增长的信心受到极大打击。美元在国际贸易结算、金融市场交易和各国外汇储备中所占比重有可能因此降低，这将削弱美元作为主要国际货币的地位。其次，金融危机后，国际社会特别是新兴市场和发展中国家强烈要求改革以美元为核心的现行国际货币体系，包括联合国在内的国际组织也赞同以特别提款权为基础建立超主权国际储备货币的主张。国际货币体系变革将不可避免地朝着弱化美元地位的方向发展。

随着新兴经济大国在世界经济中地位的不断提升和区域经济金融合作的深入发展，美元的独霸地位不仅继续受到欧元不断成长壮大的制约，而且将受到来自人民币等新兴市场国家货币国际化进程加快的挑战。国际储备货币多元化趋势将推动国际货币体系朝更加均衡和公平的方向发展。

在中国"十二五"时期，国际储备货币将不可避免地走向多元化，有可能形成由美、欧、中三大经济体货币共同主导的格局。从长期发展趋势看，为降低主

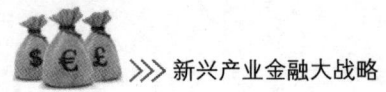

要国际货币之间汇率波动对全球经济的不利影响,未来世界各国在继续深化经济金融和货币合作以及探索建立超主权国际储备货币的过程中,有可能效仿欧元区的做法,探索建立世界中央银行和全球统一货币,彻底打破美国利用美元的特殊地位主导国际货币体系和国际金融运行的不合理格局。

7. 全球金融业务整合和战略转型加速

其一,行业集中度日趋提高。以美国为例,2010年度有157家银行倒闭,为1992年储贷危机以来的最高水平。美国金融机构的总体数量有所减少,生存下来的综合型大银行面临的竞争程度减轻,垄断性进一步加强。其二,行业并购整合步伐加快。2010年以来,一些经营稳健、资金充裕的大型银行抓住机会兼并其他陷入困境的银行。如蒙特利尔银行收购Marshall Ilsley、Hancock Holding收购Whitney Holding等。全球金融业的并购交易活动将愈显繁荣,而且这一趋势将在近几年内持续不断。其三,事业部模式的业务整合。主流金融机构的业务主线正朝着消费银行、投资银行、私人银行等事业部模块整合。2010年,苏格兰皇家银行向西班牙桑坦德银行、日本三菱日联金融集团等先后出售非核心业务。

三、危机后的产业格局

由金融危机引发的经济危机导致了世界经济格局的调整和变动,而产业格局作为世界经济格局的主要内容,也将面临新一轮"洗牌"。

发达国家出现"再工业化"浪潮,全球价值链面临调整和重组。"再工业化"是欧美发达国家针对工业在国内各产业中的地位不断降低、某些工业品在国际市场上的竞争力相对下降、大量工业性投资移师海外而国内投资相对不足而提出的一种"回归"战略,即重回实体经济,使工业投资在国内集中,避免出现"产业空洞化",这将使全球价值链面临调整和重组。比如,奥巴马政府2009年主张重新提起对国内工业尤其是制造业发展的重视,通过促进制造业高速增长,力图转向"出口推动型"经济发展方式。再如德国政府也在2009年提出"启动新一轮工业化进程"的计划,重振传统制造业,有选择性地对外转移传统产业;同时,发展高新技术产业,尤其是通过利用新能源等高新技术改造现有产业。

国际产业转移将在更广范围、更大规模和更深层次上进行。未来10年,国际分工将呈现出更加错综复杂的格局,不仅垂直分工与水平分工相互交织,而且基于产品链和产业链细化拆分的产品内分工和产业内分工也将继续发展,推动产品内和产业内贸易扩大,并带动相关服务贸易和投资的进一步增长,从而创造出更多的国际贸易和跨国投资机会。

近年来,各种形式的区域经济合作和自由贸易区蓬勃发展,区内贸易和投资有力地推动了国际贸易和跨国直接投资发展。从发展趋势看,区域经济合作和区域经济一体化仍将继续深化,区域内产品、资金、技术、人员等要素流动会更加

便捷，区内贸易和投资仍有很大的发展空间。

新一轮产业技术革命正在兴起，新兴行业的产业链将逐步生成。从世界经济发展历程看，人类应对经济危机并最终摆脱危机"后遗症"的方式有两种：一种是对外战争和国内革命，另一种是新技术革命。其中，实施新技术革命的社会交易成本较低，是最为积极和有效的"去危机"手段。本轮危机带来的世界经济格局变动必将"催生"新一轮的技术革命和产业革命。美国政府于2009年8月颁布了《美国创新战略》，主张强化美国自主创新的基本要素，保持并提高美国公司在全球创新领域的国际竞争力，推动新兴行业的重点科研项目取得突破。2010年颁布的《欧盟2020战略》指出，欧盟委员会在未来10年中，将致力于发展世界一流高等教育，依靠知识和创新增强发展数字经济的潜力，通过知识增长和新技术革命创造产业附加值。

区域经济一体化趋势逐步明显，区域内价值链分工将逐步深化。金融危机发生后，由于各国经济迅速下滑，导致全球贸易保护主义势力重新抬头。由此，各国开始强调地区合作的地域开放性和领域协调性，区域经济一体化步伐有加快的迹象。例如，欧盟通过地中海联盟扩大了区域合作的边界，东非共同体、东南非共同市场和南部非洲发展共同体（南共体）决定加强合作，西半球国家决定成立拉丁美洲和加勒比共同体等。与此同时，中国—东盟（10+1）自由贸易区的建立和清迈倡议多边化协议也是此次危机中区域一体化的亮点。由此，"后危机时代"，区域经济一体化可能迎来新的高潮，这将带动各区域内价值链分工的进一步深化。

"低碳经济"成为未来产业新模式，低碳产业链将重构世界产业体系。随着环保节能成为人类社会的普遍共识，以发展"低碳经济"为核心的"绿色增长"模式成为世界经济发展新的"标准模式"。而"低碳技术"是"低碳经济"的重要支撑，是"低碳经济"发展战略的核心。欧盟、美国、韩国和日本等发达国家都强调，要在"清洁能源"和"绿色技术"领域增强自主创新能力。"低碳技术"产生引发了"低碳经济"产业的发展，必将构建起覆盖全球的低碳产业链，这对全球产业体系将产生革命性的影响。

新能源和节能环保等绿色产业有望引领全球产业转型升级。新能源开发和产业化将带动相关产业的发展，形成规模庞大的产业集群，而节能环保和低碳技术的推广应用也会带动传统产业的转型升级，引发全球产业结构新的调整重组，推动形成新一轮经济增长。

新能源和节能环保等绿色产业的发展，不仅将创造出新产品、新技术和新产业，带动相关产业转型升级，引发新的全球产业调整转移，而且将创造出对绿色产品、节能环保技术和设备等方面大量新的需求，带来更多贸易和投资机会，成为国际贸易和跨国直接投资新的推动力。

国际贸易和跨国投资将再趋活跃。发达国家仍将重点发展金融、保险、信息、技术、会计和法律服务等现代服务业，继续向有成本和市场优势的新兴市场和发展中国家转移一般制造业和高新技术产业的生产制造环节，以及非核心研发环节和相关的生产性服务业。新兴市场和发展中国家在继续承接发达国家制造业转移和服务业外包的同时，产业结构也将不断调整升级，努力缩小与发达国家的差距。

世界增长动力转向，主要新兴经济体地位提升。"十二五"时期，发达国家与新兴市场和发展中国家的力量对比将继续此消彼长，新兴市场和发展中国家在世界经济中的地位将进一步提升，对世界经济增长的贡献继续增大，主要新兴经济体在国际经济金融事务中的话语权和影响力将显著增强，世界经济格局将发生新的深刻变化。

首先，发达国家将继续受到金融危机的后续影响，即使经济复苏也只能维持低速增长；新兴市场和发展中国家将继续推进工业化和城市化进程，经济仍将保持较快增长，在世界经济总量中的份额还会提高。据测算，到2015年，美、欧、日三大经济体在世界经济总量中的份额分别为18.9%、13.5%和5.3%，比2008年分别下降1.44、1.39和0.84个百分点；新兴市场和发展中国家在世界经济总量中的比重将达到52.2%，比2008年上升4.7个百分点。

表 1-1 中国 2020 年经济增长预测

	预测期间	GDP 平均增长率（%）	期末 GDP 值（亿元）	TFP 增长率（%）	投资占上年 GDP 比重（%）
基准模型	2008~2010 年	8.2	69274.29	3.3	0.48
	2011~2015 年	8.3	102955.8	3.3	0.48
	2016~2020 年	6.7	142249.4	3.0	0.43
情形 1	2008~2010 年	8.2	69274.29	3.3	0.48
	2011~2015 年	7.3	98310.26	3.0	0.48
	2016~2020 年	5.4	128105.4	2.7	0.38
情形 2	2008~2010 年	8.2	69274.29	3.3	0.48
	2011~2015 年	6.2	93642.20	3.0	0.38
	2016~2020 年	4.5	116952.4	2.7	0.28

注：①期末 GDP 值为 1978 年不变价。

②中国社会科学院对中国 2020 年前全要素生产率下的经济增长状态进行了预测。全要素生产率的增长率常常被视为科技进步的指标。全要素生产率的来源包括技术进步、组织创新、专业化和生产创新等。产出增长率超出要素投入增长率的部分为全要素生产率（TFP，也称总和要素生产率）增长率。

情形 1：假设全要素劳动生产率增长在 2008~2010 年、2011~2015 年以及 2016~2020 年这三个阶段分别为 313 %、313 %的 90 %以及 313 %的 80 %，投资占上一年 GDP 的比重在 2008~2015 年与 2005~2007 年相应值的平均值相同，在 2016~2020 年这一阶段，为平均值减去 10 个百分点。情形 2：对全要素劳动生产率增长的假设与情形 1 相同，投资占上一年 GDP 的比重在 2008~2010 年与 2005~2007 年相应值的平均值相同，在 2011~2015 年这一阶段，为平均值减去 10 个百分点，在 2016~2020 年为平均值减去 20 个百分点。在这样的假设之下，我们得到表 1-1 所示的预测结果。

资料来源：中国社会科学院研究报告《中国 2020 年前经济增长预测》。

其次，随着在世界经济总量中所占份额的增加，新兴市场和发展中国家在国际经济金融事务中将发挥更大作用，全球治理结构将发生深刻变化。

最后，虽然主要新兴经济体在世界经济中的地位将不断提升，但美国等发达国家在政治、经济、军事和科技等方面领先的优势地位不会发生根本改变。发达国家与发展中国家由于发展阶段不同而造成的南北差距将长期存在，在资源、环境和发展等方面仍有尖锐的矛盾和利益冲突，发展中国家在推动建立公正、合理的国际经济新秩序和维护自身利益方面依然任重道远。

发达国家设限更多，世界经济不和谐局面加剧。"十二五"时期也存在一些制约国际贸易和跨国直接投资发展的不利因素。一是全球经济失衡的再平衡调整，特别是美国等发达国家将减少消费和提高储蓄率，这虽然有助于纠正全球贸易严重失衡格局，但也将降低进口需求，制约新兴市场和发展中国家出口的增长，从而抑制国际贸易的增长。二是发达国家出于政治、经济、安全等方面因素的考虑，对来自新兴发展中大国的投资和收购兼并活动，有可能设置更多的障碍和采取更多的限制。

"十二五"时期，国际贸易和跨国直接投资将再趋活跃，重新成为推动世界经济增长的重要力量。预计国际贸易的年均增速将恢复到5%~7%的正常水平，全球商品和服务贸易占世界生产总值的比重继续维持在25%~30%，全球贸易失衡状况有望缓解；跨国直接投资将逐步回升，年均规模有望重新达到1万亿美元以上，新兴市场和发展中国家在跨国直接投资中的比重将进一步提升，能源资源、基础设施、现代服务业和绿色产业将成为跨国投资的重点领域。

总体上看，发达国家在科技创新、发展新兴产业等方面仍将保持领先优势，新兴市场和发展中国家在传统制造业等领域虽然具有较强的国际竞争力，但在国际分工中仍将处于不利地位。

第二节 第四次科技革命

一、全球经济缺乏新的增长动力

从数百年的历史和经验来看，经济危机与科技创新有着密切关系。一方面，经济危机爆发很大程度上起源于科技投入不足和科技创新缓慢，长期的科技沉寂会带来经济各领域的一系列问题最终导致经济危机；另一方面，国际社会克服经济危机最终还是要靠科技创新，科技创新不仅成为克服经济危机的突破口，而且还将决定危机后谁将主导新一轮科技革命的关键，甚至成为决定危机后各国综合

实力重新排序的根本。

国际学术界的研究也表明，技术革命与经济危机之间存在某种很强的关联性。德国经济学家门施在《技术的僵局》一书中，利用现代统计方法，通过对112项重要的技术创新考察发现，重大基础性创新的高峰均接近于经济萧条期，技术创新的周期与经济繁荣周期成"逆相关"，因而认为经济萧条是激励创新高潮的重要推动力，技术创新又将是经济发展新高潮的基础。

大萧条期间，罗斯福提出美国科技发展的五条基本原则，大力发展电信、无线电、合成材料等新兴制造业，很快推动了以电灯、电动机的出现为标志的电力科技革命，最终在世界性危机中率先走出来并使美国综合国力大大提升，始终保持了世界老大的地位。

亚洲金融危机后，韩国改"出口立国"为"科技立国"，致力于建立"以科技为中心的社会"，集中发展计算器、半导体、生物技术、新材料、新能源、精细化工、航空航天等28个知识型产业，仅3年时间经济率先复苏。

全球性经济危机往往催生重大科技创新和科技革命。自1788年世界上第一次经济危机发生起，这样的规律就反复显现。1857年的世界经济危机引发了以电气革命为标志的第二次技术革命，1929年的世界经济危机引发了战后以电子、航空航天和核能等技术突破为标志的第三次技术革命。

按照常理，科技革命的间隔周期应该是越来越近。第二次科技革命与第一次科技革命相距90年，第三次科技革命与第二次相距70年。可是，自从20世纪40~50年代开始的以原子能、电子计算器和空间技术的广泛应用为主要标志的第三次科技革命以来，已经60多年了。20世纪上半叶奠定的科学技术基础，其带来的技术成果已经无法承担拉动世界经济持续增长的动力，尤其是以电子计算器技术为代表的互联网泡沫在2000年左右破灭，标志着第三次科技革命浪潮已经走到尽头。

但遗憾的是至今还没有掀起第四次科技革命浪潮，科学已经沉寂60多年。而目前以生物科技、新材料、新能源、航天技术等为代表的新一轮科技革命在不断酝酿中，世界科技处于新旧革命的空白期。当前世界性金融危机可能是催生新一轮世界科技革命最好的刺激因素。

二、第四次科技革命的特征：聚变的世界

（一）人类已经历三次科技革命

在最近的200年中，全球进行了三次科技革命，并引发了相应的三次产业革命，影响甚至决定了世界经济和社会发展的进程。

第一次科技革命发生在18世纪60年代，其产生条件是资产阶级统治在英国的确立，海外贸易、奴隶贸易和殖民掠夺积累了大量资本，圈地运动的进一步推

行造成了大批雇佣劳动力，工场手工业的发展积累了一定的生产技术。18世纪中叶英国成为世界上最大的资本主义殖民国家，国外市场急剧扩大。

第二次科技革命发生在19世纪70年代，其产生条件是，资本主义制度在世界范围内确立，资本积累和对殖民的肆意掠夺积累了大量资金。自然科学取得突破性进展，世界市场的出现和资本主义世界体系的形成，进一步扩大了对商品的需求。

第三次科技革命发生在20世纪四五十年代，其产生条件是，第二次世界大战后，资本主义推行福利制度与国家垄断资本主义，政局稳定，20世纪初科学理论的重大突破和一定的物质、技术基础的形成。

三次科技革命的主要成就与特征：第一次科技革命首先发生在英国，并以英国为主体；以轻工业为主导；以蒸汽动力为主要标志；技术发明主要源于工人和技师的实践经验。第二次科技革命实现了电力的广泛应用（西门子——发电机、格拉姆——电动机）；内燃机和新交通工具的创制（卡尔本茨——内燃机驱动的汽车、莱特兄弟——飞机）；新通信手段的发明（贝尔——电话、马可尼——无线电报）。其特征是科学同技术开始密切结合；新技术发明几乎同时发生在几个国家；一些国家两次工业革命交叉进行。第三次科技革命以原子能技术、航天技术、电子计算机的应用为代表，包括人工合成材料、分子生物学和遗传工程等高新技术。其特征是科学技术推动生产力的发展，转化为直接生产力的速度加快，科学技术密切结合，相互促进，科学技术各个领域相互渗透。

表1–2　代表性通用技术创新对经济增长的贡献

	时　期	资本深化	生产方面的技术进步	应用方面的技术进步	总　计
蒸汽机（英国）	1780~1860	0.19	—	0.32	0.51
铁路（英国）	1840~1870	0.13	0.10	—	0.23
	1870~1890	0.14	0.09	—	0.23
铁路（美国）	1839~1870	0.12	0.09	—	0.21
	1870~1890	0.32	0.24	—	0.56
电力（美国）	1899~1919	0.34	0.07	—	0.41
	1919~1929	0.23	0.05	0.70	0.98

资料来源：北京大学中国经济研究中心。

（二）科技革命推动产业革命

产业革命，一般是指由于科学技术上的重大突破，使国民经济的产业结构发生重大变化，进而使经济、社会等各方面出现崭新面貌。

产业革命最早发生在英国。18世纪60年代首先从纺织业开始，80年代由于蒸汽机的发明和采用，促使产业革命进一步深入，遍及化学、采掘、冶金、机器制造等部门。继英国之后，法、德、美等国也于19世纪相继完成了产业革命。机器大工业的建立，为资本主义制度奠定了物质基础，使之最后战胜封建制度而居统治地位。产业革命促进了资本主义生产力的迅速发展，提高了生产社会化的程度。第一次产业革命时期的一系列发明、创造，构成了世界范围的第一次科学技术革命。

19世纪70年代以后，自由资本主义进入了垄断资本主义时期。1873年爆发了空前深刻的世界经济危机，企业之间、部门之间、各个资本主义国家之间的竞争愈演愈烈，推动了资本主义世界出现一系列的工业发明创造。其中，发电机和电动机的发明，导致了"电气化"时代的到来；内燃机的出现，促进了石油的开采；电话、电车和无线电的发明，进一步便利了交通。从而形成了世界范围的第二次科学技术革命。

这一时期中，炼钢技术的改进，化学在工业中的广泛应用，尤其是内燃机的发明与应用，不仅使原有的重工业部门（钢铁、采煤、机器制造等）有了进一步发展，而且形成和发展起来一系列新的工业部门，如电力、电器、化学、石油、汽车和飞机制造等，使世界工业生产又有了新的发展。到19世纪末，重工业在世界工业中开始占主导地位。继英国之后，美、法、德、日等先进国家实现了工业化，成了以重工业为主导的工业国。工业的进步和资本主义经济体系向全世界的扩展，促进了交通运输和国际贸易的发展，同时也推动了农业生产的发展，各资本主义国家的农耕技术有了进一步提高，粮食产量有了显著增长。

第二次世界大战后，由于帝国主义国家国内生产集中垄断和社会化过程的不断加强，国际间竞争的日益加剧，以及国民经济军事化的不断发展，在世界主要工业国家中，经历了一场深刻的科学技术革命，人们称为第三次科学技术革命。

这次科学技术革命是以核能的利用、电子计算机和空间技术的发展、海洋的开发为其主要标志。科技革命波及各个领域，出现了一系列新兴的科学技术，并在此基础上形成了许多崭新的工业部门，如高分子合成工业、核工业、电子计算机工业、半导体工业、航天工业、生物工程、激光光导纤维等工业。尤其是电子计算机、控制和自动化技术的发展，取代了部分人脑的工作，大大增强了生产的自动化程度，从而提高了劳动生产率，推动了主要工业国家经济的迅速发展，同时这些国家的农业也实现了现代化。

人类在向海洋索取资源和征服宇宙，以及探索新的能源、原料等方面也取得了许多新的进展。此外，被称为第三产业的非物质生产部门，也得到飞速发展。电子计算机尤其是微处理机的广泛采用，正在改变着人们的劳动、生活方式，微处理机正在进入家庭生活，将产生难以估量的社会影响。

（三）第四次科技革命牵引2050年前的世界

21世纪是科学技术全面发展和科学理性充分发展的世纪，世界科技革命开

始向更高的阶段迈进，新的科技浪潮正迎着新世纪的曙光蓄势待发。新的科学发现和技术发明，特别是高技术的不断创新及其产业化，将对全球化的竞争和综合国力的提高、对世界的发展和人类文明的进步产生更加巨大而深刻的影响。

这一次科技革命终将使2050年前的全球产业结构、生产工具、劳动者素质等生产力要素和人们的生产方式、生活方式、思想观念发生新的革命性变化。

信息技术成为率先渗透到经济社会生活各领域的先导技术，世界正在进入以信息产业为主导的新经济时代。随着以信息技术产业为代表的高技术产业的发展，高技术服务业的比重将大大增加，也将促进以物质生产、物质服务为主的经济发展模式向以信息生产、信息服务为主的经济发展模式的转变。

同时，基因技术、蛋白质工程、空间利用、海洋开发以及新材料、新能源的发展将产生一系列重大创新成果。

与生物学相关的技术将成为21世纪新的经济增长点。生物技术是有生命物质的工业应用技术，用于制造食物、药品或其他产品。生物技术中包括了传统生物技术和现代生物技术，传统生物技术是人类应用发酵技术制造酱油、醋及酒等传统产品。而现代生物技术中的基因工程，或重组DNA（脱氧核糖核酸）技术，则可以广泛地用于药物及农业方面。人类基因组序列工作框架图的绘就，直接引发了基因革命的新冲击波。基因革命在21世纪有望通过改变物质生产方式而重塑全球经济。

在21世纪，绿色科技成为未来科技为社会服务的基本方向，也是人类走向可持续发展道路的必然选择。绿色科技强调自然资源的合理开发、综合利用、保护和增值，强调发展清洁生产技术和无污染的绿色产品，提倡文明、科学的消费和生活方式。

国际能源技术发展的趋势将较少地依靠单一能源而更多地依靠多种能源。影响未来能源结构的最大不确定因素是温室气体（主要是二氧化碳、氧化氮、臭氧、甲烷）所造成的全球气温的升高。长期能源战略侧重于能源结构的调整。未来的能源结构将主要依靠两种不含碳的一次能源结构。能源技术发展方向的第二个方面是节能。节能技术的发展反映在各个领域：一是改进结构，比如在房屋建筑中使用绝缘材料以促进电力的有效利用；二是改进使用油及天然气的机器以提高燃料的使用效率。

纳米技术具有彻底改变物质生产方式的巨大潜能。它有可能在新世纪引发一场新的产业革命。同时，柔性生产正以全球规模兴起。柔性生产系统不仅具有硬件生产系统的特征，更主要的是具有软件组织系统的特征。

科学技术一体化以及自然科学与社会科学日益交融成为科技发展主流。本次科技革命，科学技术将呈现更多的交叉性、复杂性和多样性特征。同时，科学技术化和技术科学化也是21世纪科学技术的鲜明特征。在一定程度上科学正在变成技术，而越是新技术，包含的科学知识越密集。科学的进步依赖于最新复杂技术装备的支持。在一些领域中，出现科学研究与技术开发并行不悖、同时并进的现象。科学发现推动技术开发，技术应用又促进科学研究。这就缩短了科学发现与技术应用之间的时间间隔，加快了科学技术发展的速度。同时，21世纪也将是不同领域科技创造性融合的时代。科学和技术更加接近，各种不同科技领域之间发生共鸣作用和共振现象，随时有可能产生爆炸性的波及效果。

未来科技和产业革命的方向不会仅仅依赖于一两类学科或某类单一技术，而应该是多学科、多技术领域的高度交叉和深度融合。其中，信息技术将进一步发挥基础和支撑作用，生物、纳米、材料等技术将更广泛地渗透、交叉、融合，产生若干新兴技术和新兴产业，进而引发新的技术变革和产业革命。兰德公司有关研究指出，生物、纳米、材料技术的发展以及它们与信息技术的深度融合有可能对未来经济和社会的发展产生深刻影响。例如，新材料技术应用于生物医学工程领域，有可能在微创手术、健康、生命检测、寿命预测等领域产生一批新技术；而信息技术将为遗传学、生物芯片、医疗设备、智能材料等领域提供广泛的技术支撑。

一个共识是，生物技术、信息技术、新材料技术等的交叉和融合将引发新一轮的科技革命和产业革命。

三、第四次科技革命的战略价值与现实价值

（一）第四次科技革命的战略价值

1. 符合人类生存至高伦理

人类的未来发展需要符合更高的伦理层面。现代科学技术的发展，提升了伦理的境界，扩大了伦理的范围。

随着现代科学技术的发展，人类创造的技术圈、智慧圈，越来越强烈地冲击着生物圈，面对严重的生态失衡、环境污染、人口数量和人口质量等问题，人与自然、人与自身、人与宇宙等关系就严重地摆到了人类面前，中外一些伦理学家尤其是西方一些学者开拓了"生态伦理学"、"生命伦理学"、"宇宙伦理学"等新的研究领域。

21世纪以前，人们主要将道德看成是调整人际关系的社会规范和评价体系。后来，随着生态学的发展，人们便将道德扩展到人与自然之间。生态学揭示，人和自然构成了一个现实的系统——生态系统，二者相互作用并保持着一定的平衡。但是第二次世界大战以后，主要由于人为的原因，使生态平衡日益受到破坏，以致威胁着人类的生存和发展。能源危机、环境污染、资源枯竭、人口压力等已经成为全球性的问题。在世界范围内曾经出现过"八大公害事件"，就是典型例子。

中国在这方面的问题也很严重。如土地沙化面积日渐扩大，环境污染造成的损失估计每年约 30 亿元。在生态危机的情况下，世界上不少人意识到，生态问题是涉及全球性的全人类利益的大事。未来学派指出，对生态的保护和对其他生命形式的尊重，是维持生态和保护人类两者所不可缺少的重要条件。人们对世界的自然资源没有绝对使用的权利，必须尽可能公平地保护和共享之，不论其所处的地理位置如何。他们强调，"人们应该认识到我们知识的增加和力量的发展，是对我们子孙后代和其他形式的生命的责任与义务"。

美国学者 J.D 蒂洛在解释"自然道德"时说："在自然界道德方面，可以依据他对周围自然物的行为，判断他是道德的还是不道德的。"前苏联伦理学家季塔连科把人对自然的态度，列为共产主义道德的一条重要规范。在人们对人和自然关系的深层认识的基础上，"生态伦理学"应运而生。"生态伦理学"是一门揭示环境或生态道德的本质及其建构规律的学科。它指导人们在同自然界进行物质、能量、信息交换的过程中正确处理人和自然的关系，推动环境保护，维持生态平衡，创造更加美好的环境，从而保证人类物质生产能够顺利进行，促进社会物质文明的发展，造就人们在环境问题上的高尚的道德情操。

表 1-3　我国人均资源占有情况与世界平均水平的比较

资源种类	我国人均占有水平	与世界人均水平的比率（%）
耕地	0.1 公顷	42
淡水	2.257 立方米	27
森林	0.12 公顷	20
矿产保有储量潜在总值	0.93 万美元	58
其中：		
煤炭（探明可采储量）	98.94 吨	53
石油（剩余储量）	2.7 吨	11
天然气（探明可采储量）	769 立方米	3

资料来源：中国科学院。

2. 有利于人们担当未来责任

世界的发展和地球的演变，突出地要求今天的人们对未来对人类承担责任。在小农经济的社会里，由于"日出而作，日落而息"的劳动生活方式，人们没有关于未来的观念。时间是周而复始的循环，历史是永无止境的重演。所有的道德理想和价值观念，都要求人们重视经验，遵循古制，对过去负责。

资本主义工业的发展冲破了因循守旧的封建经济，扩大了人们的眼界，资本主义把冷冰冰的现行利益提到压倒一切的地位，其道德观念的核心，就是鼓动人们争取现世的功利，因而事实上就是鼓励人们只对自己的现世负责，无须顾及过去，也无须展望未来。而在新科技革命的条件下，未来问题占有突出的地位。这一方面是自由市场主义对未来不负责任的做法所造成的严重恶果，给人类的未来发展投下了可怕的阴影；另一方面是人类今天所具有的科学技术手段，已经能够在许多方面大大改变那些原来是纯自然的过程，使这些过程能够按照人的意愿来发展。未来不再是一个与人无关的自然而然出现的必然，而是人们主动创造和选择的结果。

新的科学技术革命要求对人类的整体和平与发展承担责任。人类自脱离原始社会以来，文明的进步总是伴随着社会的分裂。资本主义商品经济一方面把整个世界连成一体，另一方面又在世界范围内造成严重的分裂。东西对峙，南北鸿沟，反映了资本主义内在的深刻弊端。当尖端技术用于足以毁灭人类的大规模军备竞赛时，科学研究能在道德上保持中立吗？经历种种危机后的人类，应该真切地认识到共同的责任，选择方向，实现一场有益于全球的科技革命。

(二) 第四次科技革命的现实价值

1. 缓解全球环境危机

人类从游牧转到农耕以来，地球的环境就不断遭到破坏。随着人口的增加、城市的不断兴起及连绵不断的战争，环境的破坏逐渐加剧。工业革命后，环境破坏愈演愈烈。今天的地球已是百孔千疮，如不及早控制，在100年内人类可能将面临无法生存的悲惨局面。

目前，酸雨已经成为工业化世界最棘手的问题。在过去25年中，雅典的历史遗迹被酸雨侵蚀造成的损失，超过以往2400年的总和。瑞典9万个湖泊中，几乎1/4被酸化；其中有4000个湖泊，鱼类无法生存。美国东部数以千计的湖泊中，至少有10%已酸化到无法养鱼的程度。瑞士阿尔卑斯山脉中部的针叶树，43%由于酸雨侵害干枯死亡。

空气污染，不但损害人体健康，也损害建筑物。1988年，墨西哥首都有312日的空气质量不符合世界卫生组织标准。1989年1月，该市不得不对全体学童放假1个月。

排放到大气中的二氧化碳的不断增加，导致地球温度上升。工业革命开始时，空气中的二氧化碳浓度为280ppm，1959年二氧化碳浓度为316ppm，两个世纪增加了13%；1959~1998年，二氧化碳浓度为367ppm，39年中又增加了17%。如果地球温度上升的速度继续下去，那么，到2100年，全球平均温度将增加1~4摄氏度，海平面平均上升17~100厘米，这将会严重影响生态环境，导致飓风、洪水、旱灾等畸形气候。占全球人口50%以上的沿海居民，也将受到严重威胁。

8000年前，还没有大规模垦荒时，全球森林覆盖面积为60亿公顷，大约占全球地表面积的40%。目前，森林覆盖面积只剩下36亿公顷，每年砍伐林木的面积至少为1400万公顷，仅1997年、1998年两年，在亚马逊河流域，就毁林520万公顷（包括草原）；同样在这两年，印尼大约毁林200万公顷。

第一章 危机后的新产业周期

开荒毁林、不良的农牧业生产方式以及城市的兴建，都导致土地退化。目前，全球土地有11%即12亿公顷，已经遭受不同程度的退化，其中最严重的是亚洲和非洲。

毁林开荒、过度放牧、不当的农耕和灌溉方式，导致土地盐碱化、土地沙漠化。在次撒哈拉非洲、地中海非洲、中东、西亚、南亚、美国西部、南美和墨西哥部分地区，沙漠化进程不断加速。据联合国估计，全球33亿公顷的牧地和耕地已经不同程度地沙漠化，到2000年，大约有12亿人生活在沙漠化的威胁中。

大规模毁林也破坏了生物的栖息地，造成一些物种的消失。专家警告，如果毁林规模按目前的速度继续下去，那么，在今后100年中，50%的物种就会完全消失。多样化的物种是宝贵的资源。对破坏生物多样性的严重后果，不少人还缺乏足够的认识。据科学家估计，物种多样性，在药物制造和农作物育种方面产生的经济效益，每年大约为400亿美元；美国制造的药品中，大约25%来自各种野生植物。难怪科学家将物种消失称为"基因冲刷"，其严重性和土壤流失相同。

淡水资源的匮乏已经成为严重问题。目前，人类可利用的淡水资源，大约只有全球水资源总量的0.5%，而淡水消耗量每年以4%~8%的速度增加，比人口增长率还要大得多。这样贫乏的水资源，长期以来，还遭受不断的破坏。

由于谷物灌溉面积的扩大，导致地下水超标使用。美国巨大的Ogallala地下蓄水层，因超标使用导致水位每年下降1米，有朝一日，将面临枯竭。

淡水污染不但发生在发展中国家，也发生在发达国家。印度所有河流，几乎都成为城乡居民的"垃圾箱"，以致全印度70%的江河湖泊受到污染；美国湖泊中大约有60%受化肥等污染；瑞士的日内瓦湖被化肥、农药污染，导致鱼类死亡。

人迹罕见的南北极似乎应该没有遭到破坏，其实不然。长期以来，俄国在西伯利亚大肆捕杀野狼，17世纪50年代，俄国全国税收的1/3来自西伯利亚的狼皮。大规模捕杀野狼，造成环境的巨大损害。

近年来，北冰洋的严重环境问题是石油污染。1989年3月24日，一艘巨型油轮在阿拉斯加海域泄漏了3.6万吨原油，污染了周围2000公里的海域，造成无数海鸟、海獭等动物死亡。

南极地区在20世纪初叶就开始大规模捕鲸，英属SouthGeorgia岛成为捕鲸业中心。在1930~1931年夏季，捕杀了2.9万多只冬鲸，生态平衡被破坏的后果，至今还无法确切估计。

总之，今天的地球几乎已经找不到一处未被破坏和污染的净土。

实际上，在环境问题的压力下，经济增长对技术进步的迫切要求使得我们有可能同步实现环境保护与经济复苏，并为下一轮长期新经济增长找到动力源泉。环境问题的解决之所以徘徊不前，核心在于它与现有经济之间存在冲突和矛盾，而经济危机恰恰给我们解决环境问题带来了新的契机。

一个基本逻辑是，在解决环境问题和发展经济之间的一个和谐选择即是低碳经济，而低碳经济的勃兴则需要新的科技革命。

首先，传统产业的衰退给新兴产业的崛起提供了空间，以低碳化能源发展为代表的低碳经济产业，不仅可以为传统产业的振兴提供支撑，其自身也可以在这一过程中找到发展机会。

其次，应对气候变化的低碳技术进步将填补经济增长所需技术进步的供需缺口。从长期看，世界经济要得到彻底复苏和增长，寻求稳定而持续的技术进步领域是必然选择，能够改变基本生产和生活要素性质的低碳化技术堪当重任。

最后，低碳化可以渗透到社会政治经济文化体系的各个环节，有着相当长的产业链，足以形成一股新的经济力量，影响世界的发展格局。

2. 使全球经济进入新的平衡

面对21世纪初期的世界经济危机，我们终于又想起了人类社会发展的一个不能跨越的规律。科学技术是第一生产力，随着科学技术的新突破，新的生产力代替旧的生产力，社会产生新的可消费商品，消费愿望值升高，促进社会生产投资。同时，这种新生产力随着社会对这种商品消费饱和而枯竭。

科学技术如没有更新的突破，没有更新的生产力来替代这种枯竭的生产力，就会出现社会生产推动力乏力，没有动力来维持社会生产，表现为企业倒闭、工人失业、消费枯萎，就是经济危机。在这里可以看出社会生产是线性发展状态，科学技术是非线性发展状态。

经济的全球化加速经济危机周期和加重经济危机影响范围。信息的网络化、经济的全球化加速科学技术成果转化和科学技术产品的传播范围，产生的副作用是加快经济危机的循环周期，加重经济危机危害范围。

随着计算机个人电脑的应用普及、第三次产业革命信息网络化的到来，加快了信息的网络化速度。在信息网络化的背景下，科研成果转化为科技产品和科技产品推广传播全球都以乘积的速度实现。一种新的科技产品很快就会全球饱和，这无形中加快一种新的生产力衰竭的速度，在没有更新的科技产品更新的生产力替代情况下，加快经济危机的循环周期。

在经济全球化背景下，发达国家主要向发展中国家出口技术密集型高端产品；发展中国家主要向发达国家出口劳动密集型低端产品，产生了经济结构互补性。这种经济结构互补性，致使社会生产力水平不高的发展中国家社会经济也能高速发展，致使发展中国家社会经济发展状况脱离社会生产力水平而表现为经济泡沫、资产泡沫。注定了当发达国家一种技术密集型高端产品在全球饱和而没有新的技术密集型高端产品替代出口到发展中国家时，就会产生发达国家的出口的逆差负债现象。

反馈效应抑制发展中国家的劳动密集型低端产品出口，经济高速发展的发展

第一章 危机后的新产业周期

中国家经济发展速度放缓或下降而刺破经济泡沫、资产泡沫，致使发展中国家也随着发达国家爆发经济和金融危机，加重经济危机的危害范围。

始于2008年的金融和经济危机本质是极不平衡的全球经济需要寻求再平衡路径。2003年美国人为金融政策（低息信贷）是科学技术网络信息发展到山穷水尽、美伊战争结束的无奈之举。2003年后科技产品信息网络化在全球达到饱和，没有新的科技产品替代旧的科技产品，没有新的生产力替代旧的生产力，表现为潜在性经济危机。

科学技术的发展抑制缓解发生经济危机。世界经济没有全新哲学领域的产业（新时代）来替代已经在全世界饱和的网络信息化产业（网络信息时代），经济不可能重新强劲长久增长。从美国和世界看1980~2000年20年经济强劲长久增长期正是网络信息产业的黄金季节，网络信息化作为一种新兴生产力推动1980~2000年美国和世界经济持续增长。而2000年后随着电脑的饱和，网络信息化这种生产力成为强弩之末。

而2003年网络泡沫破灭、美伊战争结束后，美国在没有新生产力接替推动经济增长情况下，用人为金融政策低息信贷促使（中介产业）房地产业成为经济继续增长支柱产业本身就是一种短见行为。因为一个国家经济和资产价格（房价、股价、期价、能源原材料价格）在没有新的生产力出现，没有新的制造业为基础的实体经济拉动，仅靠人为金融政策扶持而持续上涨就是经济泡沫和资产泡沫。

日本东京房价比哈尔滨高很多倍，因为东京有很强的制造业支撑房价；美国底特律房价比哈尔滨房价高很多倍，因为底特律是汽车制造城；冰岛、迪拜没有很强的制造业支撑房价，所以想成为金融房地产和旅游等服务业中心只是南柯一梦。没有很强的制造业为基础的实体经济支撑的高房价就会表现为资产价格泡沫，是泡沫终将会破灭的，1990年日本、1998年东南亚都是前车之鉴。所以2008年美国、冰岛、迪拜房地产泡沫崩溃后我们不仅现在看见暴发的金融危机；同时将来还可看到没有新的生产力替代旧的生产力导致的经济停滞引发的缓释的经济危机。

从这一逻辑看，2008年经济危机和金融危机表面现象是主流经济学家描述的美国房地产信贷、超前消费观念引起的，实质上是没有全新哲学领域的产业来替代已经在全世界饱和的网络信息化产业（网络信息时代）发生的经济危机，没有新的生产力而人为金融政策强行追求经济发展而导致的金融危机。

这也警示我们征服自然、改造自然以获得物质生活资料的能力（社会生产力水平）一定要和社会资产拥有总量、社会资产价格水平（社会经济发展状况）相匹配。新的科技和产业革命将使全球经济的虚拟部门和实体部门，发达国家和发展中国家的经济进入一个新的良性的平衡阶段。

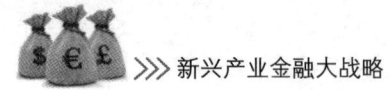

3. 引领经济新周期

历史规律表明,产业周期变动的根本原因则在于技术创新,几乎每个长周期都与一次大的产业革命紧密相连。产业革命是技术革命大规模集中的浪潮。技术革命包括新的关键技术和新能源、新材料、新产品、新产业、新的基础设施及新的制度和管理的创新。技术创新和技术革命必然会演变为产业革命,在原有技术创新逐渐衰落时,新的技术创新周期又孕育并导致新的产业革命,新的经济周期也就被启动。

世界主流经济周期学派和世界经济发展的历史告诉我们:每个长经济周期推动经济增长的技术革命,从产生到消亡的时间一般约为50年(其中前25年为周期的繁荣期,后25年为周期衰退期),是以资本的积累和投资为基础的。

危机是大规模旧投资寿命的终点,又是大规模新投资的起点。机器设备的更新总是伴随着生产周期的循环。技术革命对经济发展过程具有二重性:它在产业结构升级过程中创造投资高潮和生产高潮,此时经济周期处于繁荣阶段,创新占据主导地位,周期的主导产品供不应求。同时,制造着投资低潮和生产低潮的潜在可能性。此时经济周期处于衰退阶段,重要的创新活动已经衰竭,周期的主导产品供过于求,于是成本竞争阶段取代创新阶段成为经济衰退阶段的主要特征,全社会总供给和总需求呈现相对平衡到严重失衡的状态。

1925年,前苏联经济学家尼古拉·康德拉季耶夫在其著作《长波周期》中,研究了资本主义140年中36种价格、价值额和产品生产量指标的时间序列,提出资本主义经济中存在着半世纪左右的长期波动。从1780年到1920年共分为两个半长周期,20世纪20年代正处于长波的下降波。这一理论被后来的30年代大危机所验证。他认为,经济长波的产生是因为主要固定资本产品更新换代在经济生活中所引起的长期平衡周期。

美籍奥地利经济学家约瑟夫·阿洛伊斯·熊彼特在1939年出版的《商业循环》中第一次提出,技术革新是资本主义经济长期波动的主要起因。他用技术革新来解释经济长期波动的理论被后人称为长波技术论。

以熊彼特的长波技术论为基础,以西欧现代长波技术论为主体,包括西欧大部分长波学者和美国一些长波学者形成了三大西方长波学派之首的现代长波技术论学派。这一流派高度强调科学技术对经济发展的重要性,以及政府科技政策对科学技术发展的促进作用。在这一流派中,英国克·弗里曼的劳工就业长波论,美国格·门施的长波变形模式论,荷兰冯·丹因的创新寿命周期长波论都是具有代表性的长波理论。他们都把基础技术创新看做制动长期波动的主要杠杆和最根本原因。

关于长波理论仍有很大争论,谁是谁非有待事实去验证。笔者以为,技术创新是经济长周期波动的首要原因。

20世纪前的两次著名技术革命分别是"纺织和蒸汽机时代"和"蒸汽和钢铁时代"。资本主义20世纪30年代的大萧条正是"电气、化学和重化工业时代"的衰退阶段。第二次世界大战前的一个"长波"大约有60年时间,第二次世界大战后"长波"周期有缩短的趋势。1948~1991年以"汽车和电子计算机"为代表的第四次"长波",只维持了43年。

"长波"通常可以分为:复苏期(新技术孕育)、繁荣期(技术产业化)、收获期(经济空前繁荣)、衰退/萧条期。

上一轮萧条期中积累的经济矛盾激励生产部门寻求新突破而初露的技术端倪,在复苏期经济企稳的环境下进一步发展,而新技术的投入本身也会促进固定资产投资,从而加快经济的恢复。

繁荣期,往往是技术大规模产业化的阶段,这一阶段新技术对经济的带动作用有以下几类:新产品创造新的需求和新的产业,例如互联网;新技术大幅降低成本,令过去的奢侈品进入百姓家庭,例如20世纪初福特汽车公司发明的"流水线"作业和泰勒的"科学管理"革命使得小汽车的生产成本大幅下降,进入美国百姓家庭。技术革命下的龙头产业会继续带动其他产业的发展,最后辐射到整个经济系统。

收获期,通常是在繁荣期基础上出现的经济低通胀、高增长的景气时期,但往往也会出现资产价格泡沫:美国第三次技术革命的收获期(1920~1929年)出现了1926年的房地产泡沫和1929年的股市泡沫;美国第四次技术革命的收获期(20世纪60~70年代初)出现了美国房地产投资信托基金资产规模5年暴增20倍的大泡沫。

经济萧条期,新技术对经济的积极影响逐渐削弱,产品过剩,经济面临着沉重打击,例如20世纪30年代的大萧条和70年代的"滞涨"等。

表1-4 发明创新时间间隔表

技术名称	发明时间/年	创新时间/年	间隔时间/年
蒸汽机	1680	1780	100
电动机	1829	1886	57
电话	1820	1876	56
无线电	1867	1902	35
柴油机	1878	1897	19
尼龙	1927	1938	11
雷达	1925	1940	15
电视	1922	1934	12
晶体管	1948	1953	5

资料来源:中国科学院。

4. 应对"长波"衰退的根本策略

1898年开始的第三次技术革命时期，美国奉行自由市场经济。在20世纪30年代大萧条中，美国政府为了维系美元和黄金的比价，紧缩国内流动性，导致危机迅速扩大。1933年罗斯福上任后，废除金本位制，释放流动性，加大了财政支出的力度，凯恩斯的宏观经济理论和需求管理政策走上了历史舞台。但这些需求管理政策并没有将美国真正带出泥潭。随后，美国抓住了"二战"这个超级因素才真正获得了复苏，并利用战争中孕育的很多新技术引领了第三次技术革命。

第三次技术革命在20世纪70年代遇到了石油危机，美国政府按照凯恩斯的理论实行扩张的财政政策，并废除布雷顿森林体系令美元大幅贬值，这次不仅没有拉动经济增长还引起了通货膨胀，史称"滞涨"。1981年里根上台后，推行放松管制和自由市场经济理念，鼓励金融创新，施行"星球大战计划"，令信息技术在军工领域得到了空前发展，为随后的新经济奠定了基础。

从美国以往的应对策略看，金融货币制度创新（国际货币体系的推倒和重建）、宏观调控政策等都只能救一时之急，真正使经济摆脱泥潭还需要技术革命的推动。

日本的发展历程同样证明这一点。20世纪五六十年代，日本在对美贸易的拉动下，实现了经济快速发展。当时日本的制造业还处于产业链低端，附加值不高，引进的技术大多是欧美半新半旧的技术专利。

1973年爆发石油危机，日本低附加值的产业严重地遭遇了石油涨价的侵蚀和美国需求疲软的双重打击。这迫使日本政府大力重塑产业结构，技术引进方式的变革成为一个重要突破口。在这一时期，日本企业侧重于购买仍处于实验阶段的技术，这类技术引进的占比从20世纪60年代的不到5%，到70年代迅速提升到了30%。这期间，日本企业大力加强员工的职业培训，吸收并改良实验技术，抢先投入生产，返销国外，占领国际市场。这一战略成功地令日本制造业在70年代末重新崛起，在欧美经济萧条期间，反而抢占了发展的先机，其企业管理体制也一度成为80年代西方学术界研究的典范。

百年一遇的国际金融危机爆发以来，经济学"长波"理论由于其对过去资本

表1-5 技术老化周期表

年　代	技术老化周期/年
20世纪头10年	40
20世纪30年代	25
20世纪50年代	15
20世纪70年代	8~9
20世纪80年代	5~7

资料来源：中国科学院。

主义经济大繁荣和大萧条更替规律的经典概括而备受社会各界的瞩目。那么世界经济当前处于"长波"的哪个阶段？未来的走向如何？我国如何在世界经济的衰退中找到转机，甚至成为新一轮"长波"的"领头羊"。在第四次科技革命中选准产业方向和保持持续的发展，是我们必然的选择。

四、2020 年的世界：本轮技术全面成熟

本书作者通过两年时间访问近 100 位科技学者和专家，查阅大量国内外资料，得出关于全球未来十年技术发展结果。

未来 10 年内，在能源、信息技术、医疗保健和交通等重要领域，一些突破性技术将进入大规模商业化阶段。这些目前看来"有前途"的技术，有望成为今后的主流应用技术，它们的商业化将影响和冲击目前的市场，调整人们工作方式，改变人类生活方式，甚至重新塑造世界。尽管未来还有难以预测的特定技术重大突破，但是大部分被预测技术的大规模商业化将如期而来。面对这些技术发明与技术创新的浪潮，看准趋势，把握商机，未雨绸缪将是企业的聪明之举。

能源领域：替代能源技术将成为主流。鉴于高涨的石油需求以及环境保护的压力，全球石油产量将达到巅峰，这也意味着石油、煤炭等碳燃料长期主宰能源的时代行将结束。目前，风能具有能源竞争力，已成为迅速增长的能源；太阳能与生物质能即将具备竞争力；核能再次成为新的能源增长点。与此同时，节能措施正得到广泛重视。从长期看，以氢为存储和运输能源载体的氢能经济也将大行其道。目前，替代能源占整个全球能源使用量的 17%，由于公众的支持和企业的投资，仍在以每年 30% 的速度增长。专家预计，随着石油价格的持续攀升以及替代能源成本的不断降低，碳燃料在未来 20~30 年后将不再是主要能源。2015~2025 年期间，当全球能源将有 30% 来自替代能源时，替代能源将开始逐渐上升为主要的能源。

环境保护：水脱盐技术将成气候。有专家说，"20 世纪的问题是石油，而水则将是 21 世纪的问题"。未来全球对洁净水的需求将会越来越多。目前，水的脱盐技术比较昂贵，但是随着新技术成本的降低，现在，水的脱盐技术成本已经降到每加仑 1 美分。一家名叫"OVATION 产品"的公司甚至已能将被污染的水变成纯净水，而处理成本只有每加仑 1 美分。美国加州正为该州水供应建立 13 家水处理厂，佛罗里达州也在兴建西半球最大的水处理厂。专家预测，水脱盐技术将在 2020 年被广泛使用。

农业种植：精确农业未来 10 年全面开花。精确农业，是指以计算机、全球定位系统（GPS）等信息技术控制的农业灌溉、播种、施肥和治虫以及水土保持等工作。鉴于精确农业具有可降低化学品使用量、保证农作物高产和环保等特点，目前，美国已有 20% 的农户采用这些技术。有关调查显示，63% 的农场由于

使用了精确农业技术，可比此前获得更多利润。农业机械厂商认为，未来10年，美国每家农户均能使用这些精确农业技术。预计精确农业技术将在2010~2015年内得到广泛应用。

信息技术：量子计算机即将进入商业化。构成量子计算机的基本单元——量子比特的奇妙特性，使得计算机性能非同寻常。量子计算机利用粒子的量子力学效应，如光子的极化、原子的自旋等来表示0和1以进行存储和计算。量子元件的使用将可使计算机的工作速度提高1000倍，而功耗减少1000倍，电路大大简化且不易发热，体积大大缩小。不仅如此，一台量子计算机可以在几秒钟内完成组装。目前，哈佛大学、联邦储备委员会等单位已运行了研究型的量子计算机样机。专家乐观估计，量子计算机将在2016~2026年进入商业化。

电子技术：网通技术联通全球1/3人口。将现代多媒体技术通信带给贫穷地区是一项巨大的挑战，但是，低成本的技术手段已致力于填平这样的数字鸿沟。目前，无线通信技术已经成为这方面的有效手段。与此同时，通信业界科研与开发巨头，如麻省理工学院、AMD、戴尔和英特尔公司等开始将这一领域作为新的市场开发增长点。专家预计，到2016年，全球人口的30%拥有电话、电视和网络等IT技术产品及服务。

制造行业：纳米技术逐步形成规模。在纳米级别上的科学研究与开发成果，使人类越来越有信心掌控微观世界，制造出功能更强的计算机和更有效的医疗手段。目前，已有数十亿美元的资金用于纳米技术及其产品的研发。专家预计，纳米技术的应用将在2015年左右形成规模，纳米技术的潜在市场将达兆亿级水平。

智能交通：智能化高速公路将成为风景线。鉴于没完没了的交通拥堵现象，智能化高速公路以其更低的成本、更快的速度、更高的安全性被普遍看好。有关计算机模型显示，智能化公路将使目前高速公路通畅能力提高2~3倍，而每英里的成本不到1万美元。目前，新的高速公路造价是每英里100万~1亿美元。为此，汽车制造商们正在将有关防撞雷达、定速巡航等电子系统设备加配到未来可用于智能化高速公路的智能车上。智能车将装配无线通信和传感器等设施，将使行驶车辆的速度、方向和刹车得以自动化控制。目前，通用汽车公司已经成功测试了无人驾驶的速度为每小时112公里的智能车。预计2020~2030年期间，30%的高速公路将采用智能化公路。

医疗与生物：癌症治疗可有效防治。经过几十年的开发，新的药物、纳米技术和分子生物学提供了一些非介入、安全的治疗癌症手段。特别是纳米技术的开发，微粒有望能在人体找到癌细胞，并摧毁癌细胞，而且能被肾脏安全排出。专家预计，这些技术手段将在2018~2028年被用于癌症的常规防治手段。

生命技术：人类百岁不是梦想。有关老年化问题争议很多，但是人类生命平均年限的延长却是可能的。有关延长活细胞的寿命、修补人体缺陷、器官移植以

及治疗主要疑难病症等新技术手段，将使人类寿命大大延长。一般来说，人类可以达到120岁的自然寿命。专家认为，到2030年，人类平均能活100岁。

交通行业：燃料电池混合汽车将大行其道。在日本汽车厂商的带动下，燃料电池混合汽车成为替代常规内燃机车辆的看好车型。为了最大限度地提高车辆的效率，混合车在高速时采用小型汽油发动机驱动，低速时则用燃料电池。其中，燃料电池具有的储能和再生能的功能大大地节省了能源。目前，全球正在开发以新的轻型材料为车体的车辆。随着技术成本的降低，专家预计，到2012~2018年，将有30%的车辆使用混合车，而单纯的燃料电车在此以后的几年内也会大行其道。

航空飞行：超高音速飞机将再度起航。尽管英法联手打造的协和飞机成为历史，但是超高音速飞行的前景在空中交通拥挤的当今仍有前途。新一代超高音速飞机结合轻型飞机构架和高可靠性的超音速冲压喷气引擎，可以在高速飞行时直接从稀薄的空气中汲取氧气。一些国家和公司正计划在10~20年内将推出这种飞机，毕竟它可以将从美国东部到亚洲的30小时飞行时间缩短为3小时。2006年3月，俄罗斯、澳大利亚和美国的有关空间商业飞行项目已经成功测试超高音速飞机的性能。专家认为，到2020年，30%的长途飞行将会采用新一代超高音速飞机。

空间技术：太空旅行将随心所欲。太空观光旅行的想法开始看上去有点荒谬，但是经过私人飞行器试验后证明可行，目前也有不少人开始追随这一商机。随着太空飞行的私营化，有关成本将比以前下降90%，而且利润比较丰厚。曾以1000万美元资助太空船一号的皮特·戴蒙德说，太空旅游项目目前正接近黄金期，不久将成为一个常规的旅游项目。美国新墨西哥州、俄克拉荷马州和德克萨斯州计划兴建私人太空飞行基地。新墨西哥州的私人太空飞行基地项目的合约价值2.25亿美元，已经签署。据说，上千人开始报名参与"门票"为20万美元的太空飞行。专家预计，2014年左右，第一艘私人太空飞行器将会在地球轨道上方50~100英里的高空飞行。

宇宙探测：人类将登陆月球火星。因有太空探索所需要的资源，特别是水，再次登月已被提上日程。在月球上，人类可以轻易地摆脱重力影响，因而成为空间探索非常便捷的发射基地。尽管在月球上建立永久性空间基地的挑战很大，却并不比人类当初建立国际空间站更加困难。未来20~30年内，月球也将可能成为人类探索火星的中继站。火星远离地球，需要近一年的飞行才能达到，因此需要非常先进的救生设备、核动力飞行器、严格的宇航员防辐射设施。尽管如此，派员探索火星的诱惑难以抵挡，目前准备工作正在计划实施中。专家估计，到2025年，两项太空探索都将会完成。

第三节 全球新兴产业行动

一、各国选择新产业发展方向

自国际金融危机爆发以来,世界上许多国家纷纷着手进行规划,加快了对战略性新兴产业的布局,力图为产业发展创造更多的空间,培育新的经济增长点,顺利进入新的产业周期。

(一)各国新产业方向

2008年国际金融危机爆发以来,各主要国家和地区纷纷把发展的目光聚焦到培育发展既可激发科技创新又可引领未来发展的新兴产业上来,或者制定发展战略,或者实施专项规划,或者出台具体方案,对新能源、新材料、物联网、节能环保、海洋和空间等战略性新兴产业大加扶持、力促发展,以求抢占经济发展制高点、谋取国际竞争新优势。因此,归纳总结其共同的特点并由此分析展望未来的发展趋势,对加快培育发展战略性新兴产业具有极强的理论与实践意义。

1. 全球发展新兴产业呈现共同特点

各主要国家和地区在培育发展战略性新兴产业方面的谋篇布局不仅值得深思回味,而且值得学习借鉴。通过比较分析,可以看出这些发达国家在培育发展战略性新兴产业做法上的一些共同特点。

(1)高度重视以振兴和提升传统制造业为基础。实施旨在振兴制造业的"再工业化"战略,夯实战略性新兴产业发展基础。以美国为例,金融危机后充分认识到,越是新的事物越要建立在坚实的传统基础上,没有强大和先进的制造业提供的生产加工、研发设计、工艺设备、在线检测、营销服务和经营管理等在内的全过程基础,战略性新兴产业就只是没有依托的空中楼阁,势必成为无源之水、无本之木而枯竭枯萎。

(2)加大财政政策与投融资支持力度。各主要国家与地区为抢占新兴产业竞争制高点,不惜采取财政直接投入资金等手段加大重点领域和重大项目的研发与产业化。在投融资方面表现出三个共同特点:一是投入的总额大幅度提高;二是投入的领域更加集中;三是投入的数额具体明确。德国政府批准了总额为5亿欧元的电动汽车研发计划预算,支持包括奔驰公司在内的3家研发伙伴,计划在2011年实现锂电池的产业化生产,推动电动汽车产业的发展。新加坡则提出2015年前,在可持续发展相关领域投入10亿新元。特别值得关注的是,美国计划大幅提高研发投入占GDP的比重。奥巴马在总统就职演说中说:"我们要把科学恢复到它应当的位置。"随后,他在美国国家科学院第 146 届年会上宣布,将把美国 GDP 的 3%投向研究和创新,成倍地增加美国国家科学基金会、美国国家卫生研究所、能源部科学办公室三家国家主要科研机构的经费。

(3) 新能源成为各国发展战略性新兴产业的普选。从各主要国家和地区的战略决策中可以看出,以核能、风电、太阳能、生物质能为代表的新能源技术将持续突破,可再生能源发电成本的下降速度极可能大大超出预测。以智能电网、大规模储能电池为代表的配套技术的良好预期将进一步拉动新能源,提高其在能源结构中的份额。以美国为例,2009 年 2 月 17 日,奥巴马签署《2009 年美国复兴与再投资法案》,被称为奥巴马"能源新政"。计划通过设计、制造和推广新的切实可行的"绿色能源"来恢复美国的工业,以培育一个超过二三十万亿美元价值的新能源大产业,显示出美国期待以新能源革命发动一场新的经济、技术、环境和社会的总体革命的勃勃雄心。

(4) 注重培育市场需求拉动新兴产业发展。以往,各主要国家和地区扶持新兴产业的政策更加注重通过技术创新驱动产业内生增长。但这一轮的战略性新兴产业发展中,在产业初始就非常重视从需求端引导产业发展。从手段上说,除传统的政府采购、试点示范、鼓励外部市场开拓之外,将某些战略性新兴产业作为国家基础设施建设的组成部分,加大引导力度。日本就特别强调将经济增长模式转向"需求引导型增长"模式,主要从利用国内要素和扩大对外开放两个方面寻求经济增长动力。2009 年 12 月 30 日,日本政府又公布了到 2020 年的"新增长战略",提出应着重拓展有望带来额外增长的七大领域:能源环境、医疗健康、亚洲市场开拓、旅游、科技信息通信、就业、金融。而且,计划创造价值逾 100 万亿日元的新需求,其措施包括:鼓励医疗企业开展更多海外业务,推动技术创新以遏制温室气体排放以及吸引更多游客赴日旅游等。

(5) 信息技术仍是各新兴产业的枢纽性技术。信息技术在驱动了上一轮技术革命以后,势头始终不减,新一代宽带网络、智慧地球、云计算、系统级芯片等新技术、新应用极有可能推动信息产业实现新的质的飞跃。信息技术同时还会带动互联网、电子商务、文化创意等多个产业强劲增长,创造新的商业模式。欧盟有关统计表明,信息网络产业对其生产力增长的贡献率达 40%。信息技术不仅对其他新兴产业具有极强的渗透作用,还可以通过与其他产业的融合,信息网络产业的发展还能催生一些新的产业形态。为此,欧盟提出加快建设全民高速互联网,力争近期实现高速网络 100%覆盖率。同时,高度重视物联网建设,认为物联网一方面可以提高经济的效率,大大节约成本;另一方面可以为全球经济的复苏提供技术动力。在物联网的发展上,欧洲 IT 和工业领域十分重视一个统一标准的制定。目前正在加强国际合作,以寻求一个能被普遍接受的标准。

2. 美国：以新能源为主导的产业革命

20世纪后半期，美国经济的持续发展得益于电子、信息、生物、新材料等新兴技术的应用。新能源技术由于应用成本较高，与传统化石能源相比不具备经济优势，因此在20世纪并没有得到广泛的应用，国际金融危机之后，需寻找一个新的产业以拉动经济发展，新能源产业成为美国的首选。美国政府制定出台了相关政策、法律和计划等，通过法律强制、财政支持、税收优惠等多种措施创造适于新兴产业发展的良好环境。

首先，推出"能源新政"，其核心理念是，实现美国的"能源独立"，确保美国的能源安全。美国总统奥巴马于2009年2月签署了《2009年美国复兴与再投资法》（ARRA），推出了总额为7870亿美元的经济刺激方案，其中，基建和科研、教育、可再生能源及节能项目、医疗信息化、环境保护等成为投资的重点，分别投入1200亿美元、1059亿美元、199亿美元、190亿美元和145亿美元；在1200亿美元的科研（含基建）计划中，新能源和提升能源使用效率占468亿美元，生物医学领域的基础性投入占100亿美元；20亿美元追加科研投资则主要分布在航天、海洋和大气领域。有人认为，奥巴马发起的"能源新政"及其"绿色产业革命"，对于美国维持其全球霸主地位，很可能起到与20世纪后半叶的"数字化革命"、"信息高速公路"同等重要的作用。

其次，发出了向实体经济回归的信号。2009年年底，美国总统奥巴马发表声明，美国经济要转向可持续的增长模式，即出口推动型增长和制造业增长，由此发出了向实体经济回归的信号。此举表明，在当前金融危机背景下，美国已充分认识到不能依赖于金融创新和信贷消费拉动经济，开始重视国内产业尤其是先进制造业的发展，"再工业化"成为美国重塑竞争优势的重要战略。

最后，酝酿着一场跨产业技术革命。美国除了将189亿美元投入能源输配和替代能源研究、218亿美元投入节能产业、200亿美元用于电动汽车的研发和推广外，还将投入7.77亿美元支持建立46个能源前沿研究中心；把加快"三网融合"作为信息产业发展的重要方向，提出要在宽带普及率和互联网接入方面重返世界领先地位，加大对信息传感网、公共安全网、智能电网等现代化基础设施的建设；加大对生物技术和产业发展的支持力度。

总体来看，美国为了长期的经济增长和繁荣打下坚实的基础，正在推动一场以新能源为主导的新兴产业革命。通过对新兴产业投入巨资，通过杠杆效应撬动社会资本，以保证美国在这些领域尽快建立全球技术优势，推动美国新兴产业的快速发展。

3. 欧洲："绿色技术"撬动低碳经济发展

本轮金融危机是"二战"之后欧洲面临最为严重的金融和经济危机。严峻的形势迫使欧洲各国寻找经济社会发展的新路径，发展战略性新兴产业被提上了重要议事日程。

首先，确定了低碳经济为主的目标，将低碳经济的发展看做新的工业革命，将低碳产业列为新兴产业的重点。2007年3月，欧盟27国领导人通过了欧盟委员会提出的欧盟一揽子能源计划。预计到2020年把新能源和可再生能源在能源总体消耗中的比例提高到20%，将煤、石油、天然气等一次性能源消耗量减少20%，将生物燃料在交通能源消耗中所占比例提高到10%。这一目标的制定，在欧盟气候和能源政策方面具有里程碑意义。2008年2月，欧盟运输、通信和能源部长理事会在布鲁塞尔通过了欧盟委员会提出的《欧盟能源技术战略计划》，该计划将鼓励推广包括风能、太阳能和生物能源技术在内的"低碳能源"技术，以促进欧盟未来建立能源可持续利用机制。在2009年3月的欧盟气候变化与能源峰会上，欧盟成员国在能源安全以及气候变化等方面达成了一致，并制定了一系列新的具体方针。这些方针包括：发展欧盟的能源基础设施；提高石油和天然气的存储量，加强危机反应机制，促进能源供应的安全；提高能源利用效率；促进包括可再生能源在内的能源及其供应多样化。

其次，重在发展"绿色技术"。欧盟在经济复苏计划中，强调"绿化"的创新和投资，加速向低碳经济转型。欧盟委员会已制定了一项发展"环保型经济"的中期规划，主要内容是欧盟将筹措总金额为1050亿欧元的款项，在2009~2013年的5年时间中，全力打造具有国际水平和全球竞争力的"绿色产业"，计划将130亿欧元用于"绿色能源"、280亿欧元用于改善水质和提高对废弃物的处理和管理水平，另外640亿欧元将用于帮助欧盟成员国推动其他环保产业发展、鼓励相关新产品开发、提高技术创新能力并落实各项相关的环保法律和法规。欧盟希望以此作为产业调整及刺激经济复苏的重要支撑点，以便实现促进就业和经济增长的两大目标，为欧盟在环保经济领域长期保持世界领先地位奠定基础。

再次，大力推进信息网络建设。欧盟提出加快建设全民高速互联网，到2010年实现高速网络100%覆盖率。在物联网的发展上，欧洲IT和工业领域十分重视统一标准的制定。由于各国存在不同的标准，因此需要加强国家之间的合作，其中一个很重要的项目是"全球射频识别标准协同论坛"，该项目得到欧盟的资助，不仅在欧洲设有相关机构，还在中国、日本和美国举办研讨会，加强国际合作，以寻求一个能被普遍接受的标准。

最后，高度重视文化创意产业。在欧洲，文化创意产业在2006年之后就已经压倒其他传统行业，成为重点发展的新兴行业。在金融危机中，文化创意产业获得了前所未有的发展机会。

4. 日本：继续加强低碳、新能源等产业的发展

金融危机爆发后，作为全球第二大经济体的日本，其受冲击和经济恶化程度

更是超过欧美，并呈愈演愈烈之势。所以，日本在考虑"后危机时代"的经济振兴时，特别重视对以新材料、新能源为代表的新兴产业的扶持。

首先，高度重视新能源技术开发。日本2008年出台了《低碳社会行动计划》，提出大力发展高科技，重点发展太阳能和核能等低碳能源，并且为产业科研提供财政关税等政策扶持以及资金补助。同年，日本政府修改《新经济成长战略》，提出实施"资源生产力战略"，为根本性地提高资源生产力采取集中投资，使日本成为资源价格高涨时代和低碳社会的胜者。为增加能源的自给率，日本将新能源研发和利用的预算由882亿日元大幅增加到1156亿日元。日本大力开发核能，目前全国共有核电站54座，总装机容量4712.2万千瓦，是世界第三核能大国，核能占能源供给总量的15%，核能电化率近40%。日本还高度重视太阳能利用，是世界上太阳能开发利用第一大国，也是太阳能应用技术强国。金融危机后，日本宣布今后对中小企业安装太阳能设备提供补助金的门槛将会降低。根据风力资源极其丰富的特点，对风力发电大力支持，对风电设备给予补助，剩余风电可卖给电力公司。风力发电的快速增长，使其跻身全球十大风能市场。日本政府还投入了大量资金用于风力发电蓄存技术研发。

其次，大力发展新兴业务领域。2009年4月，为配合第四次经济刺激计划推出了新增长策略，发展方向为环保型汽车、电力汽车、低碳排放、医疗与护理、文化旅游业、太阳能发电等。2009年12月30日，日本政府又公布了到2020年的"增长战略"基本方针，认为应着重拓展有望带来额外增长的六大领域：环境及能源、医疗及护理、旅游、科学技术、促进就业及人才培养。根据该战略，到2020年环保、医疗、旅游等产业合计将创造逾400万个岗位。公共与私营部门在科技相关研发上的投资占GDP比例将超过4%。此外，日本政府还把信息通信、节能和生物工程、宇宙航空、海洋开发等产业作为发展的重点领域。

最后，用技术创新推动新兴产业发展。2009年3月，日本出台了为期三年的信息技术发展计划，侧重于促进IT技术在医疗、行政等领域的应用。日本还放眼2025年，在工程技术、信息技术、医药等各个领域制订长期的战略方针"技术创新25"并加以实施，力图通过创新能力和开放的姿态给日本的经济注入新的活力。如在用新型科技改造汽车工业方面，日本提出了关于正式普及新一代汽车的总体战略建议，该总体战略包括三个方面：技术开发战略、制度整备战略、促进普及战略。技术开发战略的最大课题是开发在性能和成本方面可与汽油汽车相匹敌的电池和马达。日本政府还于2007年度开始启动下一代汽车用电池的技术开发项目，旨在开发取代锂离子电池的新电池。日本政府通过加强同产业界与科研部门的联系与合作，建立产学研共同研发机制，包括支持产业界与大学共同研究、政府委托产业界与科研部门共同研究等各种形式，推动各种技术创新。

5. 韩国：政府将低碳与绿色发展作为重要主题

韩国政府制定《新增长动力规划及发展战略》，将绿色技术、尖端产业融合、高附加值服务三大领域共 17 项新兴产业确定为新增长动力。提出通过政府研究与开发资金，向 26 个商业项目共投资 1550 亿韩元，以支持促进经济发展的新兴产业。在此投资计划下，韩国的大型企业将和中小企业共同在生物制药、机器人技术、脱盐设备、发光二极管、新型半导体、绿色轿车等领域获得政府研究与开发资金支持。如三星打算组成生物技术公司，SK 能源和浦项打算开发天然气和洁净煤，LG 则打算研究电池等。

6. 巴西：以新能源推动新兴产业全面发展

在得天独厚的自然条件下，巴西政府因地制宜，着力发展生物能源、风能和核能等新能源产业，鼓励发展灵活燃料汽车，制定发展生物燃料的发展规划和产品标准。通过 Proinfa 立法（对可替代资源发电项目的鼓励计划），制定了管理风电场发展的政策，已拥有"安格拉 1 号"、"安格拉 2 号"两座核电站，并开始建设"安格拉 3 号"核电站。此外，巴西利用激励机制推动本国制药业的发展，希望在全球制药市场上占据一席之地，并拟订多项计划，增进其空间行动规划的竞争力。

表 1-6 主要国家新兴产业重点发展领域

国家	新兴产业重点发展领域
美国	新能源的开发和利用；混合动力汽车；生物医药；航天；海洋开发；信息和互联网；气候变化应对
欧盟	健康；食品、农业及生物工程；纳米科学、纳米工程，材料和新产品技艺；信息和传媒工程；能源；环境；运输；安全；空间
英国	生物产业；创意产业；数字产业；通信产业；绿色能源；先进制造；重启核电发展计划
法国	生态经济和绿色化工；再生能源；未来城市建设；未来交通工具；数字内容
德国	数码软件创新研究；药物疗效和新药安全；成像诊断学；智能传感器和眼科学；用户友好和环境友好的创新技术；未来物流；重启核电发展计划
意大利	太阳能与伏光；纳米技术与材料产业
日本	信息通信；纳米材料；系统新制造；生物及医疗护理；环保型汽车；能源；软件；融合战略
韩国	新可再生能源；低碳能源；高质量水处理；LED 应用；绿色交通系统；高科技绿色城市；传播通信融合产业；IT 融合系统；机器人应用；新材料纳米融合；生物制药和医疗设备；高附加值食品产业；全球医疗服务；全球教育服务；绿色金融；文化创意；会展观光
新加坡	新能源汽车；绿色化工制药法；创新手机；电子产业研发
巴西	发展以乙醇为中心的产业；生物燃料汽车；风能、核能产业；电动汽车产业
智利	混合种植技术；生产和加工生物燃料；生产沼气
印度	软件产业；生态旅游、文化旅游和农业旅游；医疗旅游；医药产业；信息产业

资料来源：作者自制。

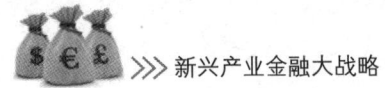

(二)详解美国新能源战略

新技术革命让美国告别了20世纪90年代的经济衰退,房地产市场的繁荣使美国迅速从2001年经济衰退的阴影中走出。那么面对当前这场来势汹汹的金融和经济危机,究竟哪个产业能担负起重振美国经济的重任?为此,美国有关各界正在用心寻找新的经济增长点。

从形势的需求和奥巴马上台后施政理念看,除了短期内进行大规模基础设施建设以创造更多就业外,从长期来看,发展新能源将很可能是美国经济的一个新增长点。

在2008年美国大选中,能源政策是仅次于金融危机的第二大焦点。当时的高油价让美国人叫苦不迭,奥巴马审时度势地提出新能源主张。根据他的主张,未来美国将大力投资发展太阳能、风能等可再生能源,同时推动汽车等领域的节能改造。奥巴马多次强调,对新能源的开发将催生一个全新的产业,并为美国创造数百万个就业岗位。

根据美国研究机构的相关报告,投资可再生能源和节能领域所创造的就业岗位,最多可达到同等资金投入传统油气领域创造岗位的4倍。因为后者如油井、炼油厂等基础设施已大体完备,而新能源则是一个全新的领域,拥有更广阔的发展空间。

新能源受到高度关注还有两大背景因素:一是"高油价时代"让美国对能源安全感到担忧。石油和煤炭是不可再生能源,其中石油多产于地缘政治敏感的区域,减少对石油的依赖符合美国各界主张。二是随着全球气候变暖的加剧,各国都认识到,要应对气候变化,就必须压缩温室气体的排放量,这也使对石油和煤炭等传统能源的进一步使用受到限制。

围绕应对气候变化,如果发达国家投资促进低碳技术的发展,不仅会带来短期的需求效益,而且会为长期经济发展奠定基础。美国知名智库——布鲁金斯学会呈交奥巴马的一封能源建言书中,经济学家们发出警告,美国不能将未来寄托在油价下跌上,一旦经济恢复增长,美国在能源问题上将面临更严峻的经济和地缘政治风险,因此奥巴马政府必须未雨绸缪,加紧落实新能源政策,确保美国经济的可持续发展。

在几十位科学家和能源专家的帮助下,美国科学家收集了一套新技术。利用这些技术,到2025年,美国可以把石油消耗量减少一半,同时大大降低对煤炭和天然气等矿物燃料的依赖。加上现有的核电和水力发电,可更新能源将使美国基本上无需产生温室气体的燃料就可满足家用和经济发展的需要。美国《大众科学》月刊曾刊登文章介绍了这套新技术,文章题为《十大方案解决美国对矿物燃料的依赖》,摘要如下:

(1)利用风能:几十年来,涡轮机桨叶越来越轻,越来越有力,这使风力装

置越来越大,越来越有效。最大的叶片比自由女神像还高。最近,涡轮机的发展已经配合机器的设计,可以满足特定的风力条件。比如,为美国大平原设计的涡轮机就不同于容易刮飓风的墨西哥湾沿岸地区。

(2) 分布式发电:现有的电网是从某个中心向所有用户单向输电。"分布式发电"更为可靠。按照这种办法,风能和太阳能一类的发电装置设在家庭或工作场所内部或附近,与复杂的数字分配系统和控制系统连通,按照高峰和非高峰期的需求输电,以实现最高能效。

(3) 加速发展混合动力车:当美国陆军最近宣布要开发一种新型混合动力"悍马"以节省燃料,你可以肯定,混合动力技术的时代到来了。

伯克利加利福尼亚大学可更新和适当能源实验室主任丹尼尔·卡门说:"如果目前在美国的车辆都由 PHEV 代替,石油消耗量将减少 70%~90%,这将使美国在未来的多年里自给自足,无需进口石油。"即使这些电动车的能量来自燃烧煤炭的火力发电站,二氧化碳排放量也可降低一半以上。如果这些能量来自于可更新能源,油箱里的燃料又是生物柴油或者乙醇,其效果还会大大提高。

(4) "酿造"更好的乙醇:把钱投给中东酋长还不如投给美国农场主,这只是乙醇重新得到青睐的一个原因。2010 年,美国汽车制造商向市场投放 100 万辆可变燃料车,提供乙醇的加油站也将增多 1/3,达到 1000 个左右。

今天,用于制造这种燃料的酶价格昂贵。但是,"解决办法"却可能很小很少。能源部联合基因组研究所所长埃迪·鲁宾说:"白蚁尾肠中的微生物能把植物纤维素转化为碳水化合物。我们正在对这些微生物的 DNA 进行排序,以便最终考虑通过生物工程培育出新的有机体以分泌这些酶。"从本质上说,有朝一日,我们的汽车将由虫子的体液来提供动能。

(5) 打开太阳灯:2011 年初,洛杉矶东北部的沙漠竖起几十个巨大的斯特林(公司名)凹面镜。这些直径达 37 英尺(约 11 米)的镜面将把阳光反射到一个热量收集装置,阳光再把氢过渡加热到 1300 华氏度(约 700℃),推动发电机。全世界最大的太阳能发电厂建成以后,莫哈韦沙漠将出现大约两万架太阳能集热器,为 27.8 万户居民供电。

斯特林太阳能集热器可以把 30% 的太阳能化为电,是今天效率最高的太阳能发电技术。人们大多把太阳能等同于光电池。这些电池只能转化 15% 的太阳能,但好处是可以在用电的同时发电,减轻输电网络的压力,并且可以把任何一个晒到阳光的表面变成能源收集装置。

(6) 转向氢燃料:得到大肆宣传的氢经济潜力巨大,但实施起来却绝非易事。大自然没有直接提供纯氢燃料,目前最便宜的办法是从石油或天然气中提取,这丝毫无助于减少二氧化碳的排放。

但是,氢动力燃料电池的效率已经比内燃发动机高一倍以上。在冰岛,可更新能源使氢经济变得可行。在美国，有朝一日，额外的风能或许将制造出氢。研究人员甚至还可能对有机体进行基因改性，直接把太阳光转化为氢。这或许将带给我们一个光明的"氢未来"。

（7）潮汐发电：最近的一项研究表明，美国近岸海域蕴藏着丰富的电力，其中约有1/8可以在几乎不影响环境的条件下开发，相当于我们现有全部水电站的产量。

像在其他大多数可更新能源领域一样，欧洲人走在了前面。葡萄牙已经安装一个近岸潮汐能转换器。这种蛇形的钢管链将在半潜状态下向外延伸3英里（约5公里）。到2008年，这套装置将为大约1.5万户家庭供电。

潮汐蕴藏的能量强度是风的10~40倍。就技术而言，水动力系统的成熟速度也更快。潮汐涡轮机技术从本质上说就是在密度更大的介质中运转的风车。这种技术的发展速度尤其迅猛。

（8）向深处挖：地热能源协会的执行理事卡尔·加韦尔说："得州废弃油井产生的热水当中储藏着5000兆瓦地热能。但是，这些能源都白白浪费了。我们利用地热的能力远远超过我们对这项技术的实际使用。"

地热技术利用地球内部的热量发电或给建筑供暖。夏威夷、阿拉斯加和西部各州一直都是公认地热资源丰富的地区。但是，新型发电厂将得以利用温度低至160华氏度（约71℃）的地热水库发电。

（9）利用垃圾制造煤气：能源部全国生物能源中心的理查德·贝恩说，在新一代技术中，"气化"大概最有潜力。气化装置利用高热在低氧环境下把农业废料转为氢和一氧化碳的混合物，可以在锅炉中燃烧，或者在涡轮机中代替天然气。这种转换可以把能源效率提高10%，释放出的气体可用来推动蒸汽轮机，进行第二轮发电。整个过程中浪费的热量则可用来给建筑物或整个城市供暖。

（10）利用"负瓦特"：20世纪70年代，节能意味着关灯。今天，《家庭节能方案》一书的作者保罗·舍克尔说："现在到了利用技术把同样一件事做得更好的时候了。"美国现在每创造1美元经济产出消耗的能源比30年前减少了47%，这在很大程度上要归功于技术进步。令人遗憾的是，由于供应方缺乏效率，生产出来的大量能源都在传输途中白白浪费。消费者对此无能为力，但在家里节约能源却非常简单——电费下降就是报偿。落基山研究所的艾默里·洛文斯说："我称之为'负瓦特'。最便宜、最清洁的能源莫过于没有制造出来的能源。"

二、全球新兴产业前景评估

（一）发展之路不平坦

危机后，各国制定的振兴本国经济的基本思路是发展新兴产业，形成新的技术与生产供给，最终建立新的国际分工以及新的国际收支格局。总体而言，全球

发展新兴产业之路并不平坦。

首先，推行清洁能源和低碳经济在国内外都有阻力。石油垄断集团是新能源经济的天敌，全球石油垄断资本和石油出口国都是新能源经济的对立面。它们可以容忍新能源在不损害其利益的前提下得到一定发展，一旦出现利益冲突，它们不会任其坐大，必要时会采取各种手段来封杀新能源经济的发展。

其次，大多数国家至今还缺乏使新兴战略性产业成长的机制，其中包括风险投资、技术转让、成本补贴、大众消费推广、出口促进等一系列经济杠杆手段。简单地依靠改变排放标准和交易规则，可以在一定程度上促进新兴产业发展，但不具有内在的可持续性。而这一经济机制的建立，是一个极其复杂的利益博弈过程。

再次，IT新经济从勃兴到泡沫破灭的历史经验表明，依靠新技术支撑的新产业往往缺乏长期盈利的可持续性。在科技日益发达和科技全球化条件下，新产品的技术生命周期日益缩短，投资于技术创新很难得到足够的回报，而风险却很大，这必然降低资本投资于新技术的热情。因此，垄断资本更愿意投资于稀缺资源开发以及那些可以不承担投资失败责任（如金融创新）的领域。

最后，各国产业资本对新产业的需求并非想象的那么强烈。美国制造业的优势在三个领域：航空航天器、汽车、大型计算机、武器、成套设备等技术含量高、附加值高的行业；机械、电子产品的核心零部件等，主要为大企业配套，技术含量也较高；在附加值低的劳动密集型制造业中控制研发、品牌和营销。这些产业优势将在相当长时间内存在，它们决定了美国作为世界创新领导者的地位，而且美国还牢牢掌握着石油价格武器来维持这个地位。

因此，各国新兴战略性产业发展的前景并不光明。许多国家以清洁能源和低碳经济为主的战略性产业将会有一定程度的发展，但不可能很快取代原有的制造业，更不可能很快改变原有的制造业国际分工格局和国际收支流向。随着发达国家企业在制造业中成本控制能力的不断弱化，制造业向发展中国家转移的趋势将继续前行。

主要发达国家新兴产业战略规划如表1–7所示。

表1–7　主要发达国家新兴产业战略规划

国家	侧重领域	相关规划
美国	新能源、干细胞、航天航空、太空探险、宽带网络、医疗保健和环境保护	新能源法案、解禁干细胞研究、奥巴马承诺经济刺激资金将会投入到宽带网络等新兴技术中去
日本	商业航天市场、信息技术应用、新型汽车、低碳产业、医疗与护理、新能源	长期的战略方针"技术创新25"
英国	电动汽车、混合燃料车、低碳经济	"绿色振兴计划"
德国	电动汽车、新能源	批准了总额为5亿欧元的电动汽车研发计划预算，计划在2011年实现锂电池的产业化生产

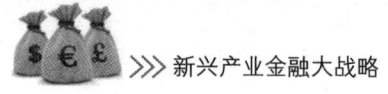

续表

国家	侧重领域	相关规划
法国	能源、汽车、航空和防务	将建立200亿欧元的"战略投资基金"
韩国	绿色技术、尖端产业融合、高附加值服务	制定《新增长动力规划及发展战略》

资料来源：作者自制。

（二）五大发展趋势

把握对于未来全球新兴产业发展的趋势和特征，我们就可以大大增强未来的预见性、战略的主动性和工作的针对性。

（1）发展方向低碳化。无论是从积极方面看，还是从消极方面看，人类赖以生存和发展的地球已经越来越不堪重负。因此，主动出击也好，被动应对也罢，都已经到了非出手不可的时候了。目前，绿色经济、低碳经济、节能环保成为这个时代使用频率最高的词汇之一也就不足为怪。近年来，全球气候变暖、极端气候条件频发等更是使绿色、低碳成为多个国家甚至全球的战略发展方向。欧盟在其经济复苏计划中就特别强调"绿化"的创新和投资，加速向低碳经济转型。其中，英国启动一项批量生产电动车、混合燃料车的"绿色振兴计划"，希望以"低碳经济模式"刺激经济复苏。日本将新能源研发和利用的预算由882亿日元大幅增加到1156亿日元。韩国也于2009年7月公布了《绿色增长国家战略及五年行动计划》，提出"绿色增长"的经济振兴战略，强调发展绿色环保技术和可再生能源技术。

（2）基本方法融合化。当前，技术交叉与融合越来越明显。可以说，新一轮科技和产业革命的方向不会仅仅依赖于一两类学科或某种单一技术，而是多学科、多技术领域的高度交叉和深度融合，其中，信息技术将进一步发挥基础和支撑作用，生物、纳米、材料等技术将更广泛地渗透、交叉、融合，产生若干新兴技术和新兴产业，进而引发新的技术变革和产业革命。比如说，纳米技术也已拓展到信息、生物、医药、能源、资源、环境、空间等诸多领域，成为各国创新投资的重点。俄罗斯在2009年6月宣布投资2000亿卢布发展纳米技术，使其成为国家"科技战略的火车头"。技术融合趋势决定了战略性新兴产业不可能也不应该孤立地发展，而是既要有利于推动传统产业的创新，又要有利于未来新兴产业崛起。今后，战略性新兴产业与其他产业之间、战略性新兴产业内部之间的融合也是大势所趋，作为一种相互补充和衔接，将使得行业间的界限越来越模糊，综合竞争力越来越强。

（3）技术内涵高端化。不管是美国的以高新技术改造传统制造业，还是投巨资支持发展下一代新燃料和燃料基础设施；不管是日本的未来将重点培育五大战略性产业领域之一的尖端技术产业，还是开发智能机器人；不管是欧盟的高度重视高端制造业发展，还是拟制定物联网统一标准，这些都预示着发达国家和地区

发展战略性新兴产业越来越强调走高端化路线。在特点上，表现为科技含量高、附加值高、投资强度大、产出效益高、拉动力强、占用土地资源少；在涵盖范围上，包括产业结构高端化、技术高端化、产品功能高端化等；在根源上，背后反映的是技术创新能力和技术力量整合能力的高低。

（4）外延拓展国际化。新兴产业的勃兴也必然要在全球科技前沿领域的重大创新成果推动下方可形成。一方面，当前科技突破催生的新兴产业发展呈现出在产业链高端共同投资、联合开发、通力合作等新的特点和趋势。另一方面，国内市场会制约战略性新兴产业发展。没有国际大市场的依托，要发展技术领先的大企业、大产业是难以实现的。由此可见，正如推动科技创新既要依靠自力更生，又要借助引进吸收一样，国际合作也是加快培育发展战略性新兴产业的大势所趋。不仅科技研发的共同攻关、科技人才的互派互访成为常态，而且国际性的大科学、大工程计划会越来越多。以欧盟为例，在低碳产业领域，欧盟已与包括我国在内的多国开展能源与环境、气候合作，成效明显。

（5）运作生产集聚化。集聚就是一批接受风险投资的中小高科技公司企业集聚于一块相对集中的区块共同发展。这也是产业化的十分关键的一步。一批基本同类的公司企业如雨后春笋般涌现并集聚抱团发展，开始初具产业规模。不用说，大家立即就会想到大名鼎鼎的硅谷。随着20世纪六七十年代微电子技术的迅猛发展，因为一大批信息业高新技术公司企业集聚于那儿，一大批科研院所机构散布于那儿，一大批科研人员、经营管理者荟萃于那儿，硅谷逐渐名声大噪、享誉全球。至今仍发挥着新兴产业"发动机"的作用，以至于集聚化发展成为战略性新兴产业成长的一般趋势和规律。

三、世界新兴产业发展基本规律

世界经济已经历了多次技术和产业革命，而每一次变革都有新兴的产业作为先导。在传统产业不能支持经济进入一个新的周期，选择适合本地区发展的新兴产业，替代逐渐丧失竞争优势的传统产业，是各个地区产业发展中的必然选择。

梳理世界各国和地区的产业发展的发展过程，归纳出新兴产业发展的一般规律：新旧产业的更新换代是经济持续繁荣的关键，而先进技术的创新和应用、强有力的产业扶持、产业政策的正确引导、产业链的延伸以及合理的空间布局是影响新兴产业发展的关键因素。

不同国家和地区新兴产业在不同的经济发展时期，产业的内涵和外延都会发生很大的变化。研究不同时期、不同地域新兴产业的发展，仍旧可以发现明显的内在规律性，这对于各国发展现阶段的新兴产业具有重要的借鉴和参考价值。

（一）持续以新代旧是产业变革的基本规律

综观世界各国和地区的经济发展历程，及时选择和培育新的经济增长点，进行新旧产业之间的更新换代是所有国家和地区经济发展中的必然选择。只有适时地进行产业结构的优化和调整，维持较高的产业高度，才能使经济保持持续的增长态势。

从世界发达国家和地区产业演进的历程看，这些国家和地区在不同的经济发展阶段，都确定了不同的主导产业和新兴产业。特别是日本、韩国和中国台湾地区，作为政府主导型经济的典型代表，这几个国家和地区在不同的发展阶段，均明确制定了未来将要重点发展的新兴产业。如日本在工业化初期将纺织、食品、钢铁、电力等确定为未来的重点产业；进入工业化中期后，又及时地确定了造船、石油化工、汽车、家用电器、运输机械、一般机械和电气机械等作为重点扶持产业；石油危机后，日本减少了对能耗高、污染大的产业扶持，转而发展计算机、电子、新材料、新能源等产业；进入21世纪以后，日本加大了对一系列新兴产业的发展，信息通信、物资流通、节能和新能源开发、环保、新制造技术、生物工程、宇宙航空、海洋开发等产业成为国家重点扶持的领域。

美国、英国、德国等发达资本主义国家也日益重视对新兴产业的扶持，纷纷出台了支持本国新兴产业发展的产业政策，如美国在克林顿执政期间就先后出台了"先进技术计划"、"制造技术推广计划"、"平板显示器计划"、"信息高速公路"等一系列产业政策，有效地促进了产业结构的升级和优化。可以说，新旧产业的及时更新，是日本、韩国、中国台湾地区在短短的几十年中实现经济跨越式发展的重要原因，也是促进美国等发达国家和地区经济发展的有效途径。

但是，一旦产业的新旧更替出现断裂就必然会导致经济的衰退。美国在20世纪80年代经济发展遭遇困境，其主要原因就在于当时汽车、钢铁、化学等工业在被日本全面赶超的同时，缺乏新兴产业的替代。日本在20世纪90年代以后经济的持续衰退，也在于产业结构升级迟缓，在传统产业比较优势逐渐丧失之时，新兴产业培育不及时。中国台湾地区在2000年以后经济的衰退，与新兴产业发展较慢也有着密切的关系。而英国经济自第二次世界大战以后的长期不景气，则更是由于制造业中新兴产业长期发展不力所造成的。可见，在不同的经济发展阶段，针对本身经济发展的特点和初始条件，及时确定未来的新兴产业，用新兴产业替代已丧失比较优势的传统产业，才能保证经济的长期繁荣发展。

（二）先进技术是基本新兴产业的根本支撑

世界各国和地区产业发展的历程告诉我们，新兴产业的发展是建立在对先进技术的掌握和应用基础之上的，不断进行技术创新，努力发展具有自主知识产权的先进制造业，是保证新兴产业健康发展的关键因素。

美国经济的持续强劲发展与其对先进技术的掌握和应用是密不可分的。1993年以来，美国对先进技术的研究与开发总投资每年都达到1600亿美元以上。2002年，制造业所从事的研发活动占全美的71%，所提供的研发经费约占66%。

但是，也正是由于美国在20世纪80年代对先进技术应用上的忽视，才导致日本经济对其产业的赶超。美国在接受这一教训之后，将科技研发和推广作为全国最重要的战略决策，促进了产业创新能力的不断增强和新兴产业的快速崛起，才出现了"新经济"时期的再度辉煌。德国制造业的长期繁荣，也与其对先进技术的掌握密不可分。同样，日本、韩国和中国台湾地区的技术创新，也是新兴产业发展的主要支撑因素。

不过，与美国、德国不同的是，日本、韩国和中国台湾地区的技术创新均是从引进、模仿先进技术开始的。据统计，1950~1978年，日本共引进技术31738项，其中技术含量较高的甲类技术21435项，占引进技术总数的67.5%；韩国在1962~1983年期间，从美、日等国共引进技术2641项；中国台湾地区1952~1979年间，引进的先进技术项目达1185件。这种引进、模仿的学习方式使其在较短的时间内，以较少的资金获得了发达国家较为先进的科技知识，弥补了自身科研经费短缺、科研力量不足的缺陷；同时，也通过这些科学技术的应用，快速提高了本国和本地区新兴产业产品的科技含量，促进了工业结构的升级。

在对先进技术大力引进的同时，还对每一项引进技术都集中科研力量进行消化、吸收、改进和再提高。尤其是日本，在这一方面表现得最为突出。此外，这3个国家和地区都设立了专门的开发和研究机构和一些科学园区，用于开发尖端技术，培养高级科研人才。据统计，在日本技术创新成就最辉煌的1979~1986年间，研究投资从4万亿日元猛增到19万亿日元，年均增长率约为29.6%。正是在不断引进、消化、吸收、改进先进技术，以及努力研究开发尖端技术的推动下，新兴产业才具有了强大的竞争优势，并真正成为传统产业的有效替代者。

与此相反，英国作为一个历史上最先进的资本主义国家，在第二次世界大战后对制造业的技术创新重视程度不够，致使新兴产业缺乏竞争力，难以形成对传统产业的有效替代，造成了长期的经济不景气。同样，日本在20世纪90年代以后，由于在先进技术研发和应用上的明显滞后，致使"IT革命来得过迟，施之过缓"，造成了经济的持续衰退。

（三）财税金融扶持是必要保证

新兴产业在其发展初期，大多为缺少竞争优势的弱势产业，对这些产业进行必要的培育和扶持，是促使它们快速发展的重要条件。在世界各国和地区的产业发展中，无论是以市场经济为主导的欧美国家，还是以政府主导型经济为主的东亚国家和地区，大多都会对未来需要重点发展的新兴产业给予必要的培育和扶持。扶持的重点一方面体现在相关配套政策体系的建立上，另一方面则更多地表现在对这些产业的技术研发、支撑体系建设等的资金投入上。

以美国为例，政府规定，每年需从军事研究预算中拿出300亿美元，投资到光纤通信、全美计算机网络、生物技术等民用技术中，并要求美国726个从事军

事研究的国家实验室,把现有预算的 10%~20%用于与工业界合资兴办民用企业,以帮助民用工业使用高技术创新成果上。

日本在历史上对每一个阶段的新兴产业都曾给予一定程度的资金扶持,在 2000 年 11 月推出的"信息技术国策"中更是明确规定,要用规模高达 1000 万亿美元的投资来全面发展信息技术产业等新兴产业,以此提升产业结构、拉动经济回升。

韩国为了尽快实现经济的跨越式发展,在推动新兴产业发展的过程中也曾多次明确提出,要集中财力、物力、人力,发展重要的新兴产业。20 世纪 80 年代以后,为了加快处于弱势地位的新兴产业的发展步伐,韩国专门设立了"特定研究开发事业费",以扶植"有希望的幼稚产业"的技术开发。

针对不同时期的新兴产业发展,韩国还设立了不同的专项基金,如 1981 年建立了机械工业振兴基金和纤维工业现代化基金,1983 年建立了电子工农业振兴基金等,仅 1983 年韩国政府就对 131 个新兴产业领域的企业中的 182 个重点项目提供了 2800 万美元的资助,半导体和生物工程中的另外 7 个项目获得了 4000 万美元的资助。进入 21 世纪后,面对信息产业的发展需要,韩国在 2000~2004 年间将 4 万多亿韩元用于集中进行互联网、光通信、数字广播、无线通信、软件、计算机六个新兴产业的技术研发上,同时投资 5000 多亿韩元的巨资用于开发光因特网技术的基础核心设备及备件。强大的资金扶持对韩国不同时期的新兴产业发展起到了极大的促进作用。同样,英国、德国、中国台湾地区在新兴产业的扶持上均投入了巨大的资金,这也是新兴产业得以快速发展的必备条件。

(四)产业政策需要正确引导

产业的发展是否需要产业政策的引导,这是困扰一些国家和地区的一个棘手问题。但是,从很多国家和地区的产业发展历程看,制定合理的产业政策,通过产业政策的积极引导,可以促进各种要素资源向新兴产业的集中和倾斜,这确实是发展新兴产业的一种十分有效的手段。

以自由市场经济体制为主的美国,在克林顿政府之前对产业政策并不是十分重视,但是克林顿总统上台后,将制定具有前瞻性、整体性的产业政策作为美国产业振兴的关键,这也是克林顿政府在寻求"政府功能"与"市场经济"平衡点上的结果。为了实现美国产业结构的调整和提高美国产业的国际竞争力,美国进行了广泛的政府干预,由以往不直接干预产业发展转为推行一系列积极并卓有成效的产业政策,并制定了包括"信息高速公路计划"等在内的一系列中长期科学技术发展规划和计划,从而强有力地推动了美国以高新技术产业为主的新兴产业的飞速发展。1993 年 9 月,克林顿总统公布国家出口战略,确定半导体、电脑、通信、环境保护、咨询软件工业及服务业等高科技产业和知识密集型产业为六大重点出口产业;对"军民两用"的技术如计算机程序、电子机器人、人工智能等

领域的合作与开发给予扶持等。这些有效的产业政策促进了美国经济的再度繁荣,使以信息产业为主的新兴产业蓬勃发展。以后几届的联邦政府也越来越重视产业政策对经济的带动作用,小布什政府的能源战略和能源法案就对能源技术创新和能源产业发展起到了一定的促进作用。

在东亚,产业政策在产业发展中的作用更加明显。日本、韩国和中国台湾地区在经济发展的各个时期都认真研究本国和本地区的发展条件,积极采纳专家和学者的建议,制定了详细的产业发展政策,明确每一发展阶段的重要出口导向型产业和进口替代型产业,并制定每一阶段的发展策略。日本作为产业政策的最早提出国,产业政策一直在日本的经济政策体系中居于主导地位,它对促进日本经济的高速发展,实现国民经济的现代化起到了重要作用。1945~1960年间,日本采取了倾斜生产方式、产业合理化、产业扶持与振兴政策等一系列产业政策,有效地促进了经济的全面复苏和起飞。进入经济的高速增长时期后,日本政府及时出台了《关于产业结构的长期展望》,把发展重化学工业、提高产业的竞争能力作为实施产业政策的重要目标。20世纪70年代以后,针对重化学工业的迅速发展所带来的资源和环境问题,日本又提出了"知识密集型"的产业政策。90年代之后,日本提出了"创造性知识密集型"的产业政策,并先后确立了"新技术立国"和"科学技术立国"的战略方针。但由于这一时期产业政策实施不力,而且随后的政府一直没能拿出更加有效的产业政策来促进产业结构的调整,导致日本经济陷于停顿。

(五) 注重产业链价值的塑造

新兴产业往往是产业关联性较强的产业,新兴产业的发展不仅要实现自身的快速扩张,还必须通过产业链的有效延伸,达到产业提升的目的。只有这样才能真正发挥新兴产业对经济的带动作用,促进经济的全面进步。

英国不仅在第一次科技革命时代发明了蒸汽机,而且通过蒸汽机的使用带动了其他产业的发展,从而使英国成为当时最为先进的资本主义国家。美国在工业化初期选择铁路建设作为新兴产业,通过后向关联,在铁路建设的基础上,大力发展钢铁、煤炭、机械制造等产业,促进了依赖铁路提供原材料和设备的工业部门的发展,而且通过旁侧关联,带动了纺织业、食品加工、木材加工、烟草、皮革、造纸、印刷等部门的发展。

日本在经济发展的初期选择了纺织、食品两大产业作为当时的新兴产业,不仅大力发展这两大产业,而且通过前向和后向等关联效应,带动了与之相关的农业、机械制造业等的发展,为日本的经济起飞奠定了良好基础。在工业化的中期阶段,日本政府有针对性地选择了汽车、机械、电子等技术含量高的产业作为新兴产业,并积极促进产业链的延伸,如通过汽车制造向汽车销售、维修、钢铁、石油、公路建设和运输等产业延伸,也促进了相关产业的迅猛发展。

由此可见，新兴产业只有加强产业链的有效延伸，才能获得持久的生命力。产业链的延伸不仅促进了相关产业的发展，而且又会反过来对新兴产业的发展产生促进作用，从而使经济驶入多种产业共同发展的良性轨道。

（六）规划好合理空间布局

合理的产业空间布局可以对新兴产业的发展提供有效的载体，促进新兴产业的快速发展。新兴产业的发展不仅需要产业自身的发展，同时需要一系列配套产业的支持，尤其是进入到信息经济时代以后，信息技术等高新技术的发展，使产业之间的融合性不断增强，在这些情况下，通过规划和建设新兴产业的工业园区，实现新兴产业在地理、资金、人力资本等方面的空间集中，形成产业簇群，已经成为世界很多国家和地区扶持新兴产业发展的普遍做法。

美国在以信息产业为主的新兴产业的发展过程中，围绕科研院所形成了硅谷这样的产业集群，从而有效缩短了技术溢出的空间距离，为科技成果的转化提供了便利。同时也吸引了大量生产性服务业向硅谷集中，为信息产业的发展提供了良好的产业配套。德国工业在莱茵河流域的集中，也为新兴产业的发展提供了条件。

在亚洲，日本的通产省早在 20 世纪 80 年代初就曾提出过将在 10 年内建设一批新的技术密集城市或区域的设想，通过有目的地吸引大量新兴产业和大学、科研机构的入驻，形成"产、学、住"三位一体的技术密集型城市群，这不仅是产业集群在形式上的进一步拓展，而且促进了新兴产业的发展。在成功构筑了"筑波科学城"之后，日本又于 1984 年开始兴建关西文化学园区，并于 1986 年制定了"第四次全国综合开发计划"，将全国划分为 10 大开发区，同时对不同开发区的主导产业进行明确的规划。20 世纪 80 年代，中国台湾地区为了促进电子信息等新兴产业的发展，建设了新竹科学工业园区，区内集中了台湾地区的"清华大学"、"交通大学"和具有商业性质的台湾工业技术研究院，设有电子、光电、电脑与通信、材料、机械、化工、能源与资源 7 个研究所，以及生物医学工程等 4 个研究中心，集中了 289 家高科技公司，10 万多从业人员（其中 62% 为大专以上学历，硕士 1.67 万人，博士 1209 人）。有力的产业集聚为中国台湾地区新兴产业的发展提供了优良的空间载体。经过 20 多年的发展，目前园区已逐步形成集成电路、电脑及附件、通信、光电、精密机械、生物技术六大新兴产业，成为中国台湾地区的高科技基地和新兴产业的集聚区。

如果说美国、德国等西方发达国家的产业空间布局是市场经济作用下自发形成的结果，对我们新兴产业的发展还缺少足够的借鉴作用。那么，亚洲的日本、台湾地区的产业空间布局则完全是在政府的合理规划下形成的，从对新兴产业发展载体的规划和建设上可以看出，如果规划具有足够的合理性和可行性，完全可以达到促进新兴产业发展所需的资源、生产要素以及配套产业在地理空间上的有

效集聚，从而实现加快新兴产业发展的目标。

第四节 中国新兴产业的发展方向和战略重点

一、新兴产业的基本特征

全球金融危机之后，世界各国把加大科技创新和发展新兴产业作为培育新的经济增长点、实现经济振兴、抢占新的国际竞争制高点的重要突破口。全球即将进入以知识为基础、以资讯和生物科技为主导，以新能源、新材料、微电子、生物科技、通信、电脑、机器人等为主要内容的创新密集和产业振兴时代。新一轮新兴产业革命将改变人类生产和生活方式，推动全球形成新的产业链及市场，成为推动世界经济发展的主导力量。

现今，新兴产业的发展和创新活动也已经由过去的一种单纯企业化行为，发展成一种政府职能化、政府推动和引导的社会化行为。而历史经验表明，在新兴产业兴起并成长为主导产业的过程中，有的国家抓住产业更替的机遇后来居上，而有的国家却因丧失机遇而衰落。以史为鉴，任何一个国家要跻身世界先进行列就必须在新兴产业领域取得突破，这是一条基本经验，也是落后国家获得跨越式发展实现后来居上的有效途径。

我国政府明确提出要加快培育发展战略性新兴产业。这不仅是立足当前应对金融危机，加快转变发展方式的重大举措，更是顺应新科技革命和低碳、绿色经济发展趋势、着眼长远抢占世界经济技术竞争制高点、实现我国经济社会可持续发展的战略决策。

(一) 新兴产业的内涵界定

一般来说，新兴产业是指承担新的社会生产分工职能的，具有一定规模和影响力的，代表着市场对产业结构作为一个经济系统整体产出的新要求和产业结构转换的新方向，同时也代表着新科学技术产业化的新水平，正处于产业自身生命周期过程的形成期阶段的产业。

这种说法因为包括的内容过于庞杂，而难以把握。因此，对新兴产业的界定还应包括以下几方面的限制：第一，它必须是由技术创新所催生的新兴产业。因为由根本性创新所诞生的产业，往往对经济的整体带动性最强，对经济持续增长贡献也最大。第二，它还必须是世界范围内的新生产业。因为发达国家和发展中国家技术水平以及经济发展阶段的不同，产业发展程度也不同，在发达国家一项已经标准化了的技术到了发展中国家可能还属于高新技术。因此，选择发达国家主导的新兴产业作为发展目标,才能紧跟时代步伐。第三,它必须是严格意义上的高技术产业,是新兴科技和金融、工业、商业的深度融合。第四,它必须是随着新兴技术的规模化商业应用而建立起来的一系列对经济发展具有战略意义的主导产业。它既代表着科技创新的方向,也代表着产业发展的方向,能够对国民经济的发展起到支撑作用,是产业结构演变的突破口和切入点。

最后需要指出的是,新兴产业是一个相对的概念,也是一个动态的概念。因此,对新兴产业的理解不能仅仅局限于某一个或某一些行业。任何一种产业都不可能永久地处于新兴和主导产业的地位。而同一时间,在一个国家是新兴产业的,在其他国家就有可能是成熟产业。不同区域、不同时期新兴产业的内容也不一样。

(二) 新兴产业的特征

新兴产业是推动产业结构演进的新生力量,在全球金融危机背景下,是满足社会需求和增加供给的有效途径。具体来讲有如下特征:

(1) 创新性。新兴产业是随着新的科研成果和新兴技术的发明应用而出现的新的部门和行业。原有技术的创新和新技术的不断突破是新兴产业产生发展的基础,而新技术产业化发展迅速的部门,也能够迅速引入产业创新和企业创新。

(2) 成长性。成长性是指某一产业在一个较长的时期内由小变大、由弱变强的续存状态和不断变革的过程。新兴产业一般处于在产业生命周期的萌芽期和成长期、技术上先进、具有较快增长率、有较大潜在需求,因此具有高成长性特点。

(3) 风险性。新兴产业是新形成或再形成的产业,它们是来自技术的创新、相对成本关系的转变、新的消费者需求的产生或者其他经济或社会的改变,因此会存在较大风险,表现为:技术风险因素,其来源主要是关键技术预料不足,相关实验基地和设备的缺乏以及技术与其他环节的不配套;市场风险因素,考虑市场风险因素时尤其应防止技术至上主义;生产风险因素,对于产品创新来说,推出的新品能否大规模生产,原材料来源是否有保障,都具有不确定性;财务和政策风险因素,几乎大部分创新都不同程度会遇到中途资金不足的问题,甚至资金链断裂;管理风险因素,企业组织内部的不协调等。

(4) 地域性。对处于工业化初始阶段的国家而言,农业可以被视为传统产业,而工业可视为新兴产业;而在技术先进国家,一般农业可以是传统产业,而生物科技农业则可视为新兴产业。

(5) 国际性。新兴产业首先需要开放的国际环境,在科学、技术、教育、人才乃至文学艺术等方面与世界各国进行交流,以改善社会基础与文化观念。其次是新兴产业所需的信息是全球的,所需的资本需要通过与国际资本的合作、利用外资以及参与国际经济大循环来筹措、积累。

(6) 对科学技术的依存性。这首先是因为能否形成不同特点的高素质的配套的科技人员群体，是否具备对高科技产品的综合研究开发能力是新兴产业存在、发展的决定因素。其次，由于现代化仪器、设备、高技术集成度的生产技术手段是新兴产业发展的基础。再次，设备和工艺的统一，硬件和软件的结合，对原理成因、微观机理的探求，成为技术实施的前提，科学和技术愈益成为互为因果，相互依存的统一体。因此，新兴产业又被视为科技产业。

（三）新兴产业的分类

新兴产业相对旧产业来说，是在业已存在的产业基础上，伴随着社会进步而出现的新兴生产的事业，是一种革命的力量。根据产业特征可以将新兴产业划分为以下三种类型：

（1）新技术产业化形成的产业。新技术一开始属于一种知识形态，在发展过程中其成果逐步产业化，最后形成一种产业。比如说生物工程技术，在20世纪五六十年代或更早的时候，它只是一项技术，现在则成为生物工程产业，让这些成果服务于社会。

（2）用高新技术改造传统产业，形成新产业。比如在几百年前人类用蒸汽机技术改造手工纺机，形成纺织行业，使得整个纺织行业有了飞速的发展。相对而言，纺织行业在当时就是新兴产业。用新技术改造传统的商业，变成现在的物流产业，也同样归属此类。这些产业改造的核心，都使经济效益比传统产业有了较大幅度的提高。

（3）基于产业融合的新兴产业，如休闲产业、文化产业、金融产业等，还有就是对我们原来认为是社会公益事业的行业进行产业化运作，比如说传媒业、教育产业等。

二、产业发展路径和影响因素

（一）产业发展的四大路径

从历史和全球看，有关国家在发展新兴产业的模式和路径有四大类。

（1）市场主导的内生路径。其实质是新兴产业在自然市场环境下依靠自身力量进行生存竞争，并获得市场拉动的成长过程。该路径的优势有两个方面：第一是新兴产业在形成与发展的过程中经历了严酷市场的竞争，得到了锻炼，从而产业素质比较高；第二是新兴产业在形成与发展的过程中经历了市场的严格选择，其固有优势得到了固化和加强，因而产业的抗外界干扰能力、应变能力和自发展、自创新能力比较强。不过，该方式也有其不足之处，比如形成与发展的速度比较缓慢，新兴产业从萌芽到市场地位的确立所需时间比较长；新兴产业形成与发展会有一定程度的盲目性、波动性，易受经济系统本身不确定性的强烈影响。

（2）政府作用下的外推路径。其实质是产业在人为市场环境下进行生存竞争并逐步谋求发展的结果。政府培育的新兴产业形成与发展方式的优势有以下三个

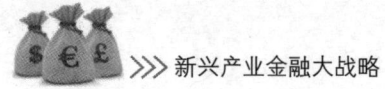

方面：第一是新兴产业形成与发展的速度比较快，产业从萌芽到市场地位的确立所需时间比较短；第二是政府培育新兴产业的目的性比较明确，前瞻性强，确定性程度比较高，政策不易波动，而且不易受经济系统本身不确定性的强烈影响；第三是在形成与发展过程中，新兴产业的极化效应的时间跨度会比较短，其作用从极化转向扩散的时滞缩短，因而社会所承担的新兴产业成长成本可能会比较低。不过，政府培育的新兴产业形成与发展方式也有其不足之处，比如新兴产业在形成与发展的过程中没有经历自然市场的严酷竞争，因而产业素质与市场自发方式相比可能会比较低；新兴产业在形成与发展的过程中没有经过自然市场的严格选择，其固有优势固化和加强的程度可能不如市场自发的方式高，因而产业的抗外界干扰能力、应变能力和自发展、自创新能力可能相对较弱。

（3）市场选择与政府扶持共同作用的发展路径。就战略性新兴产业的培育和发展而言，通常情形是新兴产业在市场与政府政策共同构筑的环境中形成与发展，因而在不同程度上受到市场与政府政策的共同作用和影响。一方面，战略性新兴产业应遵循市场主导下的内生发展路径，充分发挥价格机制、竞争机制的激励功能，有效地促进技术创新和资源要素优化配置；另一方面，政府应保有一定的控制权，发挥其举足轻重的引导和推动作用。市场的内生动力与政府政策的推动在产业培育和发展过程中发挥着不同的作用。市场的内生动力是战略性新兴产业发展最根本的推动力量，处于决定性地位，而政府的推动则起着催化剂的作用，同样不可忽视。在战略性新兴产业发展初期，技术亟待突破，市场竞争力不强，政府强有力的扶持尤显重要。

（4）内源式发展和外源式发展路径相结合。内源式路径是指通过自身的努力实现技术创新，达到技术进步的目的；外源式路径则指从外部引进技术。一般而言，发展中国家的技术进步有贸易、FDI与自主研发三个途径。贸易方式即购买国外先进技术和设备；FDI方式即引进技术较先进的外商直接投资；自主研发则由本国企业或研发机构自主创新。源于贸易和FDI的技术进步途径属于外源式路径，自主创新途径属内源式路径。两种路径各有优劣：内源式路径的优势在于可获得技术专利等自主知识产权，掌控技术命脉；劣势在于研发成本较高，且存在技术风险。外源式路径的优势在于成本低，引进成本通常是自我研发的1/3~1/5，且引进技术风险较小；不利之处是某些技术进口难度大或成本过高，也难以获得自主知识产权。

在发展战略性新兴产业的培育和发展过程中，中国应充分利用好"国内、国际两种市场"，遵循内源式发展和外源式发展相结合的路径。一方面，走内源式发展道路，充分发挥后发优势，在引进基础上通过自主研发，实现赶超世界先进水平的技术进步目标。走内源式道路是发展战略性新兴产业的必然要求，战略性新兴产业必须掌握关键核心技术。另一方面，积极开展国际技术合作，自主创新包括原始创新、集成创新和引进技术再创新。技术引进是技术自主创新的重要来源，是快速、低成本的技术进步路径。两条路径的结合具体体现在要对外源式路径引进的技术进行集成创新和再创新，形成自主知识产权，避免陷入"引进—再引进—落后—再落后"的恶性循环。技术成熟度较高或可获取性强，可采取外源式道路，可获取性不强、难度较大、成本也高的尖端技术，自主研发。对于新兴产业技术重在自主创新，而传统产业的技术改进则重在引进。培育和发展战略性新兴产业，应力求实现内源式道路和外源式道路的优势互补，最终落脚点应在自主创新上。

（二）产业发展中的影响因素

新兴产业的形成与发展虽然有其内在根据性，但在整个演进过程中，它还要受到诸多外部因素的影响和制约。一般而言，制约新兴产业形成与发展的主要外部因素有以下几方面：

（1）新兴产业的市场容量及其发展前景。新兴产业的形成与成长和产业的市场容量及其扩展前景两者之间的关系就是十分密切的。一方面，新兴产业的形成受到最小市场容量的影响。从最一般意义上讲，经济系统内生分工必须具备两个条件：一是要有分工的需要；二是要有分工的收益。既有分工的需要，又有分工的收益之最小需求量，即为最低限度的产业市场容量。只有经济系统中存在某一最低限度的市场容量时，相应的产业分工才会在该系统内被采纳。另一方面，新兴产业的发展也受到市场容量及其发展前景的影响。我们知道，新兴产业的成长离不开其内部各部门、企业间分工的深化。从一定意义上讲，新兴产业的成长过程就是产业内部各部门、各企业之间分工水平不断提升的过程。而产业分工的程度和速度，又很大程度上取决于市场容量的扩展程度和速率，因此，新兴产业的成长速度是受市场容量扩展的水平和速度的直接影响的。

（2）新兴产业的创新条件与环境。最主要的创新条件和环境包括：新兴产业内的企业家才能状况、经济系统现有的技术水平和条件、经济系统的运行机制以及相应的社会文化环境等。新兴产业创新的条件及环境对新兴产业的形成与发展有着重要影响：企业家才能既影响新兴产业的创新能力，又影响创新的方向和创新的潜在空间大小；现有技术条件为新兴产业创新提供技术基础，从而也影响创新的能力、方向和创新的潜在空间；经济系统的运行机制决定新兴产业创新的运行方式，从而影响创新的制度成本；社会文化环境影响新兴产业创新的价值观念，从而影响创新的选择。

（3）新兴产业投入要素的供给状况。新兴产业投入要素的供给状况是指新兴产业形成与发展所必需的投入要素的供应状况。它既包括劳动、资本等硬要素的供给状况，也包括技术、知识、信息和企业家才能等软要素的供给状况。

（4）有关新兴产业的政府政策。有关新兴产业的政府政策包括旨在促进新兴产业形成的培育政策、旨在促进新兴产业成长的扶持政策和旨在保护新兴产业利益的保护政策等。作为一种重要的外部因素，政府政策对新兴产业的形成与发展有着重要影响：政府政策影响新兴产业的成长环境，影响新兴产业内企业的经济行为从而影响着新兴产业的形成、发展的进程。可见，政府的有关新兴产业培育、资助、扶持与保护等各项政策措施，对新兴产业的形成与发展是有着重要的推动与导向作用的。

三、选择七大战略性新兴产业的依据

（一）七大战略性新兴产业的提出

新的产业周期肇始之际，需要在准确把握"后危机时代"世界产业发展特征以及系统分析其给我国产业升级带来影响的基础上，构建"后危机时代"我国产业链升级的战略重点和实施路径，为未来我国产业持续发展提供科学的政策指导。

国际金融危机正在推动着世界经济结构的大调整，引发了抢占新的科技制高点的大竞赛，并最终将催生具有强大发展推动力的战略性新兴产业。这已经成为当今国际社会应对金融危机、实现经济社会可持续发展的共同选择。任何一个国家要把握时代发展脉搏，不与新科技革命失之交臂，就必须密切关注和紧跟世界经济科技发展的大趋势，大力发展培育战略性新兴产业，在新的科技革命中赢得主动，有所作为。

2008年以来，随着全球金融危机的产生和蔓延，各国经济受到了不同程度的外部冲击，世界产业发展格局呈现出深度重构。构建"后危机时代"我国产业链升级的战略重点和实施路径，将为未来我国产业持续发展提供科学的政策指导。

战略性新兴产业是引导未来经济社会发展的重要力量。发展战略性新兴产业已成为世界主要国家抢占新一轮经济和科技发展制高点的重大战略。我国正处在全面建成小康社会的关键时期，必须按照科学发展观的要求，抓住机遇，明确方向，突出重点，加快培育和发展战略性新兴产业。

中国国务院总理温家宝2009年9月21日和22日召开三次战略性新兴产业发展座谈会，听取经济、科技专家的意见和建议。在会上，温家宝强调，发展新兴战略性产业，是中国立足当前渡难关、着眼长远上水平的重大战略选择，要以国际视野和战略思维来选择和发展新兴战略性产业。

47名中科院院士和工程院院士，大学和科研院所教授、专家，企业和行业协会负责人参加了此次会议。与会者就发展新能源、节能环保、电动汽车、新材料、新医药、生物育种和信息产业建言献策。温家宝就有关产业的战略方向、技术路线、发展布局、科研攻关和政策支撑等问题，同大家一起讨论交流。

2009年11月3日上午在人民大会堂向首都科技界发表了题为《让科技引领中国可持续发展》的讲话中温家宝强调，科学选择新兴战略性产业非常重要，选

对了就能跨越发展，选错了将会贻误时机。我国发展新兴战略性产业，具备一定的比较优势和广阔的发展空间，完全可以有所作为。温家宝在讲话中指出新兴产业重点发展的几个方向。

一要高度重视新能源产业发展，创新发展可再生能源技术、节能减排技术、清洁煤技术及核能技术，大力推进节能环保和资源循环利用，加快构建以低碳排放为特征的工业、建筑、交通体系。要努力走在全球新能源汽车发展的前列，尽快确定新能源汽车的技术路线和市场推进措施，推动中国汽车工业跨越发展。

二要着力突破传感网、物联网关键技术，及早部署后IP时代相关技术研发，使信息网络产业成为推动产业升级、迈向信息社会的"发动机"。

三要加快微电子和光电子材料和器件、新型功能材料、高性能结构材料、纳米技术和材料等领域的科技攻关，尽快形成具有世界先进水平的新材料与智能绿色制造体系。

四要运用生命科学推动农业和医药产业发展。积极发展转基因育种技术，努力提高农产品的产量和质量。突破创新药物和基本医疗器械关键核心技术，形成以创新药物研发和先进医疗设备制造为龙头的医药研发产业链条。

五要大胆探索空间、海洋和地球深部，实施好载人航天计划和嫦娥计划，有效进入并和平利用空间，切实加强海岸带可持续发展研究，促进海洋资源合理开发和海洋产业发展，努力提高地球深部资源探测水平，充分挖掘和利用好各种资源。

温家宝说，要更加重视基础研究和战略高技术研究。原始创新是一个国家竞争力的源泉。中国要抢占未来经济科技发展的制高点，就不能总是跟踪模仿别人，也不能坐等技术转移，必须依靠自己的力量拿出原创成果。

2010年2月初发改委牵头成立加快培育战略性新兴产业研究部际小组。

2010年9月8日，国务院总理温家宝主持召开国务院常务会议，审议并原则通过《国务院关于加快培育和发展战略性新兴产业的决定》。会议指出，加快培育和发展以重大技术突破、重大发展需求为基础的战略性新兴产业，对于推进产业结构升级和经济发展方式转变，提升我国自主发展能力和国际竞争力，促进经济社会可持续发展，具有重要意义。必须坚持发挥市场基础性作用与政府引导推动相结合，科技创新与实现产业化相结合，深化体制改革，以企业为主体，推进产学研结合，把战略性新兴产业培育成为国民经济的先导产业和支柱产业。会议确定了战略性新兴产业发展的重点方向、主要任务和扶持政策。①从我国国情和科技、产业基础出发，现阶段选择节能环保、新一代信息技术、生物、高端装备制造、新能源、新材料和新能源汽车七个产业，在重点领域集中力量，加快推进。②强化科技创新，提升产业核心竞争力。加强产业关键核心技术和前沿技术研究，强化企业技术创新能力建设，加强高技能人才队伍建设和知识产权的创造、运用、保护、管理,实施重大产业创新发展工程,建设产业创新支撑体系,推进重大科技成果产业化和产业集聚发展。③积极培育市场,营造良好市场环境。组织实施重大应用示范工程,支持市场拓展和商业模式创新,建立行业标准和重要产品技术标准体系,完善市场准入制度。④深化国际合作,多层次、多渠道、多方式推进国际科技合作与交流。引导外资投向战略性新兴产业,支持有条件的企业开展境外投资,提高国际投融资合作的质量和水平。积极支持战略性新兴产业领域的重点产品、技术和服务开拓国际市场。⑤加大财税金融等政策扶持力度,引导和鼓励社会资金投入。设立战略性新兴产业发展专项资金,建立稳定的财政投入增长机制。制定完善促进战略性新兴产业发展的税收支持政策。鼓励金融机构加大信贷支持,发挥多层次资本市场的融资功能,大力发展创业投资和股权投资基金。

会议强调,加快培育和发展战略性新兴产业是我国新时期经济社会发展的重大战略任务。要加强组织领导和统筹协调,编制国家战略性新兴产业发展规划,制定产业发展指导目录,优化区域布局,形成各具特色、优势互补、结构合理的战略性新兴产业协调发展格局。

(二) 选择七大战略性新兴产业的根据

科学选择战略性新兴产业非常关键。选对了就能跨越发展,选错了将会贻误时机。战略性新兴产业必须掌握关键核心技术,具有市场需求前景,具备资源能耗低、带动系数大、就业机会多、综合效益好的特征。

战略性新兴产业是新兴科技和新兴产业的一个深度结合,从而推动新一轮的产业革命,从而最终形成战略性支柱产业。其涉及三个关键词:新兴科技、新兴产业、战略性。

从产业内容看,"七大产业"一直是国家产业发展的重点目标和主要方向,在产业结构调整中承担重要作用,与我国明确的发展高新技术产业战略具有传承和深化的关系。从战略地位看,强调以国际视野和战略思维来选择和发展。

从国际看,各国新兴产业发展方向都与我国"七大产业"相近。当前国际金融危机给世界经济带来了巨大影响,各国都在寻找下一轮经济增长的动力,开始大力关注对国民经济发展和国家安全具有重大影响力的战略性新兴产业的培育。例如,美国奥巴马政府十分强调新能源、干细胞、航天航空、宽带网络的技术开发和产业发展。日本把重点放在商业航天市场、信息技术应用、新型汽车、低碳产业、医疗与护理、新能源(太阳能)等新兴行业。英国为了应对目前的经济衰退,启动了一项批量生产电动车、混合燃料车的"绿色振兴计划"。德国政府批准了总额为5亿欧元的电动汽车研发计划预算。韩国制定《新增长动力规划及发展战略》,将绿色技术、尖端产业融合、高附加值服务三大领域共17项新兴产业确定为新增长动力。

从国内看,"七大产业"有望成为经济增长新动力,并能促进传统产业升级和改造。战略性新兴产业是推动经济社会发展的革命性力量,是科技含量高、产业关联广、市场空间大、节能减排的潜在朝阳产业。据国务院发展研究中心课题组测算,2015年,新能源产业产值可望达到4000亿元;环保产业产值可达2万亿元,信息网络及应用市场规模至少达到数万亿元,数字电视终端和服务未来6年累计可带动近2万亿元产值。因此,对中国而言,除了发展装备制造业等传统优势产业外,及早谋划,培育和发展战略性新兴产业,抢占经济科技制高点,不仅对巩固和发展中国经济回升势头十分必要,而且对营造国家未来的新发展具有重大意义。

发展新兴产业,能够促进传统产业的优化升级,把发展新兴产业和改造提升传统产业结合起来,通过传统产业的优化升级,为发展新兴产业奠定扎实基础。这一点对于发展中国家,意义尤其重大。目前,中国经济增长内生动力不足、自主创新能力不强、部分行业产能过剩矛盾突出、结构调整难度增大等问题已充分表明,加快转变经济发展方式,调整优化经济结构,已是刻不容缓的重大任务。培育发展战略性新兴产业,是推动经济进入创新驱动、内生增长发展轨道的重大举措。

同时,发展"七大产业"能有效应对中国面临的能源资源紧张和人口老龄化两大问题。近两个半世纪的世界经济史表明,每一次大危机都会带来新的科技产业革命。全球都在思考这样一些问题:本次大危机之后,什么样的科学技术能促进新产业成长?什么样的产业能渗透、辐射和引领其他产业发展,并成为既是新一轮经济增长引擎又是结构转型升级推进器,而且自身拥有巨大发展空间的产业?

要找到这种产业,既要看经济生活中影响全局的突出矛盾是什么,又要看是否具有解决该矛盾的市场需求及足够的科技条件。全局性突出矛盾给新产业发展提供了压力和动力,市场需求给新产业发展带来了增长元,而科技进步为新产业发展提供了实现条件。

21世纪的人类社会将持续面临两个影响全局的突出性矛盾:一个是能源、原材料供不应求;另一个是人口老龄化。这两个突出矛盾将促使能源、材料和医药供求模式发生深刻变革,在推动相关领域科技进步的同时,带来新能源、新材料和新医药产业("三新产业")的快速发展。

能源、原材料供求矛盾,引发切能、节材及开发新能源、新材料的需求。在全球化条件下,人口占比超过70%的发展中经济体加快经济发展,面临的能源、原材料供不应求矛盾将更加突出。这是一个全球性"千年课题"。

对于处在工业化和城市化加速发展期的中国来说,必将处在矛盾的中心。当GDP总规模还在10万亿元人民币以下、人均水平还在1000美元以内(2000年前)的时候,我国对能源、原材料的供求矛盾还不是很敏感,但当GDP的总规模和人均水平以4~7年左右翻一番的速度增长，能源、原材料供给的外向依存度（能源和原材料净进口/GDP）逐年快速提高时，中国对能源、原材料的反应就变得"十分敏感"起来。

特别是在加速推进的工业化、城市化和信息化中融进家电普及和汽车进入家庭的新内容后，我国对能源、原材料的需求将出现史无前例的快速增长。趋势分析结果显示，到全面小康社会目标实现的2020年，我国GDP总规模和人均水平将分别超过100万亿元人民币和1万美元，城镇居民家庭的电脑拥有率（台/100户）将超过100%，汽车拥有率将超过30%，农村居民家庭的家电、摩托车和汽车拥有率也将快速提高。

如果创造GDP的能源消耗模式不变，能源消费弹性系数依然维持在2000~2008年年均1.2左右的水平，能源消费总量以七八年翻一番的速度推进，到2020年可能需要50万~60万吨标准煤的能源有效供给。

对我国和世界来说，传统能源、原材料的供给及消费模式面临"极限式"挑战。这个挑战已经在本次大危机前"油和米"大幅涨价的数据记录牌上清晰地显示出来了。这就要求世界和中国不得不寻找新的出路，不得不寻找可再生的新能源、新材料供给途径和厉行节约的能源、原材料消费需求模式。这也是我国建设资源节约和环境友好的"两型社会"，实现科学发展的基本途径。

电动车是圆中国人汽车梦的战略选择。拥有13亿人口的中国，轿车能不能进入家庭，历来就是一个有很大争议的问题。在汽车持续产销两旺的时候，令我们长期甩不掉的一个隐忧就是，轿车进入家庭已成消费结构升级不可逆转的趋势，但日益严峻的能源环境问题如何解决？

在多种节能和新能源汽车中，电动车脱颖而出。各个主要汽车生产国无不在经济刺激计划中，拨出资金、出台政策支持电动车技术开发、生产和消费；全球电动车进入市场的时间大大提前。在电动车领域国家与国家的竞争已经开始。可喜的是，我国在动力电池和电动车一系列技术上取得了重要突破，基本跟上了全球的步伐，大体站到了世界同一"起跑线"。这在中国汽车史上还是头一次。

我国石油消费增量中最大一部分是交通。1993年我国还是石油净出口国，到2002年石油对外依存度就上升到25%，仅仅过了5年，到2008年石油对外依存度已骤升至51.4%。而且，在未来较长时间我们还处于能源需求旺盛的增长期。

汽车动力的"电动化"，是汽车业百年来最重要的一次汽车动力技术的革命。为中国企业的技术追赶提供了历史性机遇。插电式电动车具有从根本上减少对石油的依赖和达到零排放的前景，有可能在减少对国外石油以来的情况下实现中国汽车的可持续发展。从长远看，圆13亿中国人的"汽车梦"寄希望于电动车。

人口老龄化带来社会压力，也创造出不断增加的新医药需求。人类社会发展的长周期显示，全球人口在数量规模持续扩大的同时，出生率下降和预期寿命延

长使得人口平均年龄不断提高，人口老龄化特征越来越明显。我国目前虽然仍处在"人口红利期"，老龄化率（65岁以上人口/总人口）2008年为8.3%。静态看，仍低于欧美发达国家特别是北欧国家的水平，但是，由于人口基数大，出生率和自然增长率减速，平均预期寿命延长，未来老龄化率将快速提升。1964年，老龄化率最低，只有3.56%，之后逐年上升。进入本世纪后，更是加速上升。1990年以前的8年，年均上升不足0.09个百分点；之后的10年，年均上升0.14个百分点；21世纪头8年，年均上升接近0.16个百分点。根据50~64岁人口占总人口比重持续快速提高趋势进行预测，我国到2020年的老龄化率有可能在15%左右，老年人口总量可能超过2.1亿，比现在的1.1亿增加近1倍。

如此庞大的老年人口群体，对未来社会生活，特别是对未来公共财政和青壮年家庭生活，无疑将带来巨大压力和挑战，但也会带来规模不断扩大的保健和医疗需求，带动新医药产业的快速发展。因为与青壮年相比，老年人更容易得病，更需要医疗服务；即使不得病，也因其自理能力下降而更需要他人护理。在可能出现一对年轻夫妇将要照顾两对老年夫妇的新情况下，这种护理将越来越多地依赖家庭以外的专业服务人员来完成，从而形成巨大的医护产业。而随着人均收入水平的提高和新一代家庭对生活、生命价值的新认识，人们有能力也愿意为使用新医药作出更充足的家庭预算，这就为我国在走向小康社会进程中加快发展新医药产业，创造了更加有利的需求条件和市场空间。

（三）七大战略性新兴产业存在的现实基础

科学选择战略性新兴产业非常关键。选对了就能跨越发展，选错了将会贻误时机。我们看到世界各国选择了不同新型的产业作为突破口。中国政府经过精心调研和科学论证，确定了选择新兴产业的三个标准：一是要真正掌握关键核心技术，有良好的经济效益；二是要具有稳定、广阔的市场前景；三是能带动一批产业的兴起。根据此标准，我国确定了节能环保、新一代信息技术、生物、高端装备制造、新能源、新材料和新能源汽车七大新兴产业方向。

这七大产业在国外都有不同程度的发展。新能源产业是目前各国都非常重视的产业，其中以太阳能、风能、生物质能和核能的利用较为成熟；新材料在美国、欧洲、日本等工业发达国家受到重视，这些国家在制订国家科技与产业发展计划时，将新材料技术列为关键技术予以重点发展；美国、欧盟、日本、韩国等都在积极制订本国的物联网产业发展规划；新医药产业和生物育种产业在美国、欧洲和日本最为发达，欧洲在基础研究方面处于领先；在节能环保领域，世界金融危机以来各国已发展低碳经济作为本国经济复苏的强心剂，纷纷宣布并实施了多项发展低碳经济的计划；美国、德国、法国、日本等国家近年来纷纷出台政策扶持新能源汽车产业的发展。

世界各国的高度重视极大地加速了新兴领域若干重大技术的更迭演进和产业

化进程，世界战略性新兴产业呈现快速增长的态势。种种迹象表明，未来15~20年有可能出现新一轮的产业革命。虽然各方对未来新科技革命和产业革命的方向还存在不同认识，但是这些认识揭示了未来新兴产业的发展趋势。

近年来，中国战略性新兴产业发展的技术基础、产业基础已较为扎实，资源条件较好，政策环境进一步改善，市场需求空间巨大，具备了加快发展的条件，在七大产业上有不同程度的发展。总体来讲，在新能源、新材料等产业领域，我国的技术研究与国外差距不大，甚至在某些领域还领先于世界水平。

在物联网产业领域，我国有关部门正在联合开展对包括物联网在内的新一代信息技术的研究。我国新医药产业虽然初具规模，但仍存在缺乏国家发展战略等问题。我国2008年启动转基因生物育种重大专项，2010年决定转基因新品种推向产业化。2009年，我国承诺在2020年之前将单位GDP碳排放的强度在2005年基础上降低40%~45%。我国电动汽车产业发展仍处于培育阶段，但已经呈现出较有发展潜力的特征。

表1-8 中国七大新兴产业发展现状

产业		发展概况
新能源	太阳能光伏发电	光伏产业发展快，太阳能电池市场份额占全球1/3，年产量世界第一，全球前25家光伏组件厂商有8家位于中国。太阳能热水器集热面积和光伏发电容量均居世界第一位。产业链趋于完整，产业政策陆续出台。2009年有"太阳能屋顶计划"、"金太阳示范工程"等
	风电	近年来风电规模连续几年成倍增长，2009年新增风力装机1000多万千瓦，世界第一，总装机容量世界第四。行业存在的问题是进入企业多，批量生产少，需要国家扶持大型企业
	核电	目前，全国准核电项目总装机容量2540万千瓦，在建规模1335万千瓦。在建规模世界第一。国家发展战略是"前低后高"，规划到2020年装机容量达到4000万千瓦
	生物质能	我国生物质能资源丰富，发展前途光明，目前在秸秆利用、生物燃料、生物质发电等领域有所发展。预计2050年生物质发电量可达到5900亿千瓦时
新材料		我国新材料产业领域有一定进展，有新材料产业基地和发展新材料产业的规划思路。不过，新材料产业正处于培育和进一步发展的过程中，不仅需要政策的扶持和资金的支持，市场的培育和技术的突破也需要有一个发展过程
信息网络		2009年以来中央和地方政府开始重视物联网产业发展，即将成立中国物联网标准联合工作组，参与物联网标准制定；多个省份制定了物联网发展规划；北京、重庆、江苏无锡、福建龙岩等地上马了较为成熟的物联网相关应用
新医药		我国新医药产业在金融危机中实现了逆势上扬。目前正处于生物医药技术大规模产业化的开始阶段。预计到2020年，我国广义生物医药市场规模将达4万亿元
生物育种		转基因生物育种在我国有一定发展但尚未推向产业化，目前的问题是拥有自主知识产权的品种较少，国际竞争力较差
节能环保		我国的现状是高耗能、高排放占主要地位，但我国在国际上积极做出了节能减排的承诺并已经开始行动。虽然面临很多困难和问题，但寻找适合中国的低碳之路刻不容缓
新能源汽车		2007年出台《新能源汽车生产准入管理规则》，有一定的标准但相对混乱。产业规模正在逐渐形成，但市场需求尚未被带动起来

资料来源：作者自制。

(四) 中国的差距

经过对国内外的调查和比较,目前中国与欧美、日本等技术发达国家在发展新兴产业方面仍然存在明显差距。

(1) 研究开发资金投入不足。目前,新兴产业投资体制尚不健全,融资渠道单一,资金投入严重不足。一方面,由于新兴产业投资风险大,回收期长,银行存在惜贷现象;另一方面,民间资本对高新技术直接投资的热情不高,从而使新兴产业难以获得基本的资金支持,虽然其产品有广阔市场,但因资金短缺,不能迅速扩大生产规模,往往错失良机。近年来,我国技术研究与开发经费占GDP比重不足1%,甚至低于发展中国家平均水平,与发达国家平均2%的水平相差更远。这些都严重阻碍了高新技术成果转化和产业化的步伐。

(2) 科技成果转化率低。目前,我国科技成果与产业发展之间的鸿沟还没有完全消除,科技成果的转化率还相当低。根据国家科委科技促进发展研究中心的抽样调查,我国的高技术成果的商品化率为25%,产业化率仅为7%左右,远远落后于发达国家。在国家"863"计划已通过鉴定的科技成果中,得到应用的成果仅占了38.2%,真正形成产品的只有10%,有较大经济效益的只有2.5%。有近90%的科研项目仅仅通过鉴定后便束之高阁,根本得不到转化,不能成为实实在在的生产力。

(3) 制度环境尚不健全。新兴产业的发展需要政府从一开始就给予全方位的有力支持,各项政策措施之间互相配合和协调以形成一个完整的支撑体系。然而,当前的制度环境与新兴产业发展的要求并不十分相适应。一方面,市场经济体制发育还不完善,与市场经济相适应的政治、法律、科技等体制尚不健全,政府在发挥其经济调节职能作用方面经验不足。另一方面,政府在确定重点扶持产业时对市场需求重视不够,以致某些产业投入过多,产品滞销,而某些重要领域得不到足够的重视和支持,产品供不应求,不利于从整体上培育我国新兴产业的成长和产业结构优化升级。

此外,我国对新兴产业的相关政策支持略显滞后,政策体系和投资环境不完善,对于企业没有科学合理的政策支持,使得很多企业缺少发展机会,企业发挥创新的积极性不高。对基础研究和前沿探索的关系把握不好,影响了整体的科研水平,也影响了新兴产业发展。

(4) 缺乏创新机制。新兴产业的发展离不开科技的引导及健全的创新机制。企业是自主创新的主体,以企业为主体的技术开发创新体系建设进展迟缓,自主知识产权缺乏,这主要是由于国家给予的税收优惠不够,核心技术科研投入少。

如果把新兴产业划分为技术实用化、产品商品化、经营市场化三个阶段,那么它的每个阶段都必须伴随着技术创新,而中国的产业界正缺乏这种技术创新的动力和机制。因为技术创新伴随着高风险,许多商家宁愿维持现状,生产利润并

不很高的产品,也不愿意冒风险进行技术创新开发新兴产业的产品,这也是长期实行计划体制所造成的弊端。

此外,新兴产业在获得有关规章制度管理部门的承认和批准方面经常遇到困难,监管部门拖延的现象时有存在,同时由于政策规章不够细致完善,当新兴产业的要求与现在所用的规章制度不一致时,审批更是难以通过。

表1-9 七大新兴产业在不同国家的发展概况

产业		主要国家	发展概况
新能源	太阳能光伏	德国	光伏产业传统大国、拥有全球近一半的太阳能组件。光伏发电占全国发电总量5%~8%。受金融危机影响有所下滑,2010年初下调光伏上网电价,在业界引起不小影响
		日本	1974年开始"阳光计划",此后陆续推出"新阳光计划"、"阳光屋顶计划"和其他专项光伏技术研究计划。2009年日本全年新增光伏容量410MW,2010年预计增长至530MW,目标是2020年达到28GW
		日本	全球产品安全检测和认证领域的领导者Underwriters Laboratories Inc.(UL)公司在日本建立了UL光伏卓越技术中心,为亚洲本地制造商拓展全球业务、进军国际市场出谋划策
		西班牙	1997年颁布首个可再生能源上网法案,多年来快速发展。2009年将补贴容量上限削减至500MW,导致2009年新增容量下降。预计2010年新增容量250MW
		美国	2009年起,美国的30%光伏系统初装成本抵税政策对民用系统的补贴上限取消。预计2010年美国光伏市场将会温和增加到620MW左右。据预计,太阳能发电有望从2008年仅占美国电力需求的0.1%提高到2030年的10%
	风电	丹麦	欧洲风电老牌大国,其风电技术、财税政策条例已经成为世界各国制定风电政策的模板。自2003年以来,丹麦风电装机容量基本保持在3120MW左右
		西班牙	装机容量保持稳步增长,平均每4年增长5000MW。有"风电翘楚"之称,2008年总装机容量为16754MW
		印度	起步较晚,但发展迅速,2006年成为世界第四大风电装机容量大国,2008年被中国超越,力争2030年总装机容量达到800GW
		美国	装机容量自2006年突破10000 MW之后,发展速度递增,2001年其装机容量为德国的1/2,而2008年底已经超越了德国,总装机容量25170 MW
	核电	俄罗斯	切尔诺贝利核电站事故发生20年后,2007年俄罗斯核电产业开始复苏,计划2030年前兴建26座核电站。目前在建核反应堆6座
		印度	2009年3月,国际原子能机构废除了35年来国际社会针对印度的核贸易制裁,为印度耗资1000亿美元的大规模核能开发计划铺平了道路。印度计划到2012年进口至少8座核反应堆,到2020年拟新增核电装机容量16GW
		韩国	近年来迅速崛起,2009年12月,韩国击败法国、美国和日本等竞争对手,获得阿联酋一份价值至少200亿美元的核电站出口合同,韩国也因此成为世界上第六个"出口"核电站的国家
	生物质能	美国	生物质能发电的总装机容量已超过10000兆瓦,单机容量10兆~25兆瓦
		巴西	乙醇燃料已占该国汽车燃料消费量的50%以上

第一章 危机后的新产业周期

续表

产 业	主要国家	发展概况
新材料	美国	主要前沿研究领域包括生物材料、信息材料、纳米材料、极端环境材料及材料计算科学，制定了"21世纪国家纳米纲要"、"国家纳米技术计划（NND）"、"未来工业材料计划"等新材料计划
新材料	日本	将纳米技术、纳米材料列为重点发展领域，相关计划包括"科学技术基本计划"、"纳米材料计划"、"21世纪之光计划"、"超级钢铁材料计划"等
新材料	欧盟	在航空航天材料等领域具有领先优势，未来计划发展纳米技术和多功能材料及其新的生产工艺和设施，相关计划包括"第六个框架计划"、"欧盟纳米计划"、"COST计划"、"尤里卡计划"、"欧洲新材料研究计划"等
新材料	韩国	未来发展方向为下一代高密度存储材料、生态材料、生物材料、纳米材料、未来碳材料技术、结构材料等，相关计划包括"2025构想"、"新产业发展战略"、"纳米科技推广计划"、"NT（纳米技术）综合发展计划（2001~2010）"
信息网络	美国	将IBM"智慧地球"提升为国家战略，已经趋于完善的通信互联网络为其物联网的发展创造了良好的先机
信息网络	欧盟	2009年6月宣布14点行动计划，确保欧洲在构建物联网的工程中起到主导作用，同时表示，欧盟将会尽快统一制定物联网标准，以加快物联网产业在欧洲地区的发展
信息网络	韩国	国内已开始射频设备部署，2009年10月，韩国通过了《物联网基础设施构建基本规划》，计划在2013年之前创造50万亿韩元的物联网产业规模，韩国通信委员会树立了到2012年"通过构建世界最先进的物联网基础设施，打造未来广播通信融合领域超一流ICT强国"的目标
新医药	英国	2020年通过允许克隆人类早期胚胎并分离胚胎肝细胞的决议，2003年率先建立"人类干细胞库"
新医药	日本	2000年启动"千年世纪工程"，把干细胞工程作为四大重点之一，发展迅速
新医药	美国	建立了世界上第一个胚胎干细胞系，但受各种组织干扰发展缓慢，2009年美国联邦食品药品监督局放行干细胞临床实验和干细胞产品，拨给国家卫生研究所的100亿美元中很大一部分将会投入干细胞研究领域
生物育种	美国	实施"面向21世纪的生物技术"计划
生物育种	日本	实施"官产学一体化推进21世纪的生物技术计划"
生物育种	欧盟	2010年3月批准欧盟国家种植一种转基因土豆，对转基因作物的审慎态度有所转变
节能环保	英国	2003年提出低碳经济概念，2008年颁布《气候变化法案》，承诺到2020年将削减26%~32%的温室气体排放，到2050年实现将温室气体的排量降低80%的长期目标。2009年成为世界上第一个公布"碳预算"的国家
节能环保	欧盟	2008年欧盟通过的能源气候一揽子计划，2009年3月，欧盟宣布在2013年前出资1050亿欧元支持"绿色经济"
节能环保	美国	2007年颁布《低碳经济法案》，2009年2月颁布《美国复兴和再投资计划》，投资总额达7870亿美元，计划用3年时间使美国新能源产量增加1倍，到2012年将新能源发电占总能源发电的比例提高到10%，2025年，将这一比例增至25%。2009年6月颁布《美国清洁能源与安全法案》
节能环保	日本	开发燃料电池、生物发电、垃圾发电等利用新能源发电的方式，使得日本国内经济对石油的依赖度从20世纪70年代的71.9%下降到目前的50%以下，预期到2030年可以将对石油的依赖程度由现在的50%降到40%

续表

产业	主要国家	发展概况
新能源汽车	美国	近年来开始大力扶持新能源汽车产业,2009年通过的经济刺激计划将电动汽车作为拯救汽车行业的一张王牌,美国政府表示将进一步支出高达60亿美元用于电动汽车产业发展。预计在18年内把能源经济标准提高1倍,在2030年之前将石油消费降低35%
	德国	2009年8月颁布"国家电动汽车发展计划",目标是到2020年,德国境内上路电动汽车能够超过100万台。批准了总额为5亿欧元的电动汽车研发计划预算,支持包括奔驰公司在内的3家研究伙伴,计划在2011年实现锂电池的产业化生产,推动电动汽车产业发展
	法国	计划投资4亿欧元用于新能源汽车研发,并在各项配套设施上出台鼓励政策
	日本	2009年4月起实施"绿色税制",对购买新能源汽车实现减税政策。目标是2020年使用中的燃料电池汽车达到500万辆

资料来源:作者自制。

第五节 国家战略支持体系设计

与其他国家包括发达国家相比,中国在发展战略性新兴产业方面有着自身独特的战略优势。简单而言,这些优势主要包括市场规模、政策体制和后发优势三个方面,并且三者构成一个有机整体。在此基础上,我们设计发展战略性新兴产业国家战略支持体系。

一、建立政府运行机制

中国需要通过自觉的国家部署才能发挥出这些战略优势。发展战略性新兴产业,抢抓全球产业链制高点,对中国来说,意味着从国际产业跟随到国际产业引领,从低成本依赖和无创新能力的恶性循环到创新能力与创新投入的良性循环,从全球产业链下的"逐底"趋势到"逐顶"趋势,因此是从一种模式过渡到另一种模式,从一种平衡态到另一种平衡态的过程。这一过程不能单靠市场机制的自发作用,而必须进行全面的国家战略部署,必须"看得见的手"和"看不见的手"两手抓,且两手都要硬,即国家和企业都要付出长期而艰苦的巨大努力。

第一,在国家部委之间,需要联合实施创新政策,应该使技术创新成为各个部门的一个关键变量,各部委在政府采购、监管规制和创新投入方面需要加强对创新的激励,并建立创新激励与部门业务之间的良性循环机制。例如,农业部门从技术研发、流通渠道等角度对生物育种技术和产业的支持以及对种业安全的保护;人力资源部门和公安部门在社保、户籍等方面对创新和人才的激励等。此外，不同部门之间的政策协调机制尤为重要，三网融合的案例充分表明了这一点。

第二，在产业资本之间，特别是在国企系统内部，需要实现创新协作，包括推动建立产业链上下游和产业生态系统的合作研发平台、机制和政策措施等，例如电信运营商与供应商之间的协同创新，铁路运营商与设备供应商之间的协同创新。

第三，在产业资本和金融资本之间，需要建立创新互动机制，包括鼓励金融资本开展面向产业技术创新和商业模式创新的金融创新，以金融资本为平台与核心着手进行产业创新能力建设和产业链国际竞争力的整体打造。

第四，在科教系统与产业系统之间，需要以国家战略需求为导向建立科研机构与产业机构的对接平台，着眼于培养学生创造性这一目标进行教育体制改革等。中国科技教育之所以与经济相脱节，既有自身的问题，同时也有中国在全球低端制造平台的位置下创新要素需求不旺的原因。战略性新兴产业的成功推进和发展必将带来创新要素供需的良性互动，需要以此为契机改进科技资源配置、改革科技评价机制，进行教育体制的不断探索改革。

第五，在地方政府之间，需要国家通过发展规划和政策资源进行宏观导向，引导地方根据不同的资源优势、基础条件和国家战略需求进行战略分工与协作，力图避免和减缓过去一哄而上低端拼抢的弊病。

发展战略性新兴产业还需要加强灵活的探索机制。战略性新兴产业在发展方向、路径和模式等方面具有天然的不确定性，因此在发展过程中除了需要国家战略部署和协调外，还需要建立灵活的探索机制，这一问题也具有极端重要性，其中包括科技领域的自由探索、产业领域的创新创业、产业集群和产业组织创新方面的地方探索等。

但是，从方法论上来说，政府进行战略部署，企业进行灵活探索，这种简单二分法需要加以补充说明才能克服片面性。其一，在政府和企业之间，实际上存在着大量的产业组织形式，这些组织形式往往是政府和企业互动的产物；其二，不同产业差别巨大，有些产业是具有复杂技术系统的复杂产业系统，有的产业则主要是单独产品的形态，因此对于政府参与和战略协调的需求也有巨大差异；其三，全球竞争舞台同时也是大资本或垄断资本掌握话语权的舞台，其主要行为逻辑在于战略控制而非自由竞争，而与政府力量结合也是实施战略控制的常见手段，从这一角度来说，战略部署应该提到首要位置；其四，新兴产业在整个产业生命周期中将会经历从自由竞争走向垄断格局的过程，金融资本在其中发挥着巨大作用，因此政府的参与力度和形式应随着发展阶段有所调整。

新兴产业的发展，关系到国民经济和社会发展的全局和国家安全。因此，从中央到地方都应依据现有的产业基础和比较优势，加强统筹规划，坚持规划先导、规划调控原则，科学编制和有效实施不同空间层次、不同产业类别的战略性新兴产业发展规划和实施工作方案，明确战略性新兴产业的战略目标、总体思路、发展重点和发展路线图，并注重产业布局、结构调整和发展规模，使其与国家整体战略、产业战略都能够较好协调，发挥协同效应。

此外，不同的经济发展阶段，各国经济发展特点不同，我国应立足于本国国情，基于不同初始条件，及时确定经济发展的主导新兴产业，不能照搬别国经验，人云亦云。只有这样才能制定明确的发展规划，有的放矢地进行产业结构的优化调整，促进新旧产业之间的更替，从而发展有本国特色的新兴产业。

二、建立产业法规政策体系

在新兴产业发展初期，受到价格、传统认知、性能等影响，新兴产业的市场竞争力较弱，优势不明显。因此，政府制定合理的产业政策及相应的产业激励政策，通过产业政策的积极引导，不断完善和推进产业创新体系建设，优化产业外部环境，可以为新兴产业的快速发展创造有利条件，促使各种资源向新兴产业集中，拓展新兴产业市场，增强市场竞争力。

（一）为新兴产业发展立法

新兴产业发展是一个庞大的系统工程，产业发展中的各项政策、措施必须以立法的形式固定下来，为产业发展提供规章制度。客观地讲，我国以往也推出了许多发展新兴产业的政策、措施，也制定了一些相关法规、规章，但是这些政策措施在内容上不系统、不规范、不统一，在总体上不配套，不够权威，也缺乏透明性。因此，在总结经验的基础上，对以往各部门制定的政策、措施及以往的新兴产业立法进行全面的清理，在此基础上，制定出一套全面、系统、操作性强的新兴产业立法。

（1）制定和实施新兴产业激励政策。新兴产业内在动力在于知识创新与技术创新，外部动力很大程度上依赖于政府的激励扶持政策。从我国的实际看，新兴产业发展的"瓶颈"在于高新技术的研究、开发和成果转化。因此，政府制定和实施产业激励政策的目标和重点在于引导、鼓励技术成果转化，从总体上促进新兴产业结构优化升级。为此，应实施积极的促进新兴产业发展的财税政策、金融政策、人才政策和装备技术政策等。在此基础上，还应注重战略性新兴产业产品消费市场的培育，在市场推广、示范应用、政府采购、财政补贴、市场秩序方面加大扶持，引导消费。

（2）全面推进新兴产业的创新体系建设。首先是培育企业成为技术创新主体，通过改革科技计划支持方式，支持企业承担国家研究开发任务，完善技术转移机制，促进企业的技术集成与应用，加快现代企业制度建设，增强企业技术创新的内在动力。其次是深化科研机构改革，建设一支稳定服务于国家目标、献身科技事业的高水平研究队伍，建立健全现代科研院所制度。最后是推进科技宏观

管理体制改革，重点是健全国家科技决策机制，努力消除体制机制性障碍，加强部门之间、地方之间、部门与地方之间、军民之间的统筹协调，切实提高整合科技资源、组织重大科技活动的能力。

（3）优化新兴产业发展的外部环境。新兴产业的发展离不开良好的外部环境，企业自身对这些外部条件往往无能为力，政府在优化和维护企业发展的外部环境工作中肩负着义不容辞的责任。完善通信、能源、电力、水、交通等公共设施建设，利用政府网站开展面向新兴产业技术企业的信息服务。完善并积极鼓励设立人才、技术以及其他生产要素市场，包括建立网上产权交易平台，以促进人才技术、设备以及其他生产要素向新兴产业流动。

（二）改革行政管理体制

为新兴产业发展消除体制障碍。新兴产业往往产生于按传统分工的产业边缘地带，因此，新兴产业的顺利发展需要打破传统分工的壁垒和改革管理体制，使生产关系适应生产力的发展。如三网融合、数字地面电视、手机电视、"第四代核电"、新能源汽车等产业化都会遇到按传统分工的壁垒或垄断的阻力，有的已经成为新兴产业发展不可逾越的障碍，使我国一些具有自主知识产权的重大科技创新成果被束之高阁，令很多科技人员心急如焚。

克服体制性障碍确实有极大的难度，但为了提高国际竞争力必须不断取得突破。在技术进步日新月异、产业竞争如火如荼的今天，技术成果随时间贬值的速度非常之块。为此，要以十足的紧迫感，加快改革行政管理体制，打破部门利益局限，消除新兴产业跨部门、跨行业和跨地区发展的障碍。如果经历这场危机，能形成国家管理体制动态地适应"生产力"发展的机制，那么就将打破科技向产业的转化"瓶颈"，为新兴产业发展铺平道路。

（三）建立严格的安全监管和全面质量审查制度

与任何新产业发展一样，"三新产业"发展在对人类产生正效应的同时，还可能伴随负效应。科学而明智的选择，不是全面排斥，而应坚持"逐步、有选择利用"的方针，总体减少或局部避开负效应。在新技术产品使用前，实行最严格的安全监管和全面质量审查制度，保障新材料、新医药行业健康有序发展。

比如，在转基因生物产品的使用方面，可对直接食用的转基因食品采取谨慎态度，等到科学家形成比较统一的安全性评估结论后，再进行大量生产和消费。又比如，在纳米用品的研究和开发方面，因纳米粒子小到可以很容易被皮肤吸入和吸收，而一些纳米粒子在吸收很长时间以后可能对健康产生影响，在纳米涂层、纳米化妆品和纳米服装进入商店货架之前，要建立严格且持续的安全监管和全面质量管理制度，并要求所有纳米公司严格遵守这样的制度。

（四）增加政府采购

与传统产业发展相比，新产业发展往往会因为生产和销售规模小、成本高、价格贵、服务体系不完备、产品未形成持续品牌效应、消费者认知时间短、消费习惯改变难等问题，而使"三新产业"的产品提供商面临营销困难，为了缓解这些困难，缩短"三新产业"产品市场开发的时间，直接有效的办法是：在采取补贴等措施增加民间消费的同时，增加该产品的政府采购，带动新动力能源汽车的研究和产业化开发，促进生产和销售，降低成本和价格，加快汽车充电站的建设，形成便利、高效的新动力能源汽车运营体系。政府可在办公楼建筑材料和公共医疗报销清单中，列入新材料、新医药商品目录，这会产生示范和推广效应，加快新材料和新医药产业发展的步伐。

(五) 放松管制，降低门槛

从世界新技术产业成长的历史看，"专利保护"和"开发自由"两者缺一不可。对技术专利发明的知识产权要保护，主要是保护专利发明人的利益，以激励人们进行更多的发明创造。对购得技术专利权的商业开发要放松政府的行政限制，促进自由竞争，提高技术的使用效率，给人类带来最大化的福利。按照国家利益至上的最高原则精神，加快新技术研究及其产业化的体制机制改革，打破行业垄断，促进市场竞争，推动新技术自由开发和应用，为"三新产业"快速发展提供良好的体制条件。在严格保护专利技术的基础上，实现技术开发的自由竞争，这是新技术产业快速成长的基本要素。加强对农村地区教育和城市科研单位的人力资源投资，缓解大学生就业压力。

三、提出新兴产业技术振兴规划

为了在新一轮国际技术竞争中取得优势，建议考虑以下对策和建议：将政府投资主导下的扩大内需和推动技术进步结合起来，设计和实施新兴产业振兴规划。

（一）适当调整 16 个科技专项的实施计划

2006 颁布的《国家中长期科学和技术发展规划纲要（2006~2020 年）》，对中国科学技术的发展有着重要的意义，特别是 16 个科技专项的实施将对我国关键技术的研发和相关产业的升级有着深远的影响。但部分科技专项的论证难免受当时"中国制造、美国消费"的国际产业链分工格局的影响，而目前这一国际分工面临着重大调整，相应的部分专项也需要进行适当的调整。一方面，需要增加一些对今后我国产业结构调整意义重大的技术创新研究领域，并且经费投入的强度和进度安排也需要进行必要的调整；另一方面，要加大对部分科技专项涉及的基础研究的投入。

（1）加大新兴技术投入力度。稳步增加财政对自主创新的投入是新兴产业发展的物质保障。因此，要重点解决行业和区域经济社会发展中的重大科技问题，就有必要大幅度增加财政科技投入，调整财政科技投入结构，建立和完善多元化、多渠道的科技投入体系。比如，综合运用财政拨款、基金、贴息、担保等多种方式，吸引社会资金向战略性新兴产业投入；探索提供适应科技创新需求的金融创新产品，建立科技与金融结合的新模式，鼓励科研单位与商业银行开展买方信贷、金融租赁等新的合作业务，鼓励金融机构加大对科技型中小企业的信贷支持；争取建立专业化的科技银行，为科技创新提供专业化的金融服务；大力发展科技保险，吸引保险金投向高新技术企业。同时建立完善提高创新资金集成度的机制，建立适应自主创新要求的科技经费监督管理和绩效评估体系，提高财政科技经费的使用效率。

（2）加强知识产权保护与强化技术标准。政府应加强知识产权保护，强化技术标准，完善科技决策机制和管理体制。按照"培育、做大、拓宽"的思路，对事关新兴产业的重大科技领域，以掌握核心技术及其知识产权为主要目标，侧重培育一批拥有自主知识产权、具有国际竞争力的领军企业。大力发展拥有自主知识产权、自主核心技术的名牌产品，并制定名牌产品培育发展中长期规划，发挥名牌带动作用，推动现代产业体系的构建和国际竞争力的提高，同时在国家层次上组织实施专利战略，通过科技计划和建设投入给予重点支持。全面强化科技计划知识产权管理，切实保障科技人员的知识产权权益，建立健全知识产权保护体系。

鉴于目前大多数战略性新兴产业还缺乏行业标准，我国应加快战略性新兴产业标准建设。在新兴产业的发展和竞争中，谁掌握了核心关键技术，掌握了标准的制定权，谁就能在竞争中处于优势地位，掌握发展主动权。

制定标准时应坚持国际标准与国内标准同步推进的原则，努力实现国内标准与国际标准的融合，进一步确立并扩大我国在战略性新兴产业领域国际标准制定上的话语权。同时还要引导国内企业采用统一的行业标准，促进规模化运作、市场化经营。

（3）加强新兴产业链延伸。新兴产业中各个领域的发展并不是孤立存在的，而是相互交叉的。只有建立新兴产业链，并将其进一步延伸，才能将某一领域发展壮大，形成规模优势，从而促进整体的大发展。例如，美国在工业化初期选择铁路建设作为新兴产业，通过后向关联，在铁路建设的基础上，大力发展钢铁、煤炭、机械制造等产业，促进了依赖铁路提供原材料和设备的工业部门的发展，而且通过旁侧关联，带动了纺织业、食品加工、木材加工、烟草、皮革、造纸、印刷等部门的发展。

新兴产业只有加强产业链的有效延伸，才能获得持久的生命力，从而使整个经济向多元化良性发展。

（二）整合全球科技创新资源

在全球竞争舞台上，产业应该是国家战略需求与科技资源的对接主体。首先，在全球竞争的环境下，企业必须放在全球产业链的范围内加以理解。虽然企业是市场经营的主体,也是自主创新的主体,但是在全球竞争舞台上,没有产业的自主,就没有企业的自主,也没有企业的自主创新,单打独斗的创新型企业反而可能成为加强外国跨国公司主导的产业链力量的元素。其次,只有完整的产业体系才能对国家战略需求进行充分响应。最后,产业作为对接主体可以在很大程度上缓解科研与实际需求脱节的问题。当然,国家战略性需求与科技资源之间的对接形式多种多样,除了产业形式外,还有面向国防和国家安全的战略性研究项目、面向经济社会的公益性研究等,但是总体而言,产业将是这种对接的主要形式。

在过去一段时间里,是外国跨国公司而非我国本土企业越来越成为整合我国科技资源的主体。在全球低端制造平台的发展模式中,中国的高技术产业更多地着眼于出口而非面向国家战略需求,所需技术更多的是从国外直接引进而非自主研发,这使我国的高技术产业在全球产业链中处于被分工的格局,在很大程度上丧失了主动权。相应的,我国的科技资源在相当程度上为外国跨国公司所用,无论是以跨国公司科研资助的形式,项目外包的形式,还是以科技型企业收购的形式等。

随着跨国公司对中国市场和中国科技资源的愈加重视,中国的科技资源是由跨国资本整合还是面向国家需求进行整合,是为人所用还是为我所用的问题就会愈加突出。此外,产业链为外国跨国公司所左右,本土企业拼抢于全球价值链低端,这种情况也是我国形成科技资源与产业脱节这一老大难问题的重要原因。这个问题的解决主要不取决于科研机构,而取决于产业和国家战略安排。

战略性新兴产业作为当前我国抢抓全球产业链制高点的主要抓手,也将是我国国家战略需求和科技资源的对接主体。战略性新兴产业是以新技术响应战略需求的产业。就其战略性而言,需要着眼于国家战略需求,就其新兴性而言,需要以新兴技术为基础。因此战略性新兴产业的发展要求国家战略需求与科技资源的直接对接,在响应国家战略需求的过程中形成科技资源整合能力,在融入全球产业链的过程中形成以我为主进行资源整合的产业主动权。

为此,科研机构也需要一系列相应的调整和部署,包括加强在战略性新兴产业方面的前沿性和先导性技术研究,加强与龙头大企业的战略性合作,在科技计划安排、科技经费分配、科技成果评价和科研项目管理等方面建立与相关产业的对接平台和机制,形成科技成果研究、开发直至应用的全生命周期管理模式等。

全球化时代不仅是产业链的全球化,同时也是科技资源的全球化过程;与全球产业链的情况类似,科技全球化的结果也促成了科技资源的全球两极分化趋势,即科技资源丰富的发达国家愈加丰富,科技资源匮乏的发展中国家则不断出现科技资源流失现象。在这种情况下,中国要弥补科技储备的先天不足,迎接战略性新兴产业发展机遇,必须发挥独特优势,整合全球科技资源。

中国能否整合全球科技资源,或中国整合全球科技资源的根据何在?这个问题是必须回答的首要问题,否则所谓整合全球资源不过是一句不切实际的空话。

经济规模和发展需求是处于当前发展阶段的中国的主要优势,具体包括经济总量、财政收入、外汇储备、要素成本快速上升压力下的技术创新和产业升级需求等,这些优势在后危机时代与发达国家形成鲜明对比,因此也将是中国逆转全球科技资源极化趋势,进而整合全球科技资源的基本根据。

整合全球科技资源是全方位的,应该包括技术但不仅仅是技术资源,包括海归人才但不仅仅是海归人才等。首先是科学资源。例如,着眼于灵活延揽全球各国人才特别是高层次人才,发起设立一系列国际计划和平台,包括结合中国实际情况针对人类共同面临的全球性问题创设国际议题,搭建科技交流合作的平台和机制框架,设立面向全球的各种科技计划、科技奖项,承办和发起国际科学工程,使之成为国际人才聚集和国内人才培养的载体等。

其次是技术资源。包括鼓励和支持企业技术引进、海外并购、设立海外研发机构,开展国际产学研合作,鼓励地方政府招引科技型中小企业,设立面向外国科技人员的创新创业载体,在国籍、就业、生活等方面为外国人才引进和流入提供体制便利和资金支持等。

最后是体制资源。例如对于国际成功的科技体制机制大量引入和进行试点,根据不同技术和产业领域情况进行不同的体制安排探索等。

科技资源是全球资源整合的主要考虑,但不是唯一考虑。此外,全球产业资源的整合也具有极端重要性。全球竞争不仅是企业之间的竞争,同时也是全球产业链的竞争,是跨国资本集团之间的竞争,甚至是国家之间战略力量的竞争。

在这方面,中国可以发挥市场规模优势。通过技术标准、产业规范和绿色门槛等引导全球相关产业的发展理念、路径和措施;通过不同产业链之间的产业资本配合,产业资本与金融资本之间的配合,市场力量与政府力量的战略配合等打造全球协同竞争优势,进而以我为主吸引和整合全球相关企业进行全球产业链和产业生态系统的打造;通过建设面向全球的产业链主导平台,例如金融市场、产业技术平台、战略中介机构(产业咨询、专业媒体、评级机构等)和流通渠道抢抓全球产业链制高点等。

四、构建国家教育支持规划

(一)教育部门的部署和行动

2010年2月25日,教高厅函[2010]13号《教育部办公厅关于战略性新兴产业相关专业申报和审批工作的通知》(以下简称《通知》)说,国家决定大力发展互联网、绿色经济、低碳经济战略性新兴产业人才培养力度,支持和鼓励有条件的高等学校从本科教育入手,加速教学内容、课程体系、教学方法和管理体制与运行机制的改革和创新,积极培养战略性新兴产业相关专业的人才,满足国家战略性新兴产业发展对高素质人才的迫切需求。经研究,教育部决定在2010年4月底前完成一次战略性新兴产业相关专业的申报和审批工作。

对于举办与战略性新兴产业发展人才需求有关的专业,教育部在以下方面给予重点支持:对于与国外知名高校和著名企事业单位开展合作办学的申请优先予以批准。对转入战略性新兴产业相关专业学生在电子注册上予以政策支持。

在申报条件上,该《通知》对相关专业的教师队伍、实验教学条件、改革和建设方案以及教学管理制度和运行机制均做出明确要求。《通知》要求各省级教育行政部门、有关部委教育主管部门和高等学校都要高度重视此项工作,在今后的年度专业设置工作中,要将战略性新兴产业人才培养工作落到实处,扶持相关专业的发展并加强建设,为国家战略性新兴产业发展所需高素质专门人才的培养做出新的更大贡献。环保技术、生物医药等关系到未来环境和人类生活的一些重要战略性新兴产业。

自2010年3月开始,有关地区已经在高等教育专业设置和人力资源建设上指向新兴产业。江苏省紧扣六大重点新兴产业进行人力资源配置。为缓解产业结构调整可能带来的人才紧缺矛盾,该省将围绕新能源、新材料、新医药、环保、软件和服务外包、传感网六大重点新兴产业提前进行人力资源配置。

江苏省出台的举措,加快专业人才培养。鼓励有条件的大专院校设置新兴产业专业,开设新兴产业有关课程,支持企业和社会力量开展新兴产业技术培训,多层次培养六大新兴产业发展所急需的各类专门人才。同时,鼓励和支持地方、企业与大学、科研院所共建产学研人才培训基地。加强高校服务地方经济发展的绩效考核,引导高等院校面向产业发展和企业需求积极开展应用研究,推进产学研深层次合作,实现高校应用研究与产业科技需求的无缝对接,加快企业培养创新型人才。

一些著名高校同样未雨绸缪。南京大学已开始筹建新工学院,拟设新能源、新光电、生物技术等系科,系主任将从国外聘请。

南京去年在国内率先引入重大项目就业评估机制,在新兴产业立项时就对其未来需要的就业岗位进行评估,并提前向社会公布,引导劳动者和高职院校主动调整专业和技能配置。

从浙江省人力社保厅获悉,2010年浙江省计划大规模引进培养三类高层次人才,以突出高层次人才在加快转变经济发展方式中的引领带动作用。加强创新型人才的培养引进,深入实施"省151人才工程"等重大人才工程,加强人才战略储备,培养集聚高层次创新型人才。

上海部属院校中,有3所高校5个专业有调整,分别是上海交通大学物理学专业,华东师范大学金融工程、环境工程、会计学专业和上海外国语大学商务英语专业。市属高校的调整范围更大，有14所高校的24个专业"变脸"。

上海海洋大学获批新设"空间信息与数字技术"本科专业，专门培养从事海量数据库、海量信息处理以及 GIS 系统分析、设计、开发和评价等方面的高级专门人才。学校表示，增设此专业旨在适应国家海洋发展战略对专业人才的需求。

上海理工大学智能科学与技术、上海电机学院电机电器智能化等专业是在少数高校试点的目录外专业，都是为了迎接未来"智能时代"的到来。

（二）高校专业设置的三条主线

系统考虑新兴产业专业和课程设置：关注产业技术、产业金融、产业管理三大块。

（1）产业技术。产业技术专业和课程，主要介绍新能源、新材料、节能环保、信息网络、生物医药、高端制造六大专业的经济和技术背景以及技术发展的方向。主要是指技术层面也是专业的核心内容和主要载体。

（2）产业金融。新兴产业金融支持的专业和课程：新兴产业与产业引导基金；新兴产业与创业板市场；新兴产业与风险投资；产业银行；新兴产业与私募基金；等等。

（3）产业管理。新兴产业管理课程和专业，新兴产业战略管理；新兴产业的产业链规划；新兴产业项目管理；等等。

战略性新兴产业是扩大投资与促进消费相结合的产业，是发展经济与保障民生相结合的产业，是立足当前与着眼长远相结合的产业，具有资源消耗低、带动系数大、就业机会多、综合效益好的特征，完全符合调整产业结构和转变发展方式的根本要求。

（1）专业内部的细分课程特别是管理类的，要重点关注战略性新兴产业的规划制定，要深入分析世界战略性新兴产业发展趋势，统筹研究产业布局、结构、规模和建设时序。探讨规划要充分体现时代性、把握规律性、富有创造性。

（2）新兴产业管理类课程需要关注发展产业技术联盟。加快发展战略性新兴产业，要坚持以企业为主体，以市场为导向，充分利用现有和潜在的优势，以项目为纽带组织技术联盟，促进产学研相结合。

（3）新兴产业管理类课程需要关注完善知识产权保护、技术标准制定、国外智力引进和加强国际合作等方面机制和政策。注重加强全局性、战略些、前瞻性问题的探讨和研究。

五、构建金融财税支持体系

亚当·斯密在《国富论》中讲道："慎重的银行活动，可以增进一国产业。"这种信贷结构优化促进产业升级的事例在现代经济发展史上很多。日本、韩国的银行业在20世纪对电子产业数十年的信贷支持和资本市场的融资安排，造就了诸如东芝、松下和三星、LG等一批国际电子品牌。而英国银行业长期偏爱贸易融资，忽视对新兴产业融资，以致错失了产业优化升级的机遇。这些国外发展的经验教训值得吸取。金融系统要着眼长远和全局，掌握新科技知识，把握产业政策，把兴奋点从房地产等领域转移到战略性新兴产业上来，尽力解决其融资瓶颈和其他金融方面的难题。

战略性新兴产业涉及面广，如何发挥金融的功能和作用来支持其发展，各方面都很关注。围绕这个问题，我们通过专题调研，认为应当从面向未来的战略高度，进一步提高对金融支持战略性新兴产业的认识；把握战略新兴产业的发展规律和特点，创新金融产品，改进金融服务；同时，加强协调配合，形成金融支持战略性新兴产业的合力。

金融支持战略性新兴产业发展的情况和面临的问题。近年来，有关部门加强指导，金融机构改进服务，积极支持新兴产业发展。商业银行加大对高新技术产业的信贷投放，并创新金融工具和方式。上海、陕西、新疆等辖内银行推出了知识产权质押贷款等新方式。有的银行设立科技支行，实行独立的信贷政策，专门办理科技型中小企业贷款。江苏省由地方财政出资设立基金，对科技贷款进行奖励和风险补偿。证券行业加快了多层次资本市场体系建设，扩大对新兴产业的直接融资。创业板103家上市公司中，高新技术企业占比接近90%。主要面向新兴产业的三板市场建设也在加速推进。保险业中，多家保险公司积极推进科技保险，风险投资也日趋活跃。

但也面临一些问题。一是认识不到位。不少金融机构还没有充分认识到，支持新兴产业是自身转变发展方式、调整盈利模式、培育优质客户的重大机遇。有的商业银行对新兴产业信贷指导不具体，业务人员对新兴产业不了解，对新兴产业项目贷款主要看投资主体的背景和实力，而不是看项目前景。许多科技成果因资金问题而无法转化。据了解，有的省份现登记的科技成果约有70%分布在战略性新兴产业领域，而这些领域内的科技成果未应用和停用的大约55%是资金问题。二是现有金融模式不适应。我国金融体系以银行间接融资为主且由大型机构主导，便于中小企业融资的中小金融机构发展不足，适合新兴产业发展的各类直接融资规模较小。三是相关金融工具和手段不足。创业板市场规模较小，创业板、中小板以及主板之间的转换通道尚未形成。有关知识产权的质押、评估和交易体系尚不健全，用知识产权进行质押贷款、转让或引资均受影响。风险投资有效退出及运营的机制和渠道还不够通畅。

从面向未来的战略高度，进一步提高对金融支持战略性新兴产业的认识。发展战略性新兴产业是产业布局和结构调整的重头戏，而产业布局和结构调整必然要求信贷结构、资本市场融资结构予以配合、互相联动。

把握战略性新兴产业发展规律和特点，创新金融产品，改进金融服务。根据

不同的技术路线和技术层次，提供多样金融服务。以自主研发为基础的新兴产业，如电动汽车等：研发阶段要加大研发投入，推进有实力的汽车企业开发电动汽车，优先安排有关项目在资本市场上融资；在导入产业化阶段，大力引入各类创业资本；在成长与扩张阶段，要综合运用各种投融资手段，加大银行信贷和汽车消费信贷方面的支持。以引进消化国外先进技术和关键设备为基础以及外向型的新兴产业，如核电产业以及太阳能光伏产业等：在引进和产品进出口环节，银行要采用贸易融资、外汇套期保值等多种方式，帮助企业规避贸易风险和汇率风险；在消化创新环节，要支持企业通过信贷和资本市场融资，加大创新投入。

以传统技术改造升级为基础的战略性新兴产业，如生物质发电、垃圾发电等项目：银行要积极提供贷款，支持企业通过锅炉震动炉排、秸秆发电除尘等关键设备研发和引进，进入新兴发电行业；要开展并购贷款，支持传统企业通过兼并重组，进入新行业。

根据不同的创业主体，金融支持要把握机会和力度。我国新兴产业中风电、新能源汽车、航天航空等项目，由中央企业主导，生物医药、电子信息、太阳能光伏产业中的许多项目，由资金实力雄厚的民营企业唱主角。对这些优质客户，银行要抓住机会，积极支持。有些新材料、节能环保等高科技企业的产品已顺利导入产业化且形成一定经营规模，银行信贷可以优先支持，投资银行应积极进入辅导。有的企业或项目的新产品开发前景不确定且不能提供有效担保，银行也不能嫌弃，而是要通过创新中间业务产品和服务方式，帮助落实担保，帮助理财等。

要充分发挥现有孵化器的综合服务优势，增强对战略性新兴产业的金融支持能力。相对集中在开发区和科技园的新兴产业，应以园区为载体，通过发行联合信托、联合债券、联合票据等方式来解决融资难题。

要运用金融工具和专业技能，为战略性新兴产业做好经济可行性论证。许多新兴产业项目在进入市场争取融资时，金融机构要从投资回报、法人治理等多方面进行调查和评审，这有利于这些项目少走弯路，避免失败。已经导入市场并实现规模经营的新兴产业项目，投行机构可以跟进作上市辅导，帮助理清财务、产权、法律关系，完善公司治理。

要加强协调配合，形成金融支持战略性新兴产业的合力。

（1）建立金融和科技的对接平台，为新兴产业项目和专利技术提供评估、定价、交易等一系列服务。一是整合各地金融与科技信息资源，逐步建立全国性的信息共享平台。将各地主要是高新技术开发区的代办股权转让系统联网，统一标准和信息披露。二是建立对知识产权的评估体系。三是联合银行、中介机构、行业协会共同建立创新型企业信用评价系统。四是办好北京、天津等地知识产权交易所和上海市股权交易托管中心（OTC），规范发展区域性场外交易市场。

（2）要扩大直接融资比重，发挥各类金融机构的优势。要探索建立创业板、中小板和主板之间的转换机制，让发展好的创业板上市公司次第转入中小板、主板。主板和中小板上市及再融资项目要向符合战略性新兴产业方向的企业倾斜。笔者建议，一是明确一个部门牵头，抓紧组织研究制订金融支持服务战略性新兴产业的规划和金融政策措施，协调金融系统内外关系。二是适当降低门槛，发展中小金融机构，缓解中小企业融资难。三是尽快做大创业板、中小板，创业板改核准制为注册制，并建立直接退市机制。四是抓紧制定规范发展风险投资的政策法规，明确风险投资股权变现和市场退出场所和通道。五是对属战略性新兴产业的企业或项目的贷款，监管部门在银行不良贷款的分类、核销和对有关人员考核方面应制定新的政策措施。

（3）鼓励符合战略性新兴产业方向的企业和项目发行企业债券。商业银行要和担保公司、信托公司合作，创新产品和服务，增加融资渠道。保险公司可开发信贷损失保险服务，降低银行对战略性新兴产业信贷的损失风险。要针对科技创新特点，积极开发创业投资保险工具和产品，不断完善和推广研发关键人员人身险、研发关键设备损失险等产品，不断扩大科技保险试点范围。

（4）要加强金融与财政等政策性手段的配合。各级政府要转变对战略性新兴产业的扶持方式，除保留必要的财政补贴扶持外，要逐步增加更为市场化、更具效率且能吸引社会资本的创投基金引导。还应通过政府采购或政府补贴消费等手段积极培育市场，引导金融支持。对支持战略性新兴产业的金融机构要研究实行税收优惠，规范财税部门对银行科技贷款坏账的核销程序。对投资战略性新兴产业的股权转让应研究减免资本收益所得税。对涉及国家重大利益和安全的战略性新兴产业项目，如重大科技专项等，可考虑由政策性银行按政策性项目帮助融资。政策性银行还可设立专项基金，引导商业性金融机构为战略性新兴产业项目提供融资服务。

第二章 七大产业链

第一节 四大支柱产业三大先导产业

根据国家的有关规划,到2015年,战略性新兴产业形成健康发展、协调推进的基本格局,对产业结构升级的推动作用显著增强,增加值占国内生产总值的比重力争达到8%左右。

到2020年,战略性新兴产业增加值占国内生产总值的比重力争达到15%左右,吸纳、带动就业能力显著提高。节能环保、新一代信息技术、生物、高端装备制造产业成为国民经济的支柱产业,新能源、新材料、新能源汽车产业成为国民经济的先导产业;创新能力大幅提升,掌握一批关键核心技术,在局部领域达到世界领先水平;形成一批具有国际影响力的大企业和一批创新活力旺盛的中小企业;建成一批产业链完善、创新能力强、特色鲜明的战略性新兴产业集聚区。

再经过十年左右的努力,战略性新兴产业的整体创新能力和产业发展水平达到世界先进水平,为经济社会可持续发展提供强有力的支撑。

支柱产业,是指在国民经济中生产发展速度较快,对整个经济起引导和推动作用的先导性产业。支柱产业具有较强的连锁效应:诱导新产业崛起;对为其提供生产资料的各部门、所处地区的经济结构和发展变化,有深刻而广泛的影响。我国现阶段的支柱产业是机械电子、石油化工、汽车制造和建筑业。

支柱产业与主导产业的不同点在于,它首先侧重的是产值和利润水平,是国家和地方财政最重要的收入来源。支柱产业主要具有以下特点:①强调大规模产出,支柱产业着重强调产业的净产出占国民经济或地区经济的比重。②强调现在,现在比重大的产业就是支柱产业,即便其比重呈下降趋势,只要比重还较大,仍可称为支柱产业。③强调发展,支柱产业要求市场扩张能力强、需求弹性高,发展快于其他行业。④要求生产率持续、迅速增长,生产成本不断下降。⑤强调扩大就业,强调带动作用。⑥支柱产业要求产业关联度高、长期预期效果好,强调节约能源和资源。

支柱产业振兴，事关国家振兴、民族复兴，是国家重大发展战略问题。为此，两弹一星元勋、国家863计划倡议人王大珩、杨嘉墀，以及叶培大等几十位院士早于2003年就提出振兴支柱产业的建议，并获得了中央领导的高度重视。

未来十年，节能环保、新一代信息技术、生物、高端装备制造产业将发展成为我国国民经济的支柱产业。

先导产业是指在国民经济体系中具有重要的战略地位，并在国民经济规划中先行发展以引导其他产业往某一战略目标方向发展的产业或产业群。先导产业就是那些需求价格弹性和收入弹性很高，可以带动其他产业发展的产业。它们对国民经济未来发展起方向性的引导作用，代表着技术发展和产业结构演进的方向。先导产业对于国民经济的发展具有全局性和长远性作用，自然成为国家重要的战略产业。

先导产业一般具有以下特点：行业增长速度超过GDP，并且保持持续增长；对国民经济的未来走向影响较大；是财富积聚速度最快的行业；市场潜力大，处于规模快速扩张的成长期；产业关联系数大、技术连带功能强。

未来十年，新能源、新材料、新能源汽车产业将成为我国国民经济的先导产业。

第二节 节能环保产业

根据国家规划，"十二五"期间单位GDP能耗将下降17.3%，煤炭占一次能源的比重将从70%下降到62%左右，"十二五"期间将下降到16.6%，2020年要实现单位GDP能耗比2010年降低31%。达到该目标除了进行能源结构调整外，节能方面也具有很大潜力。

业内人士预计"十二五"期间中国环保投资将达3.1万亿元，较"十二五"期间1.54万亿元的投资额上升121%。在政策推动下，我国环保产业在未来一段时期将保持年均15%~20%的复合增长率，预计"十二五"期间环保产业产值可达2万亿元，到2020年将成为国民经济的支柱产业。

一、产业的三大方向

目前，中国的节能减排开展得还不够深入，这可能是因为各级政府实现GDP增长的压力太大，以及金融危机所致，同时转变观念可能也需要一些时间。节能环保产业是战略性新兴产业，是新的经济增长点，发展前景广阔。

作为七大战略性新兴产业规划之一的《节能环保产业发展规划》对我国中长

期的环保产业发展提出了战略目标要求和详细的发展路线图。"规划主要从高效节能、先进环保、资源综合利用三个方面细分,然后对技术、设备和产品服务等进行规划、布局。"

从环保产业的相关分类来看,高效节能方面主要包括锅炉窑炉、电机及拖动设备、余热余压利用装备、节能监测技术和装备等高效节能技术和装备,以及高效节能产品和节能服务产业等。先进环保方面,主要包括污水、垃圾处理,脱硫脱硝,高浓度有机废水治理,土壤修复,监测设备等技术和装备和环保材料、环保药剂等环保产品及环保服务等。资源综合利用方面,则主要包括再生资源回收利用,共伴生矿产资源、大宗工业固体废弃物综合利用,汽车零部件及机电产品再制造等。

环境保护部称,中国环保产业在未来较长时间内仍将保持年均 15%~20% 的增长速度,中国将成为世界最大的环保产业市场之一。"十二五"期间,我国的环保投资需求将比过去的五年增加一倍以上,超过 3 万亿元。

(一) 节能产业的三个方向

专家认为,中国的节能科技路线图主要有以下三个方向:结构节能、技术节能、管理节能。所经历的四个阶段又呈螺旋式上升态势。目前必经结构节能初级阶段:关停淘汰高耗能企业的落后产能、缩减耗能产业出口、能源消化的区域扁平化变革;中间的十余年,"技术节能"、"管理节能技术节能"的渗透融合力,将共同成为节能主力。最终在 2020 年后可再生能源进入大规模释放期,结构节能进入高级阶段实现螺旋上升。现阶段结构节能处于量变到质变的酝酿期,晋蒙冀、陕甘宁、云贵目前是能耗重点区域。

根据测算,未来十年节能目标的参考值应该是年均复合降速至少达到 18%,即"十二五"、"十三五"期间节能降耗力度不会松懈。但值得注意的是,"十二五"期间,技术减排的成本将会更高,每吨二氧化碳当量需耗费的资金强度将从"十一五"期间的 300 元升至 400 元,不能收回投资回报的技术所占的减排份额也从 20% 升至 40%。若达到 20% 的中性节能目标,所需资本投入至少约 3.4 万亿元人民币。

细分三大路径,结构节能体现为"十二五"、"十三五"末我国非化石能源占一次能源的消费比重分别达到 11%、15%,其中核电增速最快、水电规模最大。技术节能上我们看好的是建筑节能和电机节能两个子方向:①电机节能:市场复合增速将基本保持在 40% 以上,至少在 10 年以后才能趋于饱和,总体市场潜力为 1200 亿~1800 亿元。②建筑节能:80%~90% 没有达到国际节能标准,空间广阔。此外,管理节能是块尚待制度扶持和规范的诱人蛋糕,市场潜力约为 4000 亿元人民币,我国 EMC 应对的能源市场环境是八大行业十大工程。目前国内 EMCO 已初具规模,但融资和信用是目前推广 EMC 的最大瓶颈。

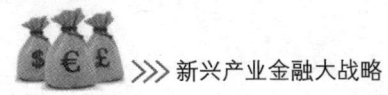

（二）环保年产值超万亿元

随着绿色 GDP 的推行、地方政府环保意识的增强，在政府的大力推动和可持续发展的自身需求两个方面看，环保产业必然会有更为广阔的市场。虽然我国环保投资总量不大，但 20 多年来一直持续大幅度增加。"十一五"期间我国政府环保资金投入约为 13750 亿元，比"十五"期间增长 64%，使环保投入达到 2010 年同期 GDP 的 1.5% 以上。

据国家环保部测算，"十一五"期间，我国环保产业保持年均 15%~17% 的增长速度。2010 年环保产业的年收入总值达 8800 亿~10000 亿元，其中资源综合利用产值 6600 亿元，环保装备产值 1200 亿元，环境服务产值 1000 亿元。从 2010 年开始，环保支出科目将被正式纳入国家财政预算。不难看出，中国现在整治环境污染的力度超过历史上的任何时期。

从市场需求看，"十一五"目标是所有城市的污水处理率必须超过 60%，省会城市、风景旅游城市等环保重点城市的污水处理率要超过 70%。而至 2004 年底，我国的城市污水处理率仅为 46%；城市垃圾无害化处理率和清洁能源使用率也只达到 52% 和 40%。

在国内市场规模庞大和环保节能工作才刚刚起步的机缘下，国内企业完全有可能利用现有节能环保的成熟技术，使生产和生活方面的环保节能产品和服务能够很快通过规模经济实现成本的降低，这一点上国内企业要大大优于西方国家。

专家认为，从过去一段时间看，国家对环保领域 13750 亿元投资分领域看，将主要集中在包括水污染、大气环境、固体废弃物等六大领域，投资达到 11229 亿元，占总投资的 80% 以上，其中大气环境、水污染、固体废弃物处理又占六大领域的 80% 以上，是环保中的重点。

（三）市场机制牵引产业链

发展节能服务产业和环保产业，关键是要充分调动市场手段，把节约、替代、循环利用资源和治理污染环境的先进技术，与全国各地节能、环保的现实需求对接起来，扣上节能环保产业链的关键一环。

国家环保部中国环境监测总站研究结果称，环保产业是一个新型的朝阳产业，这个产业的市场大得很，可现在从事环保产业的企业太少。应当加大环保产业的投入，重点开发环保应用技术，支持自主创新企业的发展。

为提高对环境突发事件应急能力，国家环保部决定给各省区市配备两台包括检测、传输、分析一体化设备的应急检测车，可招标时全国只有两家企业有资质参与投标。

据悉，目前我国应用的污水处理设备和监测设备大多从国外引进，事实上有不少技术设备并不能完全依赖进口，比如垃圾处理设备，北京是生活垃圾多，攀枝花是钢铁废渣多，不同地区、不同城市的垃圾处理各有不同，对垃圾处理设备要求也不一样，必须针对各地实际需求，考虑当地经济发展情况，开发符合需求的产品。

当前最大的问题，仍然是研究机构和市场之间缺乏连接，很多研究成果产业化缓慢。从市场来看，环保产业大发展是一个趋势，在发挥政策引导作用的同时，鼓励发展专业环保服务公司，在研究机构与需求企业中架起桥梁，形成完整的环保产业链。应进一步明确节能环保产业的市场准入标准，这将有利于培育节能减排的市场体制，促进节能减排新技术新产品的开发和应用。

笔者在江苏、山东等地的调查中发现，不少企业除生产工艺外，关键用能部件如锅炉、风机、水泵等节能空间非常大，可是我们能做能效评估，却做不了后续节能改造，节能服务的产业链还没有完全形成。

令人欣慰的是，在上海已出现专业从事节能服务的企业，如上海一家节能灯具厂正尝试推行给大超市做照明系统改造，由厂方提供产品安装维护，节省下来的电费双方按比例分成，第一年厂家投入大些，分成多些，以后逐渐减少。这家节能灯具厂的做法，就是合同能源管理的一种简单形式。合同能源管理通过专业能源服务公司以商业经营方式帮助用户实施节能改造，分享节能效益。具体讲，专业能源服务公司以技术、资金和服务三位一体，为用户提供节能项目资金、技术、设备等在内的一揽子服务，然后从用户节约下来的用能费用中获取利润，能够有效地解决企业缺乏节能资金与技术问题。

尽管一些企业已从合同能源管理项目中受益，但与目前巨大的节能需求相比，推进合同能源管理还任重道远。黄震委员认为，合同能源管理的发展存在两大障碍：一是融资困难，二是诚信保障。他建议给予专业节能服务公司金融、税收方面的政策优惠，并推进能效评估中介机构发展，加强对节能效果的预测与评估，加强对节能服务项目的监管，促使合同能源管理健康、有序、快速发展。

"政府推动"与"市场运行"犹如节能工作的两个轮子，应充分调动企业节能的主动性和积极性，形成和确立以市场为导向的节能投资激励机制。如果节能服务公司能像雨后春笋般不断涌现，节能工作一定会有更大的发展。

目前，我国有若干环保产业园与示范试点区域正在打造之中。建设中的环保产业园有宜兴环保科技工业园、国家环保产业发展重庆基地、常州国家环保产业园等。科技部还选择天津开展环保产业科技园区的示范试点。这些环保产业园与示范试点区域将成为我国环保产业发展的增长极。

青岛高新区通过实施生态优先等措施，正确处理保护与发展的关系，使胶州湾畔这块曾经的盐田荒滩，正初步形成"第三代生态科技新城"雏形。

案例：打造环保节能产业集聚区

在做好生态保护、环境塑造的同时，青岛高新区对入园项目严格审查，把好项目入口。对引进和在建投资项目实行严格的环保审查，对不符合环保标准的项目坚决拒之门外。为此，高新区专门出台了《高新技术产业项目入园条件及评估管理暂行办法》，对投资项目进行联合评审，采用《投资项目评估打分表》，对达不到环评要求的项目实行一票否决，在提高效率的基础上保证项目环保标准。坚持"三不要"原则，即技术落后、自主创新能力不强的项目不要，危害生态环境的项目不要，能源资源消耗高的项目不要。一年来先后婉拒或否决了总投资33亿元的16个项目。至2010年，青岛高新区已签约的总投资达63亿元的22个重点项目中，都是经过了严格的环保审查才获准入园的。

依据产业规划和园区空间布局，高新区规划建设了环保节能产业园区，大力发展环保产业，2009年，引进了总投资3.8亿元、具有中国驰名商标的光电环保仪器仪表项目和总投资3.2亿元、填补省内空白的电力环保催化剂项目。其中，电力环保催化剂项目建成后将进一步提升高新区周边区域相关产业的技术水平，为国家加大电站氮氧化物的减排奠定了坚实的基础。引进了具有国际先进技术水平、填补国内空白的LED蓝宝石晶片项目，拥有中国驰名商标、名优产品的大功率半导体照明系统项目已落户高新区，LED节能照明产业链在青岛高新区已具雏形。

二、产业链细分机会

在新的产业周期中，投资者在节能环保产业链上存在细分产业机会。根据国家规划，环保装备产业在2010年达到1200亿元，在环保投入占GDP比重持续提高的背景下，节能环保产业链的相关设备、施工将迎来较大的投资机会。

具体来看，节能环保涉及的领域包括有工业设备领域的节能减排改造、建筑节能、节油及石油替代、节能照明、污水处理等。其中，工业设备中常见的如锅炉。建筑节能方面，目前该领域仍然处于起步阶段，行业的快速发展仍然欠缺有力的推动因素。节油及石油替代领域，可以关注受益于国三排放标准的相关公司，以及煤制甲醇、二甲醚的公司。照明节能方面，投资者可以关注传统的节能灯公司，以及LED相关产业链公司。

专家分析，我国公共建筑和居住建筑全面执行节能50%的标准是现实可行的，与发达国家相比，即使在达到了节能50%的目标以后仍有相当大的节能潜力。能源利用中间环节加工、转换和储运损失量大，浪费严重，因此导致在同等物质消耗水平下，我国的整体生产效率和经济效益比国际先进水平低12~15个百分点。

（一）工业节能

2009年初陆续出台的十大产业振兴计划（包括钢铁、汽车、船舶、石化、纺织、轻工、有色金属、装备制造和电子信息、物流等）中，有关产业结构调整和节能环保的规定是其中的重要内容。据国家发改委公告，在中国4万亿元的经济刺激计划中，节能减排和生态建设方面的投资达到2100亿元。

与其他领域相比，工业节能主要源于中央政府的政策驱动。虽然中国也尝试推出新商业模式和融资机制，如国际能效融资项目、合同能源管理、区域节能解决方案等，但是与行政性管理手段相比，工业节能的市场化运作明显逊色。为了满足长期需求，加大力度推动节能工作市场化运营和管理势在必行。

工业节能关键技术包括工业流程中的碳捕获与封存（CCS），以及工业动力系统等。碳捕捉及封存技术将是钢铁、水泥以及氢能和生物质能发电厂等高碳行业中最重要的减排技术。但是，就像燃煤电厂中的CCS情况一样，工业中CCS的不同要素尚未被纳入一个大型工业厂房中。为了满足它的规模和速度发展的需要，必须开展大量的研发、示范和推广。2008~2015年，需要在全球建立八个示范工厂，随后将在2015年和2030年兴建另外15个全面商业化的示范工厂。在2050年以前，大部分高耗煤行业，如钢铁、水泥将需要配备CCS装备。这种技术产生的减排量中53%发生在发展中国家，包括中国和印度。CCS应纳入《欧盟排放交易体系》（ETS）和《后京都协议》。

重点工业节能工程有：燃煤工业锅炉、（窑炉）改造、区域热电联产、余热余压利用、节约和替代石油、电机系统节能、能量系统优化。

（二）建筑节能

建筑节能关键技术包括提高建筑物和电器的效能、热泵等。建筑物和电器设备能效包括建筑物的外围结构、热水系统、照明以及安装在家庭和办公室的各种大小不一的电器设备等众多的产品或设施。

在发达国家，主要设备能源效率政策已取得10%~60%增长。同样，许多新的照明解决方案，使现有的照明系统改造具有成本效益的经济意义。如LED照明技术被认为是具有进一步技术改进的巨大潜力。到2020年，新技术将需要开发和推广，不断提高能源效率。国际能源机构蓝图设想，这项技术的减排潜能53%将发生在发展中国家，包括印度和中国。政策需要从2025年改变，达到现有最佳技术（BAT）照明效率。

在政策激励和技术发展的双重推力之下，中国市场上的低碳建筑实践已然涌动，从高端开发开始，逐渐形成一股活跃的"绿色热潮"。一些实力雄厚的本土地产开发商陆续制造出商业化产品，以节能、环保、绿色、生态作为卖点，销售火爆、运行良好，为进一步开拓市场打下了坚实的基础。

中国已形成LED照明产业发展的良好氛围。LED照明产业也已初步形成了珠三角、长三角、闽三角、北方地区四大布局相对合理的集中区域，每一区域都初步形成了较完整的产业链，88%以上LED企业分布在这些地区。同时，形成了上海、深圳、南昌、厦门、大连、扬州和石家庄七个 LED 照明产业化基地。目前，全国从事 LED 产业的人数达 5 万多人，研究机构 20 多个，企业 2300 余家，但基本上都是应用型企业，上游企业产量无法满足下游企业的需求。已有越来越多的企业开始尝试外延片和芯片的生产，中国的 LED 产业链在上下游的供需矛盾中逐渐调整。

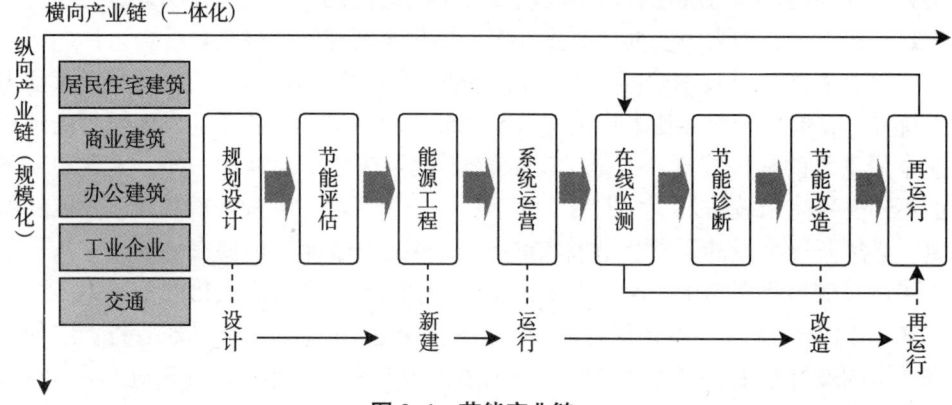

图 2-1　节能产业链

（三）污染处理领域

《国家环境保护"十一五"规划》指出，我国环境保护虽然取得积极进展，但环境形势依然严峻。"十一五"期间，我国人口在庞大的基数上还将增加 4%，城市化进程将加快，经济总量将增长 40% 以上，经济社会发展与资源环境约束的矛盾越来越突出，国际环境保护压力也将加大，环境保护面临越来越严峻的挑战。

清洁发展机制 CDM 允许发达国家通过帮助在发展中国家进行有利于减排或者吸收大气温室气体的项目，作为本国达到减排指标的一部分。世界银行估计发达国家在 2008~2012 年前需要的年减排量为 50 亿~55 亿吨二氧化碳当量，其中需要通过 CDM 渠道减排 2 亿~4 亿吨二氧化碳当量。作为全球碳市场的重要组成部分，我国 CDM 市场近年来蓬勃发展。

表 2-1　全球各国正式注册的 CDM 项目和预计产生的减排量（2012 年）

已注册项目	项目数量	占全球的比例（%）	预计产生的二氧化碳年减排量	
			年减排量	占全球的比例（%）
中国	627	34.66	184759929	58.99
印度	452	24.99	36040008	11.51
巴西	163	9.01	20793508	6.64
墨西哥	118	6.52	8948550	2.86
马来西亚	61	3.37	3537455	1.13

资料来源：国家发改委气候司。

国家对环保行业的重视程度提高。当金融危机初期"保增长促消费"的任务基本完成以后，环保问题重新成为了关注的焦点。《节能环保产业发展规划》称，到 2015 年我国环保产业投资需求可达 4500 亿元，节能环保等新型产业面临着前所未有的发展机遇。我们认为，我国正在进入工业化中后期，后工业化阶段是环保投资的高峰，我国环保行业将迎来广阔的发展空间，在未来一段时期将保持 15%~20%的年均复合增长率。

　　目前，我国还有约 25%的城市和近 80%的县城未建污水处理厂，而"十一五"规划要求到 2010 年底全国地级城市平均污水处理率达到 70%，省会城市平均达到 80%。我国部分城镇的污水处理厂产能利用率严重不足，进出水厂水质不达标问题严峻。生活污水处理率和污水处理价格的增长空间还很大，工业废水产业未来的增量来源于处理技术和工艺的革新。

　　固体废弃物处理是环保行业未来主力增长点。目前，我国垃圾处理基础设施严重不足，"垃圾围城"日益严峻，垃圾问题已经成为制约城镇化发展的主要原因之一。固体废弃物是浓缩态最高的污染物，但由于固体废弃物污染特征的迟缓性和曲折性，固体废弃物处理产业发展迟于水污染和空气污染治理 3~5 年。笔者认为，未来 2 年固体废弃物处理产业将进入建设高峰期，固体废弃物处理将是下一个"污水处理产业"，产业年均增长率将至少达到 30%，应该在产业高速成长的起点上投资。

　　脱硫脱硝产业外延发展空间扩大。国家发改委正在制定的《节能环保产业发展规划》对脱硫、脱硝、除尘等大气污染治理产业提出了明确的发展目标。我们认为，脱硫技术和工艺日臻成熟，产业市场空间将加速扩张，而脱硝有望发展成为下一个"脱硫产业"，除尘产业发展依赖于执行严格的烟尘排放标准。

第三节　新一代信息技术

　　新一代信息技术被确立为七大战略性新兴产业之一，将被重点推进。新一代信息技术涵盖技术多、应用范围广，与传统行业结合的空间大，在经济发展和产业结构调整中的带动作用将远远超出本行业的范畴。需要广泛调动民间资本力量，特别关注其与传统行业相结合的机会，加大投资。

　　新一代信息产业将聚焦在下一代通信网络、物联网、三网融合、新型平板显示、高性能集成电路和高端软件等范畴。而物联网、三网融合等都并非单一产业，而是包含多个产业及核心技术在内的产业集群，这意味着其中某项核心技术一旦取得突破，都将牵一发而动全身。

一、物联网产业的三大应用

2009年美国总统奥巴马就职以后,在他和工商领袖举行的圆桌会议上,"智慧地球"的概念被提出,其中包括美国要形成智慧型基础设施"物联网",奥巴马政府对此给予积极回应,"物联网"也因此成为全球热词。对这个中国公众还不太熟悉的名词,朱宏任介绍说,物联网到现在为止还没有约定俗成的公认的概念,总体来说,它是指各类传感器和现有的互联网相互衔接的一项新技术。

物联网就其本身来说,代表了下一代信息发展技术,但是就它的某些应用领域和应用方式来说,中国公众也不算太生疏。如一些重要商品上的条形码、电子标签和互联网连接后,就可以使我们能够控制这些商品的流向。比如现在查询邮递快件转到了何地,就不是像过去一样要根据人工搜索跟踪,而是通过射频技术,以及在传递物体上植入芯片等技术手段,取得物品的相关具体信息。

据美国权威咨询机构预测,到2020年,物联网产业要比互联网大30倍。在中国,物联网已被正式列为国家新兴战略性产业,相关的研发应用有望进入快车道。

对于大多数人来说,物联网还是一个较为新鲜的概念。物联网的英文名称为"The Internet of Things",就是"物物相连的互联网"。

根据专家的解释,物联网概念是指通过射频识别(RFID)、红外感应器、全球定位系统、激光扫描器等信息传感设备,把任何物品与互联网连接起来,进行信息交换和通信,以实现智能化识别、定位、跟踪、监控和管理的一种网络。

发展物联网关键在于射频标签、传感器、嵌入式软件及传输数据计算等领域。专家预测,早期阶段,基础设施提供商面临较大机会,投资者可密切关注物联网领域掌握四个技术核心的公司。

(一)物联网的定义内涵

1995年,比尔·盖茨在《未来之路》中提及"物联网",但当时这个新概念没有引起太多的关注。1999年,在美国召开的移动计算和网络国际会议提出,传感网是下一个世纪人类面临的又一个发展机遇,这是物联网概念的雏形。

2005年11月17日,在突尼斯举行的信息社会世界峰会上,国际电信联盟(ITU)发布了《ITU互联网报告2005:物联网》,正式提出了物联网的概念,指出无所不在的物联网通信时代即将来临。根据ITU的报告,物联网意味着世界上所有的物体,从轮胎到牙刷,从房屋到纸巾都可以通过互联网主动进行"交流"而无须人的干预。

美国权威咨询机构FORRESTER预测,到2020年,世界上物物互联的业务,跟人与人通信的业务相比,将达到30:1,意味着物联网产业要比互联网大30倍。因此,"物联网"被称为是下一个万亿级的通信业务。

对于物联网在国内的发展前景，中科院上海微系统与信息技术研究所所长封松林指出，物联网将渗透到每个行业和社会生活的各个角落，改变产业格局和经济增长方式，受其影响，行业间渗透、融合也将不断出现。

（二）主要应用领域

1. 物联网的三类功能

（1）智能识别：利用分布式的无线传感器网络，可实现对物体的智能身份识别，广泛应用于物流行业，以及城市部件、车辆、设备、物资和生物等的识别管理。

（2）智能监测：可集成多种传感器，通过自组无线网络实现数据采集和汇总，具有不依赖基础设施、组网灵活、免布线、免维护、低功耗等特点。物联网可广泛应用于环境信息、交通流量信息、城市管网状态信息，能源消耗状况和各种设备运行状态的监测，为政府相关职能部门的日常管理和应急指挥提供实时准确的数据信息。

（3）定位跟踪：基于无线传感网络的定位跟踪技术，通过计算信标结点和目标结点的电磁波传输时间来实现跟踪定位。

结合这三大类功能，物联网的应用领域非常广阔，例如可广泛应用于城市部件管理、资产管理、城市底层数据采集、医护应用等。

2. 主要应用领域

（1）智能城市。①社会公共安全：在机场、火车站、海关、商场等公共场所进行安全检测，突发情况下环境的实时监控和预报等。②城市运行管理：完善无线政务专网，促进市级系统、区级系统、具有城市管理职能委办局的业务系统、相关公共服务企业系统间的信息共享和协同。③城市交通管理：依托和融合于无线宽带城域网和城市地理信息系统，可实现对城市交通的全方位、深层次管理，也可提供相关道路堵塞情况，有效提高路灯管理、城市交通导航与公交车班次管理等。④城市自然资源管理：通过构建面向自然资源的传感网，综合利用无线宽带城域网，可实现对土地、水、森林等自然资源的智能化管理。⑤城市应急管理：进一步拓展城市应急管理对象的范围，保证应急管理的精度，提升应急管理效率，有效完善现有的应急联动系统功能和性能。

（2）智能工业。①电信运营：将各类传感器与电信网络结合，实现互联互通，并将此作为各类客户传送相关信息的有效平台，基于此平台为各类客户提供各类相关服务。例如中国移动的"传感网"展台展出的物流信息化、企业一卡通、校讯通等服务。②汽车工业：将汽车内部位于发动机、底盘、车身其他部位安装传感器，将汽车的各类参数值及时地呈现给驾驶者，并可实现自动减速、倒车，各类危险报警等防控功能。③军工装备：通过在众多军事装备设施上安装传感器装置，可实现军事装备实施主动感知、自动预警、自动防护等功能，同时也能实现军事装备设施间的信息共享、协同作战、安全联动等目的。④石油化工：通过在石油勘探、开采设备上安装传感设备，实现石油勘探、开采过程重要参数的实时反馈，以及在沙漠、海底等众多危险地区的无人、自动、智能、高校勘探和开采等。⑤煤炭工业：实现煤炭勘探、开采过程重要参数的实时反馈，有效控制勘探、开采过程，同时使得安防人员能够及时了解相关信息并采取防控措施。⑥电力工业：全面应用于电力传输的整个系统，从电厂、大坝、变电站、高压输电线路直至用户终端。

（3）智能农业。①农业环境监管：建设农田环境自动检测系统，完成风、光、水、电、热和农药等的数据采集和环境控制，自动给出最佳的农事生产和管理的解决方案，为农业生产全程提供高水平的信息和决策服务。农业生产管理对农作物的生长状态进行全面监控，及时上报农作物生长信息，提高农业生产效率，改进农业生产效果。②农业市场管理：对农业市场进行全面监控，实现对农业市场仓储、库存、销售等环节的动态监控和管理，促进农业市场管理的智能化。③农业管理服务：结合服务于农业的传感器网络、互联网、电信网、广播网、电力网，实现多网融合，成为国家对农业发展态势的综合监控、管理部署、支持服务的平台。

表2-2 国外物联网应用状况

应用领域	研究机构/发起组织	应用概述
环境监测	英特尔	利用无线传感网读出缅因州"大鸭岛"上的气候，进用此技术来评价一种海燕巢的条件
企业管理	惠普公司	惠普公司通过在办公大楼里配置无线传感网，实现了会议室的使用状况自动采集，以及会议管理系统的统一监测与协调
工业控制	泰科国际	世界500强企业泰科国际使用无线传感网来发展新型工业温控系统，已取得了良好效果
设备管理	Life Fitness	作为全球最大的健身器材生产商，Life Fitness通过为每一台健身器械安装无线节点，形成无线传感网，从而实现对健身器材放置位置的动态调节，在方便管理的同时也为客户提供了新的体验
交通管理	美国旧金山港联合旧金山市政交通代理机构	美国旧金山港联合旧金山市政交通代理机构，开发了一个主动式无线传感网系统，用以监控停车位置和时间，节省了大量的成本
感知城市	美国马萨诸塞州政府	美国马萨诸塞州的剑桥城已确定将在4年内成为全球第一个City Sense，建成后的CitySense可以报告整个城市的实时监测数据，将用于监测诸如温度、风速、降雨量、大气压和空气质量等环境变化

资料来源：综合整理。

国内物联网的初级应用也多有体现。例如，上海浦东国际机场防入侵系统，铺设了3万多个传感节点，覆盖了地面、栅栏和低空探测。多种传感手段组成一个协同系统后，可以防止人员的翻越、偷渡、恐怖袭击等攻击性入侵，预计未来几年全国民用机场都要采用国产传感网防入侵系统。又如，上海在高架公路上安装传感器,在每个路段的显示屏上向驾驶员显示实时路况;浙江宁波建立市政传感网平台,用以监测饮用水源和空气质量等。预计到 2035 年前后,我国的传感网终端将达到数千亿个,到 2050 年传感器将在生活中无处不在。

运营商已开始积极推进"物联网"。实际上,中国移动早在 2006 年就建成了集团 M2M 平台,研发了无线传感应用协议、终端标准规范等一系列技术规范和标准,提出了成熟的网络架构,并实现了与 TD 的融合;该标准得到了国家重大创新专项工作的支持。

(三) 中国物联网产业路线图

工业与信息化部等部门制订了有关规划,为我国 2011~2020 年物联网产业勾勒出了清晰的发展路线图。

从 2011 年起到 2020 年的十年里,中国物联网产业将经历应用创新、技术创新、服务创新三个关键的发展阶段,成长为一个超过 5 万亿规模的巨大产业——中关村物联网产业联盟发布的《物联网产业发展研究(2010)》报告描绘了这样一幅中国物联网产业发展路线图。

物联网产业的产业链构成、发展阶段和未来规模:四大关键环节的价值链、三大发展阶段、10 年总体市场规模超过 5 万亿。

物联网产业链由应用解决方案、传感感知、传输通信、运算处理四大关键环节构成,并以应用解决方案为核心。从产业链构成的角度,物联网是以应用解决方案为核心,以应用解决方案、传感感知、传输通信、运算处理为关键环节的集成创新价值链。

其中,应用解决方案是核心,物联网在一个相当长的时期内,都将是面对某项具体的应用而存在的。物联网的创新、普及和应用,将是以具体的应用解决方案的整合创新为核心的。传感感知是基础。作为物联网的神经末梢,传感器的需求将会是整个链条总量最大和最基础的环节。随着物联网的发展,大量的通用传感设备将得到普及,特定领域的高端传感器件也将获得长足发展。传输通信是保障。对于大量细节、节点信息的感知需要通过更便捷、更可靠、更安全的方式传输汇聚到中心节点或者提供给信息处理单元。可以提供海量节点地址的下一代互联网 IPv6 技术,无线数据传输的 3G 及 LTE 技术,都为大范围的物联网应用传输提供了可能。运算处理是能力。物联网的应用是以大量信息节点的实时感知和综合智能反馈处理为突出特征。集中式的超级运算,分布式的云计算将成为物联网运算发展的两条可选路径,针对具体应用的数据模型和算法是提升处理智能和效能的关键。

根据权威机构预测,"中国物联网产业十年三阶段发展路线图,形成三大细分市场"。结合对物联网产业链的分析和中国市场情况的判断,长城战略咨询(GEI) 初步预测中国物联网产业未来十年(2010~2020 年)将经历应用创新、技术创新、服务创新三个主要发展阶段，形成公共管理和服务、企业应用、个人和家庭应用三大细分市场。

（1）应用创新、产业形成期——未来1~3年，公共管理和服务市场应用带动产业链的形成。未来1~3年，中国物联网产业处于产业的形成期。物联网将以政府引导促进、重点应用示范为主导，带动产业链的形成和发展。产业发展初期将在公共管理和服务市场的政府管理、城市管理、公共服务等重点领域，结合应急安防、智能管控、节能降耗、绿色环保、公众服务等具有迫切需求的应用场景，形成一系列的解决方案。随着应用方案的创新、成熟和推广，带动产业链的传感感知、传输通信和运算处理环节的发展。

（2）技术创新、标准形成期——未来3~5年，行业应用标准和关键环节技术标准的形成。在公共管理和服务市场应用示范形成一定效应之后，随着下一代互联网的发展以及移动互联网的初步成熟，企业应用、行业应用将成为物联网产业发展的重点。各类应用解决方案逐渐稳定成熟，产业链分工协作更明确、产业聚集、行业标准初步形成。随着产业规模的逐渐放大，传感感知等关键环节的技术创新进一步活跃，物联网各环节的标准化体系逐步形成。

（3）服务创新、产业成长期——未来5~10年，面向服务的商业模式创新活跃，个人和家庭市场应用逐步发展，物联网产业进入高速成长期。未来的5~10年，基于面向物联网应用的材料、元器件、软件系统、应用平台、网络运营、应用服务等各方面的创新活跃，产业链逐渐成熟。行业标准迅速推广并获得广泛认同。各类提供物联网服务的新兴公司将成为产业发展的亮点，面向个人家庭市场的物联网应用得到快速发展，新型的商业模式将在此期间形成。在物联网应用、技术、标准逐步成熟、网络逐渐完善、商业模式创新空前活跃的前提下，物联网产业进入高速发展的产业成长期。

关于中国物联网产业的总体规模，有关方面预计到2015年将超过1万亿、2020年将超过5万亿。根据对物联网的三个关键细分领域——传感器、RFID、M2M的市场发展数据预测，以传感感知层对整体物联网产业的带动系数5倍计算，预计五年后中国的物联网产业的整体产值将超过1万亿元规模，到2020年，物联网产业的整体产值将超过5万亿元规模。

中国物联网产业未来发展的四大趋势：三大细分市场递进发展，标准体系渐进成熟，通用性平台将会出现，技术与人的行为模式结合促进商业模式创新。

趋势一：中国物联网产业的发展是以应用为先导，存在着从公共管理和服务市场到企业、行业应用市场，再到个人家庭市场逐步发展成熟的细分市场递进趋势。目前，物联网产业在中国还处于前期的概念导入期和产业链逐步形成阶段，没有成熟的技术标准和完善的技术体系，整体产业处于酝酿阶段。此前，RFID市场一直期望在物流、零售等领域取得突破，但是由于涉及的产业链过长，产业组织过于复杂，交易成本过高，产业规模有限成本难以降低等问题，使得整体市场成长较为缓慢。物联网概念提出以后，面向具有迫切需求的公共管理和服务领域，以政府应用示范项目带动物联网市场的启动将是必要之举。进而随着公共管理和服务市场应用解决方案的不断成熟、企业集聚、技术的不断整合和提升，逐步形成比较完整的物联网产业链，从而将可以带动各行业、大型企业的应用市场。待各个行业的应用逐渐成熟后，带动各项服务的完善、流程的改进，个人应用市场才会随之发展起来。

趋势二：物联网标准体系是一个渐进发展成熟的过程，将呈现从成熟应用方案提炼形成行业标准，以行业标准带动关键技术标准，逐步演进形成标准体系的趋势。物联网概念涵盖众多技术、众多行业、众多领域，试图制定一套普适性的统一标准几乎是不可能的。物联网产业的标准将是一个涵盖面很广的标准体系，将随着市场的逐渐发展而发展和成熟。在物联网产业发展过程中，单一技术的先进性并不一定保证其标准一定具有活力和生命力，标准的开放性和所面对的市场的大小是其持续下去的关键和核心问题。随着物联网应用的逐步扩展和市场的成熟，哪一个应用占有的市场份额更大，该应用所衍生出来的相关标准将更有可能成为被广泛接受的事实标准。

趋势三：随着行业应用的逐渐成熟，新的通用性强的物联网技术平台将出现。物联网的创新是应用集成性的创新，一个单独的企业是无法完全独立完成一个完整的解决方案的。一个技术成熟、服务完善、产品类型众多、应用界面友好的应用，将是由设备提供商、技术方案商、运营商、服务商协同合作的结果。随着产业的成熟，支持不同设备接口、不同互联协议，可集成多种服务的共性技术平台将是物联网产业发展成熟的结果。物联网时代，移动设备、嵌入式设备、互联网服务平台将成为主流。随着行业应用的逐渐成熟，将会有大的公共平台、共性技术平台出现。无论终端生产商、网络运营商、软件制造商、系统集成商、应用服务商，都需要在新的一轮竞争中寻找各自的重新定位。

趋势四：针对物联网领域的商业模式创新将是把技术与人的行为模式充分结合的结果。物联网将机器、人、社会的行动都互联在一起。新的商业模式出现将是把物联网相关技术与人的行为模式充分结合的结果。中国具有领先世界的制造能力和产业基础，具有 5000 年的悠久文化。中国人具有逻辑理性和艺术灵活性兼具的个性行为特质，物联网领域在中国一定可以产生领先于世界的新的商业模式。

（四）技术环境已基本具备

为突破物联网领域的关键核心技术，把江苏省打造成物联网技术创新的核心区、成果转化的示范区、产业规模化发展的聚集区，江苏省科技成果转化专项资金实施了 21 项覆盖物联网射频识别技术、传感器技术、芯片技术、网络技术、智能嵌入技术等相关产业的重大成果转化项目。

RFID 即无线射频身份识别技术，主要解决物联网中物体的非接触自动识别。比如，南京三宝科技集团有限公司是国内第一个自主开发超高频 RFID 产品的企业，通过省科技成果转化专项资金"超高频 RFID 电子标签及其产业化应用"项目实施，其研发的超高频 RFID 电子标签和读写器产品拥有自主知识产权，被国家科技部认定为首批国家自主创新产品。截至 2010 年，三宝的 RFID 产品已经应用于海关物流监控领域、医药流通等多个领域，实现销售收入 2.05 亿元，填补了国内超高频 RFID 标签芯片的国产化空白，并与国际主流 RFID 芯片兼容，出口创汇 20 万美元。

MEMS 磁传感器是物联网中重要的"感知"节点，主要用于感知物体所处的方位、温度、运动状态等。2010 年，美新半导体（无锡）有限公司凭借其将 MEMS 和混合信号处理电路用标准 CMOS 兼容工艺集成于单一芯片的国际领先技术，获得了省科技成果转化专项资金的支持。通过该项目的实施，美新半导体公司的 MEMS 磁传感器性能将达到并部分超过国际先进水平。该公司负责人表示，预计到 2012 年，美新半导体公司将实现年生产磁传感器 2000 万颗的能力，市场占有率达到全球的 20% 左右。

此外，一批网络、手机终端、芯片设计等物联网相关的重大成果也得到成功转化。这些项目在物联网与 3G 的融合、物联网与互联网的融合、物联网芯片设计等方面起着至关重要的作用。南京中兴软件有限责任公司的"支持 IP 移动的 WLAN 基站及其核心网设备的研发与产业化"项目、南京熊猫电子集团的"基于多网融合技术的 TD-SCDMA 多模终端的研制及产业化"项目、江苏英特神斯科技有限公司通过"MEMS 多物理场耦合分析设计平台及应用产品开发与产业化"项目等均达到国际领先水平。

物联网的初级应用已经产生，并表现出强劲的增长势头，重要原因即在于互联网与通信技术发展至今，无论在带宽、应用、基础设施还是网络普及度方面已达到较高水平。随着 3G 网络和智能手机的发展，基于智能手机的 GPS、RFID、感应器、扫描器，以及无线 WiFi 与互联网上的各种应用日益普及，无所不在的网络社会在中国将会实现。

云计算的兴起也为物联网的顺利发展提供了保障。要演进到泛在的物联网环境，提升中央处理能力至关重要。物联网智能化处理需要通过不同功能的 M2M 系统之间的信息链路共享，由中央处理单元协同各系统共同运作，将智能感应融入到整个社会的运转之中。因此，中央处理单元应建立在分布式云计算的基础上，以提供高速计算能力和容灾备份功能，保障整个物联网络的正常运转。

实际上，以云计算为代表的分布式网络信息处理技术正是为了解决互联网发展所带来的巨量数据存储与处理需求，而在物联网规模发展后产生的数据量将会远远超过互联网的数据量，海量的数据的存储与计算处理需要云计算技术的应用，否则物联网将因为成本的急剧增加而难以发展。换句话说，云计算是由信息化向智能化转变的关键。预计全球云计算的市场将进入快速发展的轨道，未来 5 年云计算的市场空间将超过 1500 亿美元，复合增长率可达到 23%以上，而中国云计算市场未来 3 年的复合增长更是达到 27%。

此外，以 IPv6 为代表的下一代互联网技术，以 WLAN、蓝牙、UWB、ZigBee、RFID 为代表的短距离无线技术，以传感器、RFID 为代表的感知技术都正日益走向成熟，这些技术的成熟为物联网的发展奠定了基础。

IPv6 协议的普及非常关键。由于物联网要求一物一地址，在现有的 IPv4 协议的可用地址资源已经接近枯竭的情况下，基于 IPv6 的下一代互联网的加速推进将是解决物联网地址容量受限问题的核心。值得注意的是，为解决地址枯竭，以及提升自身业务能力拓展新兴业务的驱动下，运营商已加快了推进 IPv6 的部署。例如，广电运营商启动 NGB 工程，意图抢占下一代互联网的主导地位；中国移动正在研究和部署 IPv6，并以发展移动互联网为切入点，全方位地控制产业链上下游；中国联通也在下一代互联网方面进行了长期的研究，蓄势待发；中国电信更是参与了国家下一代互联网示范工程——CNGI 的建设。

（五）产业链的机遇

未来传感产业的产业链主要包括：传感器制造—芯片制造—设备制造—网络服务—网络运营—软件开发—服务商等环节。

各个环节中，将来利润最丰厚很可能在运营商这一环节。由于产业刚刚开始发展，所以各个环节未来的产业规模如何，目前仍然很难估算。

从目前的迹象来看，尽管这是一个新兴行业，但是传统电信大企业很可能将在新一轮产业争夺中占据优势。随着华为、中兴等大型电信厂商开始注意到传感网的机遇，一旦其开始大举进入，其先发优势将十分明显。和互联网、电信网不同的是，传感网产业的设备制造厂商很可能更加倾向于提供解决方案——这样既能拉长产业链，又能提高利润。

而根据传感产业的特性，将来这一产业很可能将诞生一大批专注于细分领域的中小企业，如软件开发商、维护商等，这也很可能成为资本日趋活跃的产业板块。

笔者调查得知，目前中国物联网行业仍然缺乏大企业，这是一大"瓶颈"。目前，国内有多达几十家研究所、高校参与了传感网的研究，在技术上已初具规模。然而到目前为止，参与到这一产业的企业仍然十分有限。最终这一产业的发展仍然主要依靠一大批企业来实现。

几乎所有专家都指出，至少在短期内，实现传感产业的大规模产业化并大量应用于实际生活还不现实。

1. 上游企业机会最多

从时间维度看，首先受益的是 RFID 和传感器厂商，接着是系统集成商，最后是物联网运营商。从空间维度看，增长最大的是物联网运营商，其次是系统集成商，最小的是 RFID 和传感器供应商。

短期看，二维码、RFID 厂商和 SIM 卡企业业绩前景更突出，特别是关注从设备商逐渐向系统集成商扩展的企业。主要关注标的有新大陆、东信和平、华工科技、长电科技、远望谷和同方股份。

处于上游产业链中的同方股份是涉及物联网产业链最全的公司。它参与 RFID 芯片生产、封装及应用集成的全线业务。与中国移动重庆分公司战略合作，成立运营公司，公司持股 40%，建立面向全国的 M2M 软件服务平台，并参与经营和服务。

东信和平也是属于上游产业链中的重要公司之一，它专注于智能卡研发、生产和销售，主要集中在 SIM 卡、身份识别卡和金融卡，未来单价收益较高的 RF-SIM 卡和金融卡的 EMV 迁移。同时，它在中国移动 SIM 卡领域市场占有率最高，最近开始进军印度市场。

中期看，系统集成企业业绩会激增。在物联网导入期，应用多处于垂直行业应用阶段，对系统集成的要求并不特别高，RFID 厂商可以兼顾。在物联网成长期，由于涉及技术和界面开始增多，专业的系统集成企业需求会突增，但据国联证券分析师熊彩云介绍，此过程需要 2~3 年。

长期看，物联网运营企业最有潜力。物联网运营商将有一个从无到有的过程，在导入期和成长期的前期，由于下游需求应用较为分散，物联网运营企业的竞争力也难以辨别，投资风险较大，而在 5 年左右的时间后，子行业里具有较强竞争力的企业也可见端倪，投资风险将逐渐降低，竞争力逐渐显现。

其实，除了上述二者，物联网还有更多的技术应用。比如针对世博会，移动还推出了为世博车队开发的"车务通"系统，而其核心就是通过 GPS 终端收集数据，根据世博场馆周边交通情况进行智能化调度。

应该指出，无论是 RFID、传感器还是 GPS 等，其实都不是最新提出的技术，但是近年物联网概念之所以火热，就是因为物网结合的趋势已经开始显现。

根据物联网的一般定义，是通过 RFID、传感器、GPS、激光扫描等各种设备，按约定的协议，把任何物品与互联网连接起来进行信息交换和通信，以实现智能化识别、定位、跟踪、监控和管理。

之前是孤立地讲传感、讲 RFID，但它们本身并没有成"网"。要形成网必须要能支持大量的终端，将海量的数据集中分析才能体现物联网的真正优势。

因此，作为能提供"网"的电信运营商们，在此轮物联网热潮中表现出了更强的推动欲望。

中国移动在 2008 年建成了集团 M2M（机器到机器）平台，并在重庆建立了服务基地。主要研发无线传感应用协议、终端标准规范等一系列技术规范和标准。

而 2009 年 8 月，中国移动 CEO 王建宙赴我国台湾地区布道物联网，反复提及物联网将会成为中国移动未来的发展重点，并向台湾地区 RFID、传感器和条形码的厂商发出合作邀请。

在随后的北京通信展上，三大运营商也都着重推出了自己的物联网应用，诸如移动的 RFID-SIM 卡，中国电信的全球眼远程监控应用，中国联通的公交卡手机等。

电信运营商力推物联网的动力很明显，因为在人与人之间的通信趋于饱和的情况下，未来的增长空间必然延伸到物物通信领域。

2. 运营商与 RFID 发展空间最大

行业的预期显示，物联网运营商与 RFID 发展空间最大。从产业链角度看，与当前的通信网络产业链是类似的，但是最大的不同点在于上游新增了 RFID 和传感器，下游新增了物联网运营商。其中 RFID 和传感器是给物品贴上身份标识和赋予智能感知能力，物联网运营商是海量数据处理和信息管理服务提供商。

实际上，和美国相比，国内物联网产业链完善度上存在较大差距。目前，我国下游的通信运营商（三大运营商）和中游的系统设备商（中兴、华为）都已是世界级水平，其他环节相对欠缺，但存在很大的突破空间。再加上物联网的远景是"万物联网"状态，多涉及地图位置信息，国家对信息安全的重视程度势必比互联网和电信网更为突出，所以国内厂商的机会将会更大。

其实，在笔者的调查过程中，物联网运营商与 RFID 的发展潜力大这一信息很早就已经被市场捕获。通过市场几次有关物联网的炒作，笔者发现，2009 年 12 月份，涨幅前十名的上市公司中，上下游公司分别有五家，2009 年 9 月份，有 6 家公司处于上游，2 家中游公司，2 家下游公司。

从空间维度看，物联网运营商与 RFID 发展潜力最大。物联网运营商是新兴的子行业，未来很可能形成寡头垄断的格局；同时，系统集成的需求将远高于目前电信网和互联网的需求。

从规模上看，RFID 和传感器是整个网络的触角，所以潜在需求量最大；而且从当前的情况看，由于已经有较多的行业应用，且政府支持力度开始加大，RFID 和传感器企业在中短期具有较高的投资价值。同时，相对其他环节，该环节的入门门槛不高也将会导致产品平均售价一路走低，未来或将面临增量难增收的情况。

物联网运营涉及的领域则更为广泛，包括交通运输、新能源、电力、金融保险，还有智能建筑等方面，目前物联网应用还仅仅运用于电力、交通等单独的行业和企业。国联证券分析师认为，运营商将是物联网受益周期最长的环节。

(六) 三大关键问题

其一，要高度重视国家物联网产业战略规划，对物联网产业发展给予统一的协调指导。物联网产业的发展是中国在信息领域竞争力获得进一步提升的重要机遇。目前，部分省市地方政府均将物联网作为重点发展的产业，全国各地掀起了一轮物联网热潮，甚至股市都出现了"物联网概念"。这对于物联网获得足够的关注是好事。但是，由于目前物联网产业仍处于产业形成期，产业界和技术界目前仍处于盲人摸象、各说各话的相对混乱阶段。因此，有必要从国家战略规划层面对物联网产业的发展方向、重点领域、关键技术等做出明确的界定和规划。结合国家的"十二五"规划，明确物联网发展的产业技术路线图，对其所涉及的行业应用、传感感知、传输通信、运算处理等各相关领域的架构、标准、关键技术等给予明确的方向和资源投入部署。

其二，要高度重视共性技术标准的制定，重视产学研用协同创新建设物联网技术产业标准体系。应重视标准问题的战略性地位，但不应盲目夸大其影响。物联网是一个涉及众多行业应用的实践性技术领域，其领域跨度非常广，因此期望做出完全统一、自成体系的标准是不现实的，也不具可操作性。更多的是应在涉及互联互通等共性问题方面尽早制定相应的标准，如统一编码规则、基础应用平台的中间件接口标准等。同时，物联网产业的发展和壮大势必与各类行业应用、个人应用紧密相关。在制定标准过程中应广泛建立"产学研用"相结合协调创新的机制，才能制定出适合行业应用、顺应产业发展的物联网标准体系。

另外，在物联网标准的制定工作中应采取开放的态度，广泛与国际领先的研究机构和企业充分交流合作，欢迎国外企业参与到标准制定工作当中。同时，物联网的标准体系也有必要采取开放的架构，积极吸纳已经具有广泛国际市场基础的相关应用技术标准，实现中国物联网产业与世界物联网产业发展的对接，实现合作共赢。

其三，要高度重视物联网在中国制造，在发展绿色低碳经济中的战略性地位。在物联网的推进策略上，应充分考虑到中国制造的产业基础和优势。将物联网相关技术作为进一步提升中国制造技术含量和服务品质含量的关键手段。"物联网"的应用将对"中国制造"和世界经济产业格局产生重大的影响。随着物联网技术的成熟和商业模式的不断丰富完善，嵌入了"物联网"新应用和服务的中国制造产品将不断涌现，信息产业与中国制造将更紧密地结合，这对中国和世界的经济和社会发展将产生重大的影响。同时，要把物联网和发展"绿色、环保、节能、低碳经济"相结合，充分利用物联网能够实现更精细、更简单、更高效管理的特性，通过重点领域的应用示范效应促进物联网创造更大的经济效益和社会效益。

二、三网融合

自 2008 年电信第三次重组之后，中国的电信市场呈三分天下之势：中国电信、中国移动和中国联通。随着 3G 时代到来，三网融合破冰后，整个通信产业将发生巨变。

2010 年 2 月发布的电子信息产业振兴规划中提出要推进三网融合。而后在 5 月，国务院批转发改委通知提出，实现广电和电信企业双向进入，推动三网融合取得实质性进展。

三网融合的阶段性目标明确，2010~2012 年重点开展广电和电信业务双向进入试点，探索形成保障三网融合规范有序开展的政策体系和体制机制。2013~2015 年，总结推广试点经验，全面实现三网融合发展，普及应用融合业务，基本形成适度竞争的网络产业格局。

中国的三网融合已经落后，发达国家 20 世纪 90 年代和 21 世纪初已经完成三网融合。同方公司的一位高管告诉笔者，此前同方是向电视台提供两类设备，采编系统和信号发射，市场占有率在 60%左右。三网融合之后，电视台结合广电优势将数据和音频加进去，同方本身作为设备供应商，以广电需求和技术特殊性、差异性，更能切入其核心。

三网融合的提出打破了广电和电信在视频传输领域长期的恶性竞争状态，这是一个历史性的突破。

广电企业和电信运营商自历史以来的矛盾在当时并没有找到协调的办法。国家也命令双方规范，不得越界。三网融合几乎很少被人再提起。

广电和电信部门的矛盾早已显现。广电对于电信的 IPTV 侵犯利益异议不断，广电一度在地区运作的 VOIP 语音业务也被电信反击。

2008 年 1 月 18 日，国家广电总局网站公布了国务院"一号文"的文件规定，鼓励广播电视机构利用国家公用通信网和广播电视网等信息网络提供数字电视服务和增值电信业务，逐步明确了电信和广电两大行业有了进一步渗透的基础，也意味着双方相互融合渗透有了明确的政策导向。

三网融合最大的好处是把过去部门和传统的模糊概念梳理了一遍，广电和电信分工是很清楚的。运营市场很大，传统的分割其实没有必要，韩国日本 3G 发展很快，包括运营和内容为王，国内发展处在起步阶段。从市场竞争逐步打消过去人为的阻隔。

（一）未来广电的新业态

对广电系来说，眼前经历的一切，仿佛在重温互联网发展初期走过的道路。当时人们并不确切知道互联网这个新概念会给生活带来多大改变，更想象不到由此产生的诸多颠覆如何改写商业发展史。正是这种不确定，给了广电人最大的想

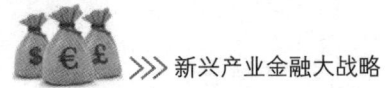

象空间。

据了解，在即将公布的三网融合试点方案中，广电系统将作为主要行业监管者，获得进入电信相关业务领域的优先权以及相关新媒体业务发展的实际掌控权。业内人士认为，这一方案的重要核心，使得广电总局和工信部原来的行业管理边界发生了变化。这就意味着，未来广电系统可以更多地向电信运营商的传统业务渗透。

据介绍，三网融合将分两个阶段实施，2010~2012年为试点阶段，选择有条件的地区开展试点。广电在试点阶段的一个重要任务，就是使得有线电视网络在提供数字高清互动广播电视服务的同时，提供互联网接入业务、互联网数据传送增值业务、国内IP电话业务等传统电信运营商服务。

让广电人兴奋的另一个重点则在于，对于方兴未艾的新媒体，广电也拥有掌控权。未来广电播出机构负责IPTV、手机电视集成播控平台建设和运营管理，包括节目的统一集成和播出监控，EPG、用户端、计费、版权等管理，而电信网只负责传输和分发服务。

在网络互联互通、屏幕交叉融合、资源共享基础上，广电系统可能由此诞生出新的业务形态。过去提到广播电视，人们的印象就是中央电视台这类传统电视频道。三网融合之后，广电网可以提供很多不同类型业务。创新的广电业态，既包括全媒互动电视、直播交互融合数字电视、互联网与数字电视融合业务，也包括通信网与数字电视融合业务、物联网与数字电视融合业务，广电部门已经在编制规范和目录，准备在试点城市推出这六大类业务。

除了新业态产生带来的想象，三网融合也是广电系统进行自我网络升级改造、加强管理运营的一个契机。目前，全国的有线电视网络非常分散，以省为单位运营的有线网有15个，以地市为主体的有线网有300~400个，而以县为运营单位的则有上千家。

三网融合试点方案已经明确，要成立一家全国性的有线网络公司作为三网融合的市场主体，这家公司将定位于大型国有文化企业，由国家投入资本金，也通过社会各方面以入股等方式进行组建。未来，这家公司将带领全国有线网络进行数字化和双向化改造，并在此基础上进行下一代网络建设。

(二) 产业链三年7000亿元

广电系统的热情在于拥有未来发展新媒体业态的主导权，而对众多产业链上下游企业来说，由此产生的真实收益才是参与游戏的最大吸引力。

事实上，在近年的电视节上，但凡参展的设备、技术企业都会提及"三网融合"，声称已经推出了适用于三网融合的技术或设备。与此同时，资本市场也热情高涨，烽火通信、中兴通讯、中天科技等相应设备商股票应声大涨。

那么，三网融合给产业带来的市场机会究竟有多大？根据中国工程院的报告,三网融合在未来三年可带动投资和消费6880亿元。若将这6880亿元进行拆解,不难看出,设备制造和信息内容服务提供商将是最大受益者。

根据估算,在这6880亿元中,电信宽带升级、广电双向网络改造、机顶盒产业发展,以及基于音视频内容的信息服务系统建设的有效投资,估算达2490亿元;可激发和释放社会的信息服务与终端消费近4390亿元;数字内容开发制作、机顶盒生产与安装等将新增就业岗位达20万;由此推动的固网宽带业务将拉动GDP增长0.8个百分点。

三网融合将改变用户的消费习惯,使得传统金融行业有机会参与到新媒体业务的发展中来。这种参与,不仅体现在支付渠道和手段的配合上,由于未来呈现于各个终端上的内容将更加丰富,银联也有可能成为相应内容的提供商,比如理财服务等。

尽管如此,三网融合对科技企业的技术挑战也显而易见。在新媒体时代,技术将从模拟走向数字、从固定走向动态。对于新媒体运营商和设备厂商,最大的挑战在于,如何开发出一个最佳的平台,使得用户在电视、手机或者电脑等不同终端之间切换时有一个统一、完整体验。

经验显示,每出现一个新的终端,厂家就要重新投入人力、物力和财力开发一次,开发成本很高,必须通过创新来解决这个难题。

另外,随着媒体大量数字化,数据中心管理也将成为挑战。传统媒体虽然有数字化倾向,但很多数据的存储和分发还是传统方式。如果更进一步,以互联网企业为参考模本,今天GOOGLE、腾讯、百度这些互联网企业的数据中心已经是十万台规模服务器。三网融合之后,数据的膨胀将成为必然,如何管理这些数据和内容也是一个巨大挑战。

(三)产业链机会

在三网融合的大趋势之下,受益的行业众多,包括内容提供商、服务提供商、运营商、通信设备制造商等,其中最直接的受益行业主要有通信设备商、有线运营商和内容提供商。

就目前看,围绕三网融合有三部分内容:①硬件:系统集成、数字化改造等。②运营:设备厂商、歌华、广电等传统电视台。运营中包含五条主线:有线、无线、卫星、IP和手机电视,全国约有2亿用户看有线电视,2000多万户看卫星电视,有1.5亿户在城乡结合部使用无线,还有1.6亿宽带用户,剩下手机电视也有一定的用户量。③内容提供商:有电影公司和节目集成商等。

软硬件设备提供商也将受益,但三网融合对华胜天成、亿阳通信等大公司而言,带来的业绩推动较有限。而广电运营商获准进入内容运营领域将大幅开启想象空间。

接收终端制造商将迎来新的增长点,如互联网电视。今年,TCL、三星、创维、长虹、海信等都将推出互联网电视。海信市场部新闻宣传室喻海涛告诉记者:"在三网融合的大背景下,公司将陆续推出多媒体网络的新产品,电视和电脑、手机的视频通话产品,正是有三网的互通,才能够实现。加快内容融合时间表,技术放宽,带来创新产品肯定逐渐增多。"

内容提供商未来通过供货渠道进入用户当中,原来华谊电视剧通过传统广播电视形式传输,靠出卖,未来形式发生变化,形式多样化,渠道得到拓宽,通过电信运营商等也可以进入用户。

网络运营商是三网融合最长远的受益者。运营商类企业主要是平台的建设,在网络建设的过程中将持续受益,带宽普遍不足,未来加大设备投入,网络前期需要升级,开支很大,受益实点是靠后的。如歌华有线、天威视讯、电广传媒等企业。对于已经完成数字化整转的网络运营商来说,可以立刻切入电信业务。

(四)社会资本进入的三大渠道

2009年3月,国务院指出,民间资本可"非禁即入",即鼓励和引导民间资本进入法律法规未明确禁止准入的行业和领域,其中包括交通电信能源基础设施。

从鼓励民间资本进入"电信领域"到进入"电信基础设施",提法虽然只有几个字的差异,却释放出一个清晰的信号:民间资本有望进入电信基础设施。但是,虽然"有望",但实际操作起来却有难度。由于中国移动和中国电信尚未回归A股,以及广电总局对互联网电视牌照的管理依然很严,民间资本要进入"三网融合"领域,可以借助于目前的电信构架,从外围渗透。

民间资本要进入"三网融合"大致有三种途径:第一种进入方式是设备建设,电信运营商的各个基站需要建设,所以民间资本可以进入无线网络发射设备的制造企业。

第二种进入方式是铺设网络。日前中国电信集团公司副总经理孙康敏表示,中国电信已经在上海和广东等南方地区启动光纤到户工程,铺好之后寻常百姓家将拥有100M带宽。

软件服务也是民间资本进入"三网融合"的端口。比如拓维信息给中国移动制作了手机收费的平台。随着3G业务推广和"三网融合"的推进,相应的软件需求也会有广阔的市场前景。

第三种进入方式是内容提供商。电信涉足视频,与电视节目争夺用户,关键靠内容取胜。现在广播电视节目内容的发行渠道越来越丰富,而且这部分市场已经向民营企业放开,像华谊兄弟和光线传媒都是内容提供商。因而"三网融合"之后,更大的竞争点不在硬件设施上,而在向内容方面倾斜。

三、下一代互联网

从现有基于IPv4技术的互联网,过渡到以IPv6技术为核心的下一代互联网,单凭一个国家是无法实现的,需要全球各国携手一起行动。

2010年10月,全球IPv6下一代互联网高峰会议在北京举行。来自国内外的电信运营商代表、电信行业主管机构领导、专家学者对世界及我国IPv6下一代互联网的发展情况进行了深入的探讨。与会代表一致认为应该加快世界各国对于IPv6的研究及推广。目前,基于IPv4技术的全球互联网可供分配的网络IP地址已近枯竭。如果不加快下一代互联网的研究和升级,2011年网络IP地址将可能全部耗尽。而我国面临的IP地址"供需缺口"形势更为严峻,实现IPv4向IPv6的过渡已经迫在眉睫。

目前,世界各国已经对基于IPv6技术的下一代互联网的部署"摩拳擦掌",欧美等发达国家更是将其上升到国家战略的层面,成立专门的政府工作小组进行相关工作的推进。要实现IPv4向IPv6的平稳过渡,保证我国下一代互联网的稳健发展,需要在网络应用、终端设备、技术标准、IP地址资源分配管理上有一个整体的规划布局。有专家表示,我国是互联网用户数最多的国家,美国用户数少于我国,但其地址资源却是我国的40倍。IPv6的过渡不是一个国家可以实现的,需要全球统一的行动。

中国电信在湖南和广东已经启动了IPv6商用网络,中国电信与湖南农科院合作为当地果茶培育种植中心提供了基于IPv6的物联网温室控制综合信息监控服务。

为了尽快过渡到下一代互联网,2010年3月初中国电信和清华大学共同建立了"下一代互联网技术与应用联合实验室"。中国电信总经理王晓初表示,"联合实验室将首先重点解决IPv4地址短缺、IPv6流量管理及路由监控、行业应用开发等,争取为今年的下一代互联网试点项目面临的问题提供切实可行的解决方案。"此外,中国电信还计划年内在湖南、江苏、广东、浙江部署一定的IPv6宽带用户,同时推出基于IPv6的配套业务。

虽然中国电信先行一步,但中国联通,以及日本NTT Docomo、美国第一大有线网络运营商Comcast等47家运营商也获得了IPv6服务供应商认证,并都计划尽快启动IPv6商用服务。

领先下一代互联网建设

全球IPv6论坛主席拉蒂夫介绍,目前美国约有15亿个IPv6地址,而中国仅有2.2亿个左右。据拉蒂夫介绍,现在美国政府已经把IPv6项目作为一个发展基础,并设立了国家级别的IPv6专项,要求美国所有设备制造商在2011年7月份前,必须使用IPv6标准。

无疑,美国已在下一代互联网建设方面走在了前列,而发展中国家在此方面则发展缓慢。国际电信联盟提出要考虑发展中国家未来的需要,起草保留大的IPv6地址块的全球策略提议。因为国际电信联盟担心如果IPv6地址按照目前的情况分配，先行的国家将取得大部分网络地址，而后进国家可能将再次面临网络地址匮乏的局面。国际电信联盟提出要公平保证每个国家拥有适当的IPv6资源。在地址容量块和分配策略方面考虑地区与国家级的需要，将来计划引入一些等级化的分配策略。

印度网民只有2000万左右，互联网技术发展还有很多不足，IPv6方面的总体工作也不是很好。相较而言，中国则处于领先地位。

通过2010年现场试验工作，充分论证多种演进技术，实现端到端业务的开通、运维和保障，探索新的业务模式，寻求下一代互联网的最佳演进路径。

下一代互联网是以IPv6为核心，包括一系列新技术和新应用的全新互联网架构，具有地址资源丰富、速率高、安全可靠等特点，可有效支撑物联网、智慧地球等新的信息化应用，促进电子商务、电子银行、智能生活方式的普及，推动全社会和整个信息产业的规模化、可持续发展。

自2003年起，中国电信作为承建单位，全程参与了国家发改委、科技部、信息产业部等八大部委联合主持中国下一代互联网示范工程（CNGI），通过该项目，中国电信在家庭网络综合信息融合业务、统一通信融合业务和P2P流媒体融合业务等方面进行了深入研究与实践。中国电信2009年在湖南进行"两型社会"的应用实践中，实现了IT和宽带业务支撑系统的升级改造及业务流程的统一，部署了基于下一代互联网的农业温室综合监控系统，实现了IDC等业务的升级改造，提出了纯IPv6接入方面的初步实施建议。

下一代互联网发展多年，由于一直无法取得实际应用上的规模突破，已成为我国互联网的一块"心病"。自上而下强行提速将是必然的选择。在一股自上而下的力量推动下，国内产业链各方正在努力整合，以抢占下一代互联网制高点。

工业和信息化部将积极推进我国IPv6商用进程，把推进下一代互联网和物联网以及移动互联网的融合作为一项重点工作来抓。

分析人士认为，政府之所以决心推动IPv6商用，其实与物联网和三网融合国家战略相辅相成，而且政府力量的推动对处于应用匮乏困局的运营商来说，无疑是利好信号。

事实上，IPv6网络过渡工作已基本准备就绪，然而ICP迁移迟缓、终端匮乏等瓶颈严重制约了我国IPv6的进程。此前，工业和信息化部科技司司长闻库表示，下一代互联网发展多年，由于一直无法取得实际应用上的规模突破，已成为我国互联网的一块"心病"。

为此，不少业内专家提出，发展下一代互联网需要芯片、网络、终端以及安全等产业链各个环节的紧密合作，协同推进。而来自运营商和设备商的很多人士也都呼吁借助政府力量加快IPv6的商用进程。

IPv6成功商用并不是靠一家企业能够做成的。特别从整个产业发展层面，希望政府能够积极地给予政策的指引，比如出台相关激励政策、利用财税的杠杆和专项的基金等经济的手段，来促进下一代互联网的发展。

由于网络与应用要演进到 IPv6 需要巨大的投资和漫长的过程，而且短期看不到明显的效益，在很大程度上降低了 ICP、终端、芯片等位于 IPv6 产业链中下游各方的积极性。针对此，中国联通宽带业务应用国家工程实验室副总工程师唐雄燕说，"要从政府层面推动，强制所有的互联网应用提供商进行 IPv6 改造"。

由于终端作为用户体验 IPv6 先进性的最近设备，直接影响 IPv6 的推广和产业化，而目前尚没有一款支持 IPv6 的 TD 终端，为此，中国移动在 2010 年终端的入网检测中增加对 IPv6 的要求。

四、云计算

如果在一台能够上网的电脑上，没有安装 Microsoft Word 等文档处理软件，怎样写文章呢？打开网页浏览器、进入谷歌网站的在线文字处理软件 Google Docs 页面，新建文档、编辑内容；将文档保存在谷歌服务器上，而不是你的电脑硬盘里，你就可以在任何一台能够上网的电脑上随时取用。

谷歌全球副总裁、大中华区总裁李开复在《云中漫步》中说，如果你喜欢上了这种在线文字处理的新颖编辑体验，那么你正在拥抱一个美丽的网络应用模式——云计算（Cloud Computing）。

Google 2009 年推出 GDrive 服务，用户通过该服务可以将自己几乎所有的数据（邮件、图片、音乐和文档等）都存在网上，并可以随时接入那些数据，"GDrive 的推出将使传统 PC 变得多余"。

目前，比较普遍的观点是把云计算分为狭义和广义上两种概念。狭义的云计算是指 IT 基础设施的交付和使用模式，广义的云计算则是指服务的交付和使用模式。这种服务可以是 IT 和软件、互联网相关的，也可以是任意其他的服务，它具有超大规模、虚拟化、可靠安全等独特功效。

更形象地说，就像是水、电、煤气一样，要使用这些公共资源，我们只需要付费按需获取，云计算也是以这样的方式运行。所谓的"云"就是一些可以自我维护和管理的虚拟计算资源，通常为一些大型服务器集群，包括计算服务器、存储服务器、宽带资源等。它可以提供硬件和系统的平台服务，也可以提供应用的服务。在目前来看，云计算有软件即服务（SAAS）、实用计算（Utility Computing）、网络服务、平台即服务（管理服务提供商 MSP）、商业服务平台和互联网整合等几大形式。根据使用对象的不同，目前的云则分为公共云、私有云、社区云和混合云等几大配置。

在云计算模式下，一切的资源、软件和信息都变成了类似于水电煤气的商品，通过网络按照个人的计算需求按需提供给用户。例如，我们可以不再需要使用 Word 或 Excel 这样的桌面应用程序，无须购置大量的 IT 设备来进行存储或者计算，而只是利用一台终端电脑或手机上网就可以得到所需的服务。

其实最简单的云计算技术在目前的网络服务中已经随处可见，例如 Google 的搜寻引擎、在线文档以及网络信箱等，使用者只要输入简单指令就能得到大量信息。

在很多人看来，云计算可以颠覆现有生活的面貌。想象一下，以后我们无须再去花费巨资采购 IT 设备，只需一台可以上网接入"云端"的终端就可以获得自己想要的资源；"云"的自动化集中式管理也使得企业不用再负担高昂的数据中心管理费用，只需要用比之前少的时间和费用就可以完成以前看来比较"麻烦"的任务；同时，"云"就是一个拥有弹性的庞大的资源池，未来可以根据需要按时或按量付费来使用资源。

据此，有观点认为，"云计算将成为 IT 业界的变革节点之一，将会彻底改变人们未来的生活。"

当前的金融海啸迅速扩大了云计算的应用趋势。对于需要节约基础投资的中小企业来说，允许大量网络系统共享 IT 基础平台的云计算服务，可以帮助他们只需通过使用量来交费，而无需像现在这样，自行购买服务器和由专人维护，从而以最小成本和最便捷方法使公司达到企业级技术水准。

业内预言，到 2015 年，面对带宽、存储、电力、机房等成本的大量增长，中国互联网企业的利润可能会被吃掉，如果不能应对"云计算"的挑战，中国互联网也许会面临"崩溃"。

即便对中国网民来说，云计算眼下还是最新鲜、最时髦的。很多人误以为云计算是 IBM、Google、Amazon 这些国际 IT 巨头的独宠，其实中国工程院、北京航空航天大学等专家已经从事该领域研究多年了。

但相对于国际 IT 巨头在 2008 年热捧"云计算"的激烈争夺战，中国本土企业一开始显得并不热心，直到 2008 年中，才推出了一些计算机安全方面的应用，并且在产品本质上与"云计算"还有较大差距。云安全更强调安全威胁信息的聚集，与云计算本身利用网络上富余的资源提高计算和搜索速度还有差距。

国内和国外云计算企业最大的差别是，国外企业是以建立云平台为中心，在平台上提供各种服务、并为用户开源共用；国内企业投资云计算首先强调的是为自身主营业务服务，目前看也并不开源。

这就像国外企业是在建一个游乐场，不仅自己开发游乐项目，也让大家租用场地共同开发，由此吸引的客户将越来越多；而国内企业不具备场地优势，只是自建游乐项目来挣钱。

建立云平台的大型服务器、存储和节能等关键技术还是掌握在 IBM、Google 等国外 IT 巨头手中，国内企业并不拥有；而诸如阿里巴巴等国内企业则在比如电子商务等技术应用领域拥有一定优势。

云计算产业链的理想状态是：云计算的运营商将硬件商、软件商、数据整合商、平台技术商和终端提供商整合进云平台，通过一个标准的模式向最终用户按需提供服务。

相比跨国公司，仅拥有单一产业环节优势的中国企业很难在产业链上游占有先机。"云计算"作为近年来IT领域最火热的概念之一，业界各方投入了极大的关注。越来越多的企业放弃它们自己的计算机系统，而转向"云计算"环境。对于立志业务创新及转型的电信运营商来讲，适时涉足云计算，充分利用云计算模式的优势或许将能更完美地转型为服务提供商。

（一）云计算变革支持中小企业创新

当看到众多的跨国公司争先恐后推出云计算战略，开发云计算产品与服务，这些表象的背后是什么？

答案只有一个，云计算变革已经开始。

云计算变革带来的机遇，不仅在于巨大的市场规模，还在于它能支持大量的中小企业进行创新，云计算的各个市场存在创新的机会。而这场变革当然也会对以传统IT业务为主的企业产生威胁，但看到了威胁，与看到了机会仅一步之遥，可以说，威胁就是机会。正视威胁，消灭威胁，拥抱云计算的过程，就是创新的过程。而如果是准备创新的企业，则云计算是一个最好的契机。云计算市场本身上不成熟，也面临一些尚待解决的问题，比如安全性问题、可移植性问题、审计流程问题、软件部署问题等，都存在创新的可能，都存在市场机遇。

在国外，云计算产业链也仅仅是显示出雏形。而在中国，还仍处于概念萌芽期，公众甚至专业人士仍在探究和讨论云计算是什么，什么是云计算什么不是云计算。笔者虽在一年多前提出云计算是信息产业第三次浪潮，至今应者寥寥。当IT业内人士仍然停留在云计算是水电一样的计算能力，是大规模的服务能力时，也就不难理解，国内将云计算核心理念运用于产品和服务的艰难，更感叹于在云计算领域创新之遥远。有时，难的不在于技术和核心技术，不在于资金之雄厚和人才之匮乏，可能更在于对云计算本质的理解，对新潮流的本能排斥，对未知的畏惧，对成熟模式的依赖和依恋。

云计算之于中国，可怕的不是现在落后两年，而是落后五年。PC变革和互联网变革，充分体现了中国人的勤劳和模仿能力，云计算变革，一个泱泱大国能否摆脱笨躯的身躯和思维，走在世界前列？

（二）云计算商业模式

从市场模式来看，一般是将云计算分成三个层级——应用层或软件即服务（Software as a Service，SaaS）、中间件层或平台即服务（Platform as a Service，PaaS），以及灵活的云基础架构层或基础架构即服务（Infrastructure as a Service，

IaaS)。

基于对云计算市场三个层级的共识,不同的企业纷纷制定各自的云计算策略,打造适合自己的商业模式。围绕云市场的角逐,为了提高竞争实力,企业或者重整内部资源,优化内部价值链;或者向外拓展,谋求价值链的横向和纵向延伸。随着云计算产业链的形成,云计算价值链也将逐步向着多维度方向拓展,为全球带来巨大市场商机。

根据权威市场调研机构Gartner所发布的数据,2009年全球云计算市场的销售额达到563亿美元,较前一年增长21%;美国国际数据公司(IDG)预计,到2012年,全球"云计算"服务市场规模将达到约420亿美元;到2013年云计算服务开支将占整个IT开支增长幅度的近1/3;而知名投资银行美林则预计全球云计算市场规模到2011年将达到1600亿美元,其中商业和办公软件的云计算市场规模达到950亿美元。

作为一项有望大幅降低成本的新型商业模式,云计算也为电信运营商提供了新的机遇。运营商如能及时把握云计算带来的机遇,或有助于缓解目前困扰运营商的以下几方面压力:

第一,摆脱沦为"通道"提供商的威胁。首先,从运营商的外部环境来看,像APPLE、Google、微软等IT和互联网企业正在不断蚕食运营商的固有领地,原有的电信业务领域逐渐有越来越多的"新加入者",通信产业的利润正逐渐向IT领域转移。这些"新加入者"带来的并非传统的语音增值业务,而是一种和传统电信无关的业务或者服务,他们所需的仅仅是电信运营商提供的网络连接。也就是说,电信运营商如不奋起应战,谋求转型,开拓新的业务模式,增加收入来源,极有可能面临沦为"通道"提供商的威胁。

借助云计算实力,运营商可以重新定义自己的角色,超越"通道"提供商的作用向基于互联网应用的业务拓展,将自身置于云计算价值链中。

第二,促进网络结构的优化和整合。如何对网络结构进行优化和整合,是所有运营商高度关注的问题。云计算可以让运营商在基础网络之上按需扩充计算能力。这种灵活性促进了解决方案的快速提供,允许运营商根据需求大小弹性使用相应的基础网络,还能根据市场变化与时俱进地推出新业务。

移动通信、宽带网络、开源技术以及Web2.0等,所有这些都使按需业务更加可靠也更加经济。和企业各自独立的计算机系统比较,云计算系统可以储存更多的数据,可以在节省系统处理能力和桌面软件所需要的硬盘空间的同时为运营商提供无限量的业务接入。

第三,提高数据中心运营效率。电信领域虽然已经自然形成了许多数据中心,但基础架构也变得异常复杂,原有每增添一个新应用就部署一套新系统的方式不仅投资巨大且很难管理。一方面,伴随业务系统的增多,电信运营商对基础架构的控制力和选择能力在弱化；另一方面，设备的运行效率并不高，忙闲不均，影响整体效率。

数据中心的运作成本通常接近整个 IT 预算的 25%，如何以更加经济有效的模式来运行数据中心，对运营商意义非同小可。云计算数据中心可以削减对额外硬件、软件和设备的需求，还可减少服务器自动化、存储、操作系统、中间件提供和系统安全性这些成本高昂又耗时的功能。云计算数据中心模型具有更高速的创新性、可伸缩性和对企业核心功能的支持等，从而为运营商带来显著的经济效益。

第四，降低资本性支出和成本性支出双重成本。运用云计算技术可以提高服务器的利用率，减少现有网络和平台硬件设施的数量，从而降低对网络基础设施的需求。硬件的节省又能大大降低许多运营成本，例如机架占用空间、数据中心占地面积、制冷和能耗的大幅下降，等等。除此之外，还有从产品生命周期和可持续发展方面实现的成本节约。因此，云计算带来的是资本性支出和成本性支出的双重下降。

根据前面分析可以看出，云计算市场商机无限。云计算既为运营商向信息服务提供商转型提供了新的机遇，也为电信企业降本增效提供了新的途径。置身云计算产业链应当成为运营商摆脱内外环境压力、实现成功转型的重要战略之一。

运营商提供云计算服务既有先天的优势，也有需要克服的障碍。运营商拥有通达全球的信息传输网络，拥有海量的数据存储处理的 IDC 机房，还拥有巨大的用户资源。而其所需要克服的障碍，则是由原来提供通道产品的模式，转变为以用户服务为核心的融合应用服务模式。

基于对自身优势和劣势的认识，在云计算发展策略上，与跨行业竞争者的合作成为不少国内外运营商的共同选择。

可以预计，以产业合作的视野推出云计算市场策略，运营商有可能为自己开辟出一片蓝海，提供一个无比广阔的天地。具体说来，在云计算市场的 IaaS、PaaS 和 SaaS 这三个主要领域中，运营商可按照优势互补的原则，分别与系统集成商、软件提供商和互联网服务商开展多层次、多方位的合作。

云计算的中心理念是一切即服务。运营商在置身云计算产业链的同时，就有可能将服务拓展到前所未有的领域，使运营商在迎接崭新的云计算时代的同时完成向服务提供商的完美转型。

(三) 产业链三个层面

描述云计算产业链，是按照广义云计算定义来讲。在此之前，尽管没有人详细阐述云计算产业链，但事实上已经有人无意识中提到过，没有人仔细研究和质疑。云计算兴起的原因，很大程度上是一些公司，特别是咨询公司对云计算市场规模的预测。而很多人对云计算产生兴趣，也是被这些天文数字所吸引。既然是对市场规模的预测，就肯定包括对市场组成部分的描述。事实上，这些预测报告里都有一个对云计算细分市场的预测，只是大家很少关注。

不同的组织由于对云计算产业链不同的定义，会产生迥异的市场规模预测。2008年，美林则预计未来5年，全球"云计算"市场规模将达到950亿美元。IDC称，在未来五年里，IT云计算服务开支将增长近三倍，到2012年将达到420亿美元。IDC定义的云计算是指企业和消费者服务在线提供和消费的模式。然而，在大多数情况下，这个"计算"都在人们承认的服务的背后，如银行、购物或者在线存储。IDC认为，有必要区分开云计算服务和实现这些服务的云计算环境。

研究机构Coda Research Consultancy预测的云计算在未来六年里的17%的增长率意味着全球云计算市场在2015年的销售收入将从2008年的460亿美元增长到1800亿美元。2009年初，市场研究公司Gartner报告称，预计2009年全球云计算服务市场规模将超过563亿美元，2013年将超过1500亿美元。如果研究他们的预测所对应的云计算的定义，会发现，不同的规模对应的其实是对云计算市场构成范围的不同。

即便是最乐观的预计，也只是统计了云计算服务中的IaaS、PaaS、SaaS这几个领域，而整个产业链的构成将超过这几个领域，整个市场规模也可能大于最乐观的预测。

云计算解决方案是为客户建立公共和私有云等提供软件和方案，该市场在2008年末才开始形成，云计算解决方案主要以虚拟化管理软件为基础，该市场参与者多为以前虚拟化管理软件市场的参与者。主要有：IBM、微软、思杰（Citrix）、VirtualIron、3Tera、SUN（Qlayer）、Redhat。

基础设施即服务，是向客户出售服务器、存储、网络设备、带宽等基础设施资源，该市场主要参与者目前有：Amazon AWS、Rackspace（Rackspace）、Gogrid、Gridlayer。

平台即服务，是利用一个完整的基础设施平台，包括应用设计、应用开发、应用测试和应用托管，这些都作为一种服务提供给客户，而不是用大量的预置型（On-premise）基础设施支持开发。该市场的参与者目前主要有：Google（Appengine）、Microsoft（Azure）、GigaSpaces等。

软件即服务和一切即服务即是提供面向各种具体应用的服务，该市场直接面向最终的消费者，该市场参与者众多，包括sourceforce.com、zoho、google等。

第四节　生物产业

世界首富——比尔·盖茨预言：超过他的下一个世界首富必定出自基因领域。

《生物产业发展"十二五"规划》以进一步加强生物产业自主创新能力建设，推动生物技术的产业化、集群化和国际化发展，使其成为我国经济社会发展新的重要支柱产业。

未来我国生物产业将重点发展生物医药、生物农业、生物能源、生物环保、生物服务外包五大方面；全国生物产业产值到2015年达到4万亿元，到2020年达到8万亿~10万亿元。

据业内专家介绍，关于生物医药方面的发展，未来五年将主要强调用于重大疾病防治的生物技术药物、新型疫苗、诊断试剂、化学药物等创新型药物品种。"到2015年，百强新药企业销售收入占全行业销售总收入的50%；到2020年，5家企业进入世界医药百强。"国家发改委宏观研究院产业与技术经济研究所所长王昌林表示。

在《生物产业发展"十二五"规划》中，生物育种将上升至重要位置。这意味着"规划"出台后，生物领域转基因研究将进入快速发展期"国家对生物农业的资金投入和政策支持，要比'十一五'大很多。"有关人士对记者表示。

截至去年底，包括中央财政投入、地方财政投入、企业配套投入在内，中央实施转基因专项投资规模达260亿元，而"十二五"期间将继续加大力度。此外，据国家发改委专家透露，未来五年，在生物制造方面，生物基产品占石化产品的比重达到10%以上；在生物农业方面，培育动植物新品种200个；在生物能源方面，非粮原料能源占比上升。

未来5~10年，我国生物产业将从技术研发、产业化、产业升级、国家合作等方面着力，逐步形成生物产业体系。

当前世界各国纷纷加快培育新的经济增长点，为金融危机之后重振经济做好准备，生物产业已成为许多国家的重要选择。数据显示，全球生物产业销售额几乎每5年翻一番，增长速度是世界经济平均增长率的近10倍。预计到2020年，生物医药占全球药品的比重将超过1/3，生物质能源占世界能源消费的比重将达到5%左右，生物基材料将替代10%~20%的化学材料，精细化学品的生物法制造将替代化学法的30%~60%。

近年来，我国采取一系列措施加大对生物技术创新和生物产业发展的支持力度，包括出台《生物产业发展"十一五"规划》，组织实施生物技术创新成果产业化和加强国家生物产业基地建设等。2009年6月国务院办公厅印发了《促进生物产业加快发展的若干政策》，明确提出加快把生物产业培育成高技术的支柱产业和国家的战略性新兴产业"十一五"期间，我国生物技术进入大规模产业化阶段，并开始进入产业盈利期。2010年，我国生物产业增长率达20%，成为金融危机中的高抗风险产业。

一、各国提升生物产业定位

当前，世界各国纷纷加快培育新的经济增长点，为金融危机之后重振经济做好准备，生物产业已经成为许多国家的重要选择。历史经验证明，全球每一次大的经济危机，常会伴随着科技的新突破，引发社会新需求，进而推动产业革命，催生新产业，形成新的经济增长点。生物产业是正在快速发展的战略新兴产业，世界许多发达国家和发展中国家都将选择加速生物产业发展，抢占生物制高点作为发展战略重点和克服当前金融危机的重要举措。

进入21世纪以来，生物科技的重大突破正在迅速孕育和催生新的产业革命。数据显示，全球生物产业销售额几乎每5年翻一番，增长速度是世界经济平均增长率的近10倍。预计到2020年，生物医药占全球药品的比重将超过1/3，生物质能源占世界能源消费的比重将达到5%左右，生物基材料将替代10%~20%的化学材料，精细化学品的生物法制造将替代化学法的30%~60%。

生物技术是指人类对生物资源（包括动物、植物、微生物）的利用、改造的相关技术。其发展经历了三个不同的阶段——以酿造为代表的传统生物技术，以微生物发酵为代表的近代生物技术，20世纪70年代兴起的以基因工程、细胞工程等为代表的现代生物技术。

基因工程是现代生物技术的核心，它能按人类需要，把遗传物质DNA分子从生物体中分离出来，进行剪切、组合、拼装，合成新的DNA分子。再将新的DNA分子植入某种生物细胞中，使遗传信息在新的宿主细胞或个体中得到表达，以达到定向改造或重建新物种的目的。

细胞工程是利用细胞融合技术把含有不同遗传物质的细胞合成杂种细胞，并使之分裂生长成杂种生物，包括体细胞融合、核移植、细胞器摄取和染色体片段的重组等。

美国白宫科技局有关资料显示，美国为了确保其在生物技术产业的领先地位，建立了高层协调机制和产业组织体系，每年投入生物技术研发的经费达380多亿美元，已先后形成了5个生物谷，培育了1400多家生物技术企业；为发展生物质能源农业，规划到2020年，生物质燃料将取代10%的燃料油消费，2050年达到50%。欧盟自20世纪90年代初开始，就要求成员国大力发展生物质能源，积极发展能源农业，以缓解能源供需矛盾，改善环境；按照欧盟的要求，到

2020年生物质燃料在传统燃料市场中占有20%的比例。

英国是世界上第一只克隆羊"多莉"的诞生地,英国政府提出的"发展生物技术"战略报告的目标是保持生物技术位于世界第二的水平。日本提出和确立了"生物产业立国"战略作为新的国家目标,并成立了以首相为首的"生物技术战略会议"。印度也谋求成为生物技术大国,并专门成立了"生物技术部"。新加坡制定了"5年跻身生物技术顶尖行列"的目标,把新加坡建成"生物岛"。韩国也制订了生物技术发展计划,准备到2010年成为世界前7位的生物产业强国。

随着人类基因组测序计划的宣告完成,一场以基因及蛋白质数据应用于生物技术产业的竞争拉开了序幕。尤其是利用大学等研究机构的基础性研究成果,创建生物技术风险企业的态势强劲。

日本也不例外,各大研究机构及风险企业都把目光聚焦于21世纪产业新增长领域之一的生物技术。据统计,2010年日本生物技术产业的市场规模达25万亿日元,被认为是推动21世纪日本经济增长的强有力的原动力。

日本在生物技术领域虽采取了一系列重大举措,但与美国相比还有较大的差距。中国及韩国在生物技术领域也在急起直追,生物技术产业领域的国际竞争日趋激烈。从尖端生物技术的专利申请数来看,根据日本特许厅的统计,基因解析技术、蛋白质功能解析以及与基因组相关的专利申请数2000年约12000件,其中美国约占40%居首位,其次是中国约占30%、欧洲及日本紧随其后。

从政府的研究开发投入来看,日本依然与美国存在较大的差距。

生物医药领域日美间的差距也在拉大。美国制药巨头Pfizer公司收购了Pharmacia公司后其销售额约440亿美元、研发费超过70亿美元。其销售额及研发费分别是日本最大制药企业——武田药品工业公司的5倍和6倍。

在农业生物技术领域,美国Mansanto等公司在转基因玉米及大豆的世界市场上独霸一方。在环境修复等生物技术领域及安全保障领域美国的优势更为明显。据日本生物技术产业协会的统计,日本生物技术风险企业数为334家,仅为美国的1/4。生物技术产业的支撑有赖于大学等研究机构不断推出新研究成果,只有将这成果及时转移至相关企业,才能实现产业化。日本主要大学虽然相继设立了技术转移机构(TLO),但其功能远没有得到充分发挥,普遍缺乏创新的经营管理人才。大学研究人员更缺乏对技术市场的敏锐性及推销新技术的勇气。只要具备了技术水平、经营能力及市场预测力,才能加速生物技术产业化的进程。日本虽在生物技术产业领域实现了新起步,但要在激烈的国际竞争中独占鳌头,绝非易事。

从目前全球范围来看,生物技术产业包括生物医药、生物农药、生物能源、生物环保等。生物医药:疫苗与诊断试剂、创新药物、现代中药、生物医学工程等方面的技术与产品、医疗仪器及设备等;生物农业:生物育种、生物农药及生物肥料的相关技术与产品；生物能源：非粮燃料乙醇、生物柴油、生物质燃料等相关技术与产品；生物制造：生物基材料、微生物制造的相关技术与产品；生物环保：废水处理、垃圾处理、生态修复生物技术产品及荒漠化防治、盐碱地治理、水域生态修复、抗重金属污染、超富集植物等新产品；生物服务：包括医疗器械、生物检测等相关技术与产品等。

二、生物医药产业：全球市场初具规模

目前，全球生物制药产业的发展极不平衡：一是各国生物制药产业发展水平不平衡；二是生物技术药物产品发展不平衡。生物制药产业的发展主要取决于国家的科技实力与人们的生活水平。

生物技术成果与微生物学、化学、生物化学、药学等科学的原理和方法结合，形成了医药行业的重要子行业之一——生物制药子行业，在诊断领域、治疗领域及预防领域都发挥着重要的作用。

现代生物制药行业在重组蛋白药物、单克隆抗体药物的推动下，实现了快速增长，成为医药行业中发展最快的子行业之一；未来预防治疗性疫苗、基因治疗、免疫细胞治疗、干细胞治疗和备受关注的细胞再编程诱导多能干细胞（iPS）等前沿领域的发展与突破，将再次为生物制药行业发展注入强大动力。

重组蛋白质类药物是现代生物制药业发展的重要标志，也是临床上使用最广泛的药物之一，在抗肿瘤领域、溶血栓领域、输血及止血领域、部分病毒病等领域有着广泛的应用；未来EPO、胰岛素等成熟重组蛋白药物仍有较大的发展空间。

单克隆抗体药物已经成为生物制药中最为重要的一类，单克隆抗体仍是目前研发的热点，也将是未来生物制药行业发展的重要动力所在。

随着诊断在医学及其他方面重要性的增强，分子诊断药物行业也面临良好的发展环境；近年来某些恶性传染病的爆发对传统疫苗行业发展起到有利支撑，而新型治疗性疫苗则为行业的快速发展注入新的活力。

中国生物制药行业自20世纪80年代以来，一直保持着较快的发展势头：年均增长率保持在25%以上；随着行业整体技术水平的提升以及整个医药行业的快速发展，未来，生物制药行业仍具备较大的发展空间；生物制药子行业也是医药行业中最具投资价值的子行业之一。

（一）生物制药公司收入

我国生物制药行业发展起步于20世纪80年代中期。1986年，国家把发展生物技术领域的研究作为国家高技术研究和发展计划即"863"计划的重点资助领域，在连续3个五年计划中，生物技术都被列入国家科技攻关项目。

生物医药子行业也是我国医药行业中发展最快的一个子行业，据国家发展与改革委员会宏观经济研究院统计，20世纪80年代以来，我国生物医药年均递增

率25%以上，1980~2003年，销售量增长25倍。从近年来的情况看，生物制药行业依然保持较快的发展趋势，据WIND资讯统计，1999~2009年10年，规模以上生物制药公司实现收入年复合增长率高达26.12%，较整个医药行业高出6.48个百分点。这10年，规模以上生物制药公司实现利润年复合增长率高达28.92%，较整个医药行业高出5.31个百分点。

经过多年的发展，我国生物制药行业整体技术水平有了显著提高，国内企业能够生产几乎所有的成熟生物制药。像EPO、干扰素、生长激素、胰岛素等重要重组蛋白药物早已实现产业化；国内企业也能够生产几乎所用的常用疫苗，以今年爆发的甲型H1N1流感为例，我国是世界上第一个可以较大规模应用甲型H1N1流感疫苗的国家，这充分显示了我国生物制药研发上已经具备较强的基础。

同时，我国在生物制药方面的创新能力与发达国家的差距也在不断缩小。在生物制药研究的最新领域，像在长效蛋白药物研发方面，国内企业已经成功开发出长效胰岛素、长效生长激素等重要重组蛋白药物；在单抗药物研发方面，一些具有自主知识产权的单抗药物已经上市销售，我国成为世界上少数能够生产单抗药物的国家。

（二）中国后劲不足

生物制药产业是21世纪发展前景最诱人的产业之一。随着以基因工程为核心的生物工程技术的迅猛发展，全球生物医药产业进入了一个前所未有的大发展时期，发达国家和大型跨国公司都纷纷投入，竞相研发新型生物医药技术和产品，占领生物医药工程技术战略制高点，今后10~20年将是生物工程技术取得一系列突破的重要发展阶段。

国内外专家预计到2020年，生物产业中的生物医药占全球药品的比重将超过1/3。面临这一重大挑战和机遇，我国的生物技术药物研发和产业化虽然已经取得了不小的进展，但仍面临后劲不足的问题，创新力度有待继续加大。

中国生物工程学会的研究报告称，在医药科技创新方面，我国和国际有较大差距，原创性的成果转化和原创性的产品很少，绝大部分还是仿制。但相对来说，生物技术药物是与国外差距较小的领域之一，我国较好地抓住了起步发展的机会。比如我国的促红素（EPO）、粒细胞集落刺激因子（G-CSF）、干扰素（INF）-α、白介素（IL）-2等产品在20世纪90年代都获准上市，稍微落后于美国，几乎与欧洲同步。我国在生物治疗、基因治疗等前沿领域都有所突破，比如我国就是世界上首个上市基因治疗产品的国家。

近年来，我国采取了一系列措施加大对生物技术创新和生物产业发展的支持力度，出台了《生物产业发展"十一五"规划》，以加强生物产业自主创新能力建设，组织实施生物技术创新成果产业化和加强国家生物产业基地建设等。2009年6月，国务院办公厅印发了《促进生物产业加快发展的若干政策》，明确把生物医药领域作为现代生物产业发展的重点领域之一,提出重点发展预防和诊断严重威胁我国人民群众生命健康的重大传染病的新型疫苗和诊断试剂。积极研发对治疗常见病和重大疾病具有显著疗效的生物技术药物、小分子药物和现代中药。加快发展生物医学材料、组织工程和人工器官、临床诊断治疗康复设备。

医药行业本身是一个易受政策影响的行业,积极的政策环境能够加速行业的发展;在我国政策一直给予医药行业加大的支持、对于生物制药行业发展的扶持更是不遗余力,在"八五"、"九五"、"十五"和"十一五"中都对生物医药产业的发展高度重视,国家自然科学基金将1/3的经费投入与生命科学相关的研究中。

"十一五"期间,我国生物技术进入大规模产业化阶段,并开始进入产业盈利期。张晓强透露,2010年,我国生物产业的增长率达20%,成为金融危机中的高抗风险产业。

笔者在2010年底从国家发改委了解到,有关部门正在联合相关部门编制《生物产业发展"十二五"规划》,以进一步加强生物产业自主创新能力建设,推动生物技术的产业化、集群化和国际化发展,使其成为我国经济社会发展新的重要支柱产业。

1. 自主创新不足

2009年统计数据显示,全球生物技术公司总数已达4362家,销售总额约为413亿美元,其中生物技术公司总数主要集中在欧美,占全球总数的76%;欧美公司的销售额占全球生物技术公司销售额的93%。

可见,欧美少数发达国家仍然主导着世界生物医药产业格局。这些国家在市场集中度、生物产业基地建设、生物医药产品竞争力、研发投入以及新型的研发联盟的建立等方面,都显示出强大的竞争优势。

生物医药产业作为一个新兴的医药产业,跟发展上百年时间的传统制药产业相比,世界各国的起跑线都相差不大。欧美发达国家之所以能在短时间内取得垄断地位,除得益于其得天独厚的基础研发优势以外,还跟这些国家的生物医药产业政策是分不开的。

近年来,我国生物医药产业领域投入多、低水平重复、恶性竞争,缺乏独特技术和国际竞争力的现象越来越严重,应该引起国家有关部门的重视。

以北京为例,共有包括昌平、中关村、大兴、亦庄在内共四个生物医药产业基地,首先面临的问题就是生物医药产业园的资源整合,要优先扶持北京培育一批拥有自主知识产权的、创新型的中小生物医药企业。在此基础上,争取建立以北京为总部的跨国经营的大型生物医药企业,提升产品的国际竞争力。

总体而言,中国生物制药企业自主创新的力度不强。国内现在最缺的就是高科技的有竞争力的产品,比如同仁堂,为其创造最大利润的始终是大蜜丸、乌鸡白凤丸、牛黄清心丸这"老三样",缺少对高科技专科产品的开发。

所以，国家应进一步加强规划指导、因地制宜、合理布局、区分重点、进行扶持，建设一批国家生物产业示范基地，以带动生物产业的健康可持续发展。如果能在国家的重点扶持和支持下，更好地将科研优势、人才优势转化为市场优势和产业优势，对建立以企业为主体的、产学研用相结合的生物医药产业技术创新体系，推动我国生物技术产业的整体发展将产生积极的推动作用。

政策扶持方面，国家应给予生物医药产业适当的政策倾斜，引导和鼓励生物医药尖端人才和技术向北京集聚，使北京市成为产业集聚度高、核心竞争力强、专业化分工特色显著的生物医药研发和产业发展优选城市。建议国家对千人计划入选者，北京市海聚人才入选者以及国家开发区认定的高端领军人才实行政策倾斜，由他们参与重大科研项目评审并担任重大项目负责人。

对北京市生物医药企业提供资本市场融资，支持符合条件的中小生物企业在中小企业板和创业板优先上市和在境外上市筹资。允许北京市具备条件的生物企业优先进入证券公司代办系统进行股份转让试点，支持符合条件的生物企业发行企业债券、公司债券，在北京市率先开展生物产业基地内企业联合发行企业债券试点。

另外，建议国家把北京作为全国生物医药成果孵化基地和成果转化基地。在北京建立国家级生物技术知识产权交易市场（平台），在加强知识产权保护、维护知识产权所有人利益的同时，倡导生物技术转让的市场化，确立北京知识产权交易市场主流地位。

生物医药产业已成为我国制药行业实现跨越式发展的突破领域。经过近几年的发展，我国生物医药产业取得了一定的成绩，并显示了可喜的发展趋势，但离世界发达国家生物医药发展水平仍然存在不少差距。

2.资金与技术不完全对接

近年来，生物医药产业一直以高于总体医药工业的速度增长，但国内生物医药技术依然与发达国家有相当大的差距，生物医药企业的规模相比化学医药企业也小了许多。而国内化学医药一直在走的"me to（仿制）-mebetter（更好的仿制）-me new（创新）"路线，这对于生物医药来说也并不容易。原因在于，生物仿制药的生物等效性难以确定。

实际上，化学制药和生物制药之间的生产过程差异很大。化学制药属于简单的小分子化合物，通过控制化学配方，可以轻易生产出结构相似的产品，同时，通过实验室试验就可以确认仿制药是否与原始专利产品具有相同的功效。但生物制药的情形完全不同，一个微小基团的差异就会导致大相径庭的功效。因此，无论在美国或是中国，生物仿制药想要获得监管部门的审批都是非常困难的。而如果以大规模临床试验证明其具有生物等效性，则费用和时间花费是相当可观的。

上海生物芯片公司高级副总裁金刚分析说，生物制药本身已经是高投入、高风险的行业。仿制药没有专利保护，花了大力气去做临床试验，结果市场没有保护，很容易被其他竞争者复制，利润迅速降低。因此在美国，没有专利的药是没有风投愿意接受的。即使有完整的专利保护，专利技术与可以上市的产品之间仍有很长的路，甚至许多专利本身并不具备上市的可能性或者目标市场过小，没有上市的意义。也就是说，开发的产品不仅要具有生物成药性，还要有完整的专利保护。

中国做研发的机构及一些生物公司少有利润，研发及成果转化很困难；与此同时，投资公司却因投资周期过长、看不到明确前景、找不到下家等原因不敢轻易注资。

实际上，由于医药行业的高成长性，有不少资金围着医药打转，但据了解，国内生物医药所吸引的资金仅占整个医药融资5%左右的份额。另外，一般的财务投资多是希望短时间内就能见到效益，而一个药品要上市则是一项需要长时间才能见到成果的，即使上了市，后续的风险依然存在。相对而言，战略投资更注重长期效益，可以花数年进行融资并帮助企业做战略规划、管理优化等。

业内投资人士表示，医药行业的投资机会还是很多的，作为专业投资公司，他们可能会选择一些拥有突破性平台技术或巨大市场的早期企业，即使这些企业非常小或需要比较长的投资回报时间，只要企业具备高效合作的管理团队、自主的产品、显著的竞争优势、明确的市场机会和可持续的商业模式等特点，投资公司是愿意接受的。

能够达到上述标准的国内企业并不太多。另外，由于上下游依存链没有建立，国内很多企业只是单纯以研发为主导，再进行项目的转让，缺乏长远战略定位和市场考量。

中国其实不缺乏生物研发人才，但没有形成以企业为主体的创新体系，也没有形成风投市场，中国生物医药产业的潜力大，但模式不清。

三、全球资本钟情生物医药

（一）风险基金投资升温

我国把生物技术产业作为战略性新兴产业来推动，需要明确其产业进程的特性。从世界产业发展的规律来看，生物医药产业发育和成长中显示五方面特点。

（1）高技术。这主要表现在其高知识层次的人才和高新的技术手段。生物医药是一种知识密集、技术含量高、多学科高度综合互相渗透的新兴产业。以基因工程药物为例，上游技术（即工程菌的构建）涉及目的基因的合成、纯化、测序；基因的克隆、导入；工程菌的培养及筛选；下游技术涉及目标蛋白的纯化及工艺放大，产品质量的检测及保证。生物医药的应用扩大了疑难病症的研究领域，使原先威胁人类生命健康的重大疾病得以有效控制。21世纪生物药物的研制将进入成熟的 ENABLINGTECHNOLOGIES 阶段，使医药学实践产生巨大的变革，从而极大地改善人们的健康水平。

（2）高投入。生物医药是一个投入相当大的产业，主要用于新产品的研究开发及医药厂房的建造和设备仪器的配置方面。目前，国外研究开发一个新的生物医药的平均费用在 1 亿~3 亿美元左右，并随新药开发难度的增加而增加（目前有的还高达 6 亿美元）。一些大型生物医药公司的研究开发费用占销售额的比率超过了 40%。显然，雄厚的资金是生物药品开发成功的必要保障。

（3）长周期。生物药品从开始研制到最终转化为产品要经过很多环节：试验室研究阶段、中试生产阶段、临床试验阶段（I、II、III 期）、规模化生产阶段、市场商品化阶段以及监督每个环节的严格复杂的药政审批程序，而且产品培养和市场开发较难；所以开发一种新药周期较长，一般需要 8~10 年、甚至 10 年以上的时间。

（4）高风险。生物医药产品的开发孕育着较大的不确定风险。新药的投资从生物筛选、药理、毒理等临床前实验、制剂处方及稳定性实验、生物利用度测试直到用于人体的临床实验以及注册上市和售后监督一系列步骤，可谓是耗资巨大的系统工程。任何一个环节失败将前功尽弃，并且某些药物具有"两重性"，可能会在使用过程中出现不良反应而需要重新评价。一般来讲，一个生物工程药品的成功率仅有 5%~10%。时间却需要 8~10 年，投资 1 亿~3 亿美元。另外，市场竞争的风险也日益加剧，"抢注新药证书、抢占市场占有率"是开发技术转化为产品时的关键，也是不同开发商激烈竞争的目标，若被别人优先拿到药证或抢占市场，也会前功尽弃。

（5）高收益。生物工程药物的利润回报率很高。一种新生物药品一般上市后 2~3 年即可收回所有投资，尤其是拥有新产品、专利产品的企业，一旦开发成功便会形成技术垄断优势，利润回报能高达 10 倍以上。美国 Amgen 公司 1989 年推出的促红细胞生成素（EPO）和 1991 年推出的粒细胞集落刺激因子（G-CSF）在 1997 年的销售额已分别超过和接近 20 亿美元。可以说，生物药品一旦开发成功投放市场，将获暴利。正如它数十倍甚至更高级数的高投资回报率，生物医药行业的高风险和高投入特征同样是传统行业及其企业所不可比拟的。尽管已是当今世界上最活跃的产业之一，生物医药在国内却面临着资金短缺的发展"瓶颈"。

生物医药产业具有研发成功后的高预期收益特性，对追逐高利润回报的风险资本具有天然的吸引力。资本运营成为生物技术企业实现超常规发展的必经之途。而从国外经验来看，其已从单独依靠财团或风险基金投资，逐步转化为多种投资方式，如股票上市、行业联合、许可证、部分技术转让、市场包销、共同开发、外包和约涵盖利益风险分担等多种投资融资模式，从而降低单一投资的风险，提高新产品上市的速度。

事实上，生物医药行业仍是全球风险投资的重要领域，其在国内创业投资市场也逐渐升温。根据汉理资本提供的数据，2006年全球风险投资总额大约为312亿美元，生物医药占据了其中17%的份额，高于其他医疗领域13%的比例。2005~2006年，全球生物科技产业共融资约362亿美元。在国内，2006年创业投资市场18亿美元的总额中，生物医药也获得了其中7.1%的资本的青睐，远高于除了IT之外其他高科技领域的投资比例。创业投资仍然钟情生物医药公司。

尽管美国投资者对中国生物技术企业兴趣浓厚，但是他们仍不了解中国生物技术行业的发展高度，同时对中国的知识产权保护表示了一定的担忧。然而事实上，目前中国已拥有高水平的生物技术科研能力和企业，具有强烈创业精神的一流科学家正在进行很多新药的发现和研发项目。这类创业企业仅在张江科技园就有200多家。中国生物技术企业得到了政府的大力支持和投资，并已经拥有美国市场相当的销售份额。

为吸引可观的美国风险资本，中国生物技术企业必须做到几方面，业务结构贴合美国投资者的期求，同时筹集充足的种子资本、天使资本使企业发展到下一个投资阶段，并在美国建立强大的网络和信誉度。具体地，简明的业务结构指在中国设立外商独资企业的美国公司；强大的知识产权结构即在中国、美国和其他国家专利申请；强有力的研究数据包括体内外试验数据，最好是人体试验数据；详尽的商业计划涵盖医学需求、研发、规章和投资回收；明晰的融资计划指同药品研发周期和拐点相结合，并指明资本退出的时点。

生物医药产业是当前全球发展最为迅速和最有前景的产业之一，美国作为现代生物技术和生物医药产业的发源地，其行业发展更是成为全球生物医药产业发展的典范。美国生物医药产业发展中，政府、市场和企业各自发挥着不同的作用，这对行业发展正处于起步阶段的我国生物医药产业将提供有效的经验和借鉴。

案例：

上海科创等发起5000万美元生物医药投资基金。2010年，上海科技投资公司、新加坡星展银行和香港思格资本集团共同发起成立一家专注于生物医药投资的科星创业投资基金，基金规模5000万美元，首期资金为1500万美元，三方股东各出资500万美元。上海科技投资公司，这是上海市政府出资成立、上海最早专业从事科技产业化创业投资的国有独资公司。该公司旗下有8家投资基金，总规模达4亿美元。科星创投基金是上海科投公司参与发起的第六家实体性风险投资公司，也是第一尝试在生物医药领域的专业投资。科星创业投资基金负责人表示，目前科星基金投资的项目中，大部分是生物医药项目，比如瑞复生物医药科技有限公司、上海雷珂生物科技有限公司等。

资料来源：《新浪科技》。

（二）产业链三个方向

生物制药就是把生物工程技术应用到药物制造领域的过程，其中最为主要的是基因工程方法。即利用克隆技术和组织培养技术，对 DNA 进行切割、插入、连接和重组，从而获得生物医药制品。生物药品是以微生物、寄生虫、动物毒素、生物组织为起始材料，采用生物学工艺或分离纯化技术制备并以生物学技术和分析技术控制中间产物和成品质量制成的生物活化制剂，包括菌苗、疫苗、毒素、类毒素、血清、血液制品、免疫制剂、细胞因子、抗原、单克隆抗体及基因工程产品（DNA 重组产品、体外诊断试剂）等。

目前，生物制药产品主要包括三大类：基因工程药物、生物疫苗和生物诊断试剂。其在诊断、预防、控制乃至消灭传染病，保护人类健康延长寿命中发挥着越来越重要的作用。生物技术引入医药产业，使得生物医药业成为最活跃、进展最快的产业之一。目前，人类已研制开发并进入临床应用阶段的生物药品，根据其用途不同可分为三大类，即基因工程药物、生物疫苗和生物诊断试剂。

四、生物农业：实施五大战略

现代农业是一个由市场导向的与发展农业相关、为发展农业服务的产业群体。从农产品生产过程来看，农业关联产业群包括产前、产中、产后的各行各业。产前主要是农用物资的生产与供应，如机械、肥料、种子、饲料、农药、农膜、电力及其他物资；产中主要是直接与农业生产耕作或为之服务，包括耕作、播种、施肥、收获等环节及植保、病虫害防治、卫生防疫、种苗与繁殖等；产后主要是农产品的流通与加工，如收购、运输、保鲜、加工、销售等。

这个围绕着农业生产而形成的庞大的产业群，在市场机制的作用下，与农业生产形成稳定的相互依赖、相互促进的利益共同体；它们相互之间又及时传递各种市场信号，并以科技进步成果、市场供求信息和各种物质力量支撑着各个环节的发展。

随着科学技术和社会经济的发展，现代农业已沿着资源投入、生物生产和经济增值三方面有了很大发展，基本上是把平面结构的农业转化为空间结构的三维农业。是按三维农业的概念，把产前、产中和产后的各项内容及其在现实社会中存在的基本形式显示出来。

从战略目标来讲，要立足于国家目标和民生需求，继续加强农业生物主要种质资源、重大产业转型技术、前沿高新技术、应对全球挑战技术、综合科技创新能力等领域开展技术引进、合作研究与人力资源引进，重点突破制约我国农业科技发展与产业升级的重大技术"瓶颈"，争取通过较短时间内的连续支持，建立高层次的农业国际合作平台，培养具备国际视野的农业科研队伍，增强对农业可持续发展的持久支撑力。

从工作重点来讲，主要是实施五大战略。资源引进战略。据统计，我国现有农作物品种资源40余万份，只占世界种质资源总量的6%，为了保持农业生物多样性、保持广泛、丰富的农业种质资源遗传基础，必须在原有基础上进一步加强对国外农业种植资源的引进工作。主要包括重要农作物、经济作物、园艺作物、特用植物、稀缺植物品种、种质资源、基因资源的引进，主要动物、特用、稀有动物基因资源的引进，农业微生物菌种（株）、种质和基因资源的引进等。

推进技术转型战略。我国农村劳动力素质和就业结构正在发生深刻变化，这种变化要求农业技术向"少投入、省劳力、高效率、保安全"的方向转变，技术引进工作必须服从服务于这个转变，积极引进促进产业技术转型的优质化、轻简化、清洁化、机械化、可持续发展的技术，如集约化、节本增效栽培技术，精准施肥喷药技术，高效农业资源高效利用技术，农业废弃物资源化利用，农畜产品高效保鲜技术等。

强化前沿技术储备战略。主要包括为未来农业发展提供保障的前沿高新技术，如动植物分子育种和分子设计技术，动植物规模化安全高效转基因技术，数字农业和精准农业技术，新型农业生物药物创制技术，高效缓（控）释肥技术，现代节水农业技术，农业环境生物降解和修复技术等。

积极应对全球挑战战略。针对全球气候变化、跨国动植物疫病防控等国际性、区域性重大农业技术问题，加强与国际、区域组织以及周边国家双边或多边的合作和交流，树立大国形象，提升我国农业的国际地位和影响力。

提升国际合作能力战略。支持鼓励我国农业科学家和科研机构参与或牵头组织国际性和区域性的科学研究计划，分享世界最新研究成果。吸引重要国际研究组织在华设立相关机构，鼓励和支持我国科技人员到国际组织任职，增加我国在国际组织的影响力。建设功能齐全的农业国际合作信息交流平台，支持和鼓励我国农业科研单位建立多、双边的合作研究实验室和研发基地。

(一) 构建五大体系

近年来，世界农业科技正孕育着新的革命，以生物技术和信息技术为引擎，推动着农业常规技术的全面升级，深刻影响着世界农业发展的格局。以农业生物技术不断取得重大突破为标志，生物农业产业逐渐浮出水面，成为农业竞争的焦点。

生物农业产业是建立在生命科学和生物技术基础上的新兴产业，是关系我国经济社会发展的战略性产业。它以生物技术为核心，将现代农业生物技术研究成果产品化、规模化和产业化。当前，生物农业产业主要包括农业生物育种、绿色农业生物制品、农业动物疫苗与药品、农业生物能源、农业生物制造和农业生物环保等。加速发展我国生物农业产业，既是农业和农村经济发展新的增长点，也是加快推进社会主义新农村建设的有效手段。

我国是农业大国，生物农业产业化是提高农业综合生产能力、促进农民增收的重要途径。依靠现代生物技术，推动种植业和养殖业的变革，实现农产品优质、高产、抗逆等目标；生物良种、生物肥料、生物农药、生物饲料和可降解地膜等的应用，将大幅减少化学农药、化学废料对农田、环境的污染，推进农业可持续发展；动植物生物反应器将以动植物作为化学工厂，生产具有高经济附加值的医用蛋白、工农业用酶、能源替代物、功能性食品等，促使农业向工业化转变。

当前，我国面临发展生物农业的有利时机。全球现代生物产业发展正处于成长期，为我国现代生物产业在局部领域实现跨越式发展提供了时间和空间。国际合作将是生命科学研究、生物技术创新和生物产业发展的基本趋势，有利于我国发挥生物资源优势和市场优势。利用全球化机遇，广泛参与国际交流与分工合作，有利于加速我国生物产业发展。与此同时，我国对生物能源和生物环境产业发展的市场需求巨大，从需求拉动产业发展的角度来说，未来生物产业发展的潜力巨大。

"十二五"期间，我国将围绕现代农业发展主题和做大做强生物产业的总体目标，加快建立促进生物农业产业发展的技术创新体系、产业组织体系、服务保障体系和政策法规体系，促进区域化布局、规模化聚集和产业化发展。

加快建设生物农业技术创新体系。新建和改扩建一批农业生物技术的重点实验室和工程技术中心，快速提升农业生物技术原始创新能力；扶持一批生物农业企业建立技术创新中心和产业服务中心，提高生物农业的技术转移与集成能力；建立产学研紧密结合的有效机制，形成生物农业技术创新体系。

优化完善生物农业产业组织体系。在产业基础好、技术条件成熟、产业关联度高的产业领域，通过市场带动、优化布局、联合协作、产业示范等组织方式，加快产业规模化聚集，形成强势生物产业基地；在有一定技术基础、产业成长潜力大的新兴产业领域，通过政策引导、择优扶持、强化技术、优化链条等组织形式，加快提升产业技术水平，形成新兴生物产业集群。

形成生物农业产业服务保障体系。加快建立农业生物多样性保护、生物安全预警与环境影响评价等公共服务体系，建立生物产业生产工艺、产品质量、检验检测和评价等技术标准体系，建设与国际接轨的生物产业（产品）认证认可体系，培育第三方中介性质的生物产业服务企业。

建立健全生物农业产业政策法规体系。完善生物安全法规，加强国家生物产业安全管理体系。建立健全生物物种资源对外输出、出入境审批与查验制度。制定产业发展专题规划，明确产业布局和产业重点，建立生物产业产品的技术标准。加快制定鼓励与限制、奖励与惩罚相得益彰、严肃高效的产业发展监管制度。

我国生物农业产业发展尚处于起步阶段，国家应尽快出台相应的保障措施，通过建立协调和管理机制、创新运行机制、加强法律法规建设、完善多元化融资渠道、制定和实施税收优惠及人才政策，促进农业生物产业的快速健康发展。

"十二五"期间，我国将努力实现生物农业产业的战略性发展目标——建立健全生物农业发展的技术创新体系、产业组织体系、生物安全保障体系和政策法规体系；转化一批农业生物技术领域的最新科技成果，形成一批具有自主知识产权、产值和效益显著、市场影响力大的农业生物技术产品，培育出50家市场销售收入超过亿元的现代生物农业企业，10个产值超过100亿元的农业生物产业基地；到2020年，生物农业产业增加值达到3000亿元，占到我国GDP比重1%以上。

（二）生物育种产业投资迅猛

21世纪的农业具有更为多彩的魅力，其显著特点是以现代生物技术为基础的新型农业迅速崛起，这需要大量的资金投入，同时投资回报也是非常可观的。美国《世界农业》杂志指出，近20多年来的基因技术成果已开始进入商业化推广时期，科技界、经济界人士也普遍认为，全球生物农业的迅猛发展是大势所趋。根据美国农业部的一项调查，过去10年内世界各国在发展生物农业方面的投资增长了10倍。

生物技术在农业上的突破最有可能体现在生物育种、生物农药和生物兽药三个细分领域。就生物育种而言，美国农业部的调查显示：自第一批基因改性农产品进入市场，2003年达到200亿美元以上。

生物农药领域的投资机会主要体现在：我国农药进口关税长时间维持在3%左右，加入WTO给农药生产企业带来的冲击相对较小，相反会给一些农药出口型企业创造新的发展机遇；加入WTO后，我国传统的高毒、高残留农药遭遇绿色壁垒，同时国家相关的环保政策也逐渐限制这类产品的生产，这就为高效、低残留的生物农药让出了巨大的发展空间；受市场和环保政策的双向挤压，我国农药行业面临全面升级。技术落后、资金力量薄弱的小企业并购重组的可能性较大，而资质良好的企业则可能在产业升级中脱颖而出。

我国兽药行业同样受到绿色壁垒的制约，各国政府纷纷制定出肉制品的兽药残留标准，因此不少传统兽药市场开始萎缩，取而代之的是低毒、低残留的生物兽药。

作为直接关系到人们动物食品的卫生安全的行业，生物兽药的生产经营须经过严格的国家审批，同时对技术水平和资金规模的要求也相对较高，这些都构成了这一利润较高行业的进入壁垒。目前，我国部分以生物兽药为主营业务的企业已品尝到了丰厚利润的甜头。专家们普遍认为，我国经过十多年的努力，已经建立了比较完善的转基因作物育种研发和管理体系，成为世界上为数不多的具有转基因作物独立研发、安全评价与安全管理能力的国家之一。

但是，尽管我国在少数作物上具有一定优势或特色，但自主创新能力仍然不强,产业化机制尚不健全,整体实力与发达国家差距较大。面对近年来全球转基因作物市场竞争日趋激烈的态势,要抢抓发展机遇,积极推进转基因技术研究与产业应用。

一些专家还表示,部分公众对基因、转基因食品、转基因生物安全等知识缺乏了解,为此建议在转基因作物育种产业推进过程中,应重视科普宣传,大力加强科学知识普及,提高公众的科学认知。大专院校、科研院所和科协组织应充分发挥自身优势,科技专家要结合科研工作,广泛开展多种形式的科普宣传活动,增进公众对转基因知识和国家生物技术发展战略的了解。

同时,专家们还希望媒体发挥科学知识的传播者和联系科学与大众的独特作用,引导公众对发展生物技术、增强我国自主创新能力的热情和信心。

(三) 生物农药需求快速增长

化学物质造成的环境污染和健康危害有增无减,而随着对生物农药开展广泛系统的研究,加之公众的环保意识不断增强,农民和种植者对生物农药的使用逐渐增多,世界各地对生物农药的需求正稳步上升。

根据美国 Business Communications Company 公司一项即将发布的最新市场研究报告——RC-204R《新生物农药市场》,2005 年,全球生物和化学农药市场总额为 267 亿美元,并以平均每年 1.1% 的比例下降,到 2010 年将降至 253 亿美元。化学农药包括除草剂、杀虫剂、杀菌剂和其他(杀线虫剂、熏蒸剂)等类型。其中,除草剂占据全球化学农药的 44% 的市场份额,杀虫剂占 28%,杀菌剂占 19%。传统农药使用量减少的原因可能有很多,但对世界环境造成不良影响绝对是举足轻重的因素。

虽然农药的市场总额呈现下降的趋势,但生物农药市场却在快速增长,从 2005 年的 6.72 亿美元到 2010 年的 10 亿美元,年平均增长率为 9.9%。生物农药的使用量不断上升是因为他们对环境无害。

生物农药包括生物农药可分为微生物生物农药、植物生物农药和动物生物农药等类型。生物农药的优势不言而喻:首先,它们比常规的农药安全得多,因为常规农药经常需要大量使用,本身又是有害而危险的化学物。相比而言,生物农药少量使用就能产生显著的效果,而且它们分解的速率比化学物质要快许多,最大限度地减少了对环境的影响。其次,生物农药能对用于虫害综合防治的传统农药进行补充。

生物农药市场增长最快的将会是欧洲。2005 年,该地区生物农药市场的市值仅为 1.35 亿美元,2010 年将达 2.7 亿美元,年平均增长率为 15.0%。亚洲将以 1.2 亿美元的市值和 12% 的年平均增长率紧随其后。在所有的地区中,拉美的生物农药市场增长是最慢的,2010 年将增长到 8800 万美元,年平均增长率仅为 5.0%。

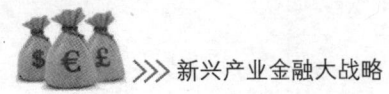

（四）生物肥料产业升级

近几年的土壤（农业）微生物研究进展，突出表现在农用微生物资源、重要农用微生物功能基因组研究和微生物修复三个方面。农业微生物各类种资源建设已跃上一个新台阶，目前我国收集、保藏、鉴定的菌种库藏资源达15000余株以上，位列世界第3，并对资源开展了功能基因发现、新代谢物发掘等研究，为农业微生物产业化提供了菌种保证；重要农用微生物功能基因组研究已揭开序幕，其作用机理研究不断深入；土壤微生物修复取得了显著进展，我国研究工作者近几年在农药和重金属污染方面开展了大量的研究工作，针对不同障碍发生类型提出了土壤微生物调控措施和削减对策。

中国工程院的专家介绍，未来生物合肥的发展方向主要有三方面：一是高效营养促生类生物肥料产品的研制与产业化，研制开发具有高效、抗逆、安全的固氮、溶磷、解钾等营养促生类生物肥料，优化生产工艺，缩短培养时间，提高单位产品的菌含量和功能活性，加快其产业化开发。

二是土壤功能修复及连作障碍克服类生物肥料产品的研制和产业化，筛选高效快速降解农田有机污染物、土壤修复、克服作物连作障碍和秸秆快速腐解的优良菌株，研究和应用保护剂、膜技术材料和工艺，研制高效、抗逆、保质期长、安全的土壤功能修复及连作障碍产品，建立生产基地，开展相关技术中试与产业化示范。

三是新型复合、专用生物肥料的研制和产业化，研制和开发新型有机—无机—生物复合肥料，完善生产工艺，优化肥料配方，提高生产效益和使用效果。建立专用有机—无机—生物复合肥料生产基地，开展相关技术中试与产业化示范。形成粮食作物、经济作物新型专用微生物肥料、新型复合微生物肥料和生物有机肥，产品质量达到国际水平。

（五）转基因新品种进入机遇期

专家们认为，目前转基因生物育种已成为我国推进科技创新、发展现代农业、确保粮食安全的战略选择。

拥有自主知识产权的转基因抗虫棉是我国打破国际公司垄断，抢占国际生物技术制高点的成功事例。截至2008年底，我国已审定转基因抗虫棉品种160个，全国累计推广种植3.15亿亩，农民增收250亿元。转基因抗虫棉的应用不仅有效控制了棉铃虫对棉花、玉米、大豆等作物的危害，还减少了70%~80%的农药使用，保护了农田生态环境。

近年来，转基因农作物的研究和产业化步伐加快。2008年，转基因生物新品种培育重大专项正式启动；2009年，农作物生物育种被列入国家战略性新兴产业发展规划；今年中央一号文件又明确指出，要在科学评估、依法管理基础上推进转基因新品种产业化。

由国际农业生物技术应用服务组织（ISAAA）发布的全球转基因作物育种产业发展最新统计数据显示，2009年全球有25个国家商业化种植转基因作物，包括玉米、大豆、棉花、油菜等24种转基因作物种植面积继续快速增长，总面积已达1.34亿公顷，较产业化初始的1996年增长近79倍。

专家们表示，转基因作物育种带来的巨大经济、社会效益和显著的生态效益已充分显现，其推广应用速度之快创造了近代农业科技发展的奇迹。伴随着生物安全管理的日趋规范和科学实践的不断积累，转基因作物安全性进一步得到保障，公众的认识也逐步走向科学和理性。

（六）三类公司受益最大

中国生物农业板块是否具有投资机会？对此，研究机构战略性看好种子行业。其中三类公司引人关注：一类为具有优良新品种的公司，一类为具有较强营销能力的公司，还有一类是具有行业整合能力的公司。

据悉，随着国家后续扶持政策不断加强，种子行业基本面将持续向好，种子企业也将不断做大，进入新一轮成长周期。

在具体种业上，业内普遍认为，鉴于我国在水稻育种上具有国际领先地位，国内及国外稻种市场具有不小的增长空间。随着中稻种植面积持续扩大，在中稻种子上具有研发优势的公司值得关注。2000~2007年，我国中稻种植面积占比从51.98%上升到58.54%，产量占比从58.04%上升到64.47%。而早稻和晚稻的种植面积和产量均出现了一定程度的下滑。落实在具体产品上，看好两系优质水稻品种，在连续两年制种减产、需求增加的双重压力下，2011年两系杂交水稻的供需缺口加大，支撑水稻良种价格再次上涨，预计水稻良种将成为种子中的领涨军。以主要制种区安徽和江苏等地为例，平均亩产仅为100公斤。在需求方面，自1995年大面积推广以来，两系杂交水稻因比三系杂交稻具有优势，故两系杂交水稻种植面积出现快速增长。2001年两系组合推广面积从1500万亩，上升到2007年的2955万亩，增幅高达97%。

从资本市场的投资机会看，生物农业还存行业整合的机会。自2010年中央一号文件明确提出要"推动国内种业加快企业并购和产业整合"后，种子行业整合就拉开了序幕。按照政策规划，行业集中度将提高，形成8~10家垄断市场的大型种子企业。大型农业集团将加快并购步伐。上市公司已经开始了并购之路。2010年5月荃银高科上市，目前已出资约5500万元并购四家种业公司，如安徽华安种业公司等。华安种业原由安徽省农科院水稻所控股，主要从事水稻新品种的开发、经营和技术服务。安徽省农业科学院水稻研究所拥有85个审定的水稻新品种。由于荃银高科募资超过3亿元，现金充足，故仍有收购一些小型优势种业公司的动力。

推进发展现代农业，确保农产品有效供给是每年中央经济工作重要内容之一。兴修农田水利设施，发展现代农业，确保农产品有效供给成为中央一号文件的主要内容。农业在未来几年都将是政策重点扶持的对象，而近期在两大利好消息的刺激下，整个农业板块都将被带动起来。在农业产业链中，政策受益最大的应该是生物育种、农业机械类股票以及与农业有效供给密切相关的农田水利股。

第五节　高端装备制造业的五大方向

由工业与信息化部等部门起草的《"十二五"高端装备制造业产业发展规划》（以下简称《规划》）已经完成。

高端装备制造业"十二五"规划在发展方向上着眼五个细分行业：航空、航天、高速铁路、海洋工程、智能装备。《规划》预计到2015年，高端装备制造业年销售产值将在6万亿元以上；力争到2020年，高端装备制造业销售产值占装备制造业销售产值的30%以上，国内市场满足率超过25%。

据《规划》分析，目前我国装备制造业存在的主要问题在于以下几个方面：过度依赖投资增长；自主创新能力薄弱，缺乏核心技术和自主品牌；基础制造水平滞后，部分领域存在重复建设和产能过剩；能源资源利用率低，产品能耗高等问题。

根据2009年各国统计局数据，我国装备制造业规模总量为2.2万亿美元，美国则由2万亿美元下降至1.5万亿美元，日本为1.23万亿美元。"可以说，现在我国装备制造业已经做大，下一步的目标是做强"。工信部装备工业司有关人士表示。

《规划》指出了五个细分行业的重点方向。①航空方面，将重点加快推进大型飞机研制，大力发展系列支线飞机、通用飞机和直升机，重点突破发动机重要机载系统和关键设备；②在高速铁路方面，重点研发高速列车、中转列车、城际和城市快捷轨道车辆列车运行控制系统；③在海洋工程装备方面，重点发展勘探、开发、生产、加工、储运装备，海上作业与辅助服务装备，特种资源开发装备，大型海上结构物、海下系统以及关键设备与系统；④扶持海洋可再生能源利用装备、海底矿产资源装备、海洋监测设备的研发和创新，不断拓展产业发展的新领域；⑤在智能制造装备方面，重点推进精密和智能仪器仪表与试验设备、智能控制系统、关键基础零部件、高档数控机床与智能专用装备。

据了解，"十二五"期间装备制造业的发展思路可总体概括为一个战略、一个目标。一个战略是调整转型、创新升级；一个目标指的是推进装备制造业由大变强。"结构调整主攻方向为产业技术结构和企业组织结构。创新升级是指大力推行自主创业，促进产业优化升级"。机械工业信息研究院有关人士表示。

《规划》指出，发展高端制造业需要构建政策体系支持"十二五"期间，国家将借鉴国外同行业的振兴做法，研究制定《装备制造业振兴法》，建立重大技术装备跨区域、跨行业、跨部门的协调机制，统筹制定装备制造业的相关政策，组织协调重大技术装备联合公关，协调落实依托工程，组织并监督实施国产化方案。充分发挥行业协会的作用，加强行业检测和信息引导，引导企业健康发展。

与此同时，建立重大技术装备研发创新奖励制度，对研制、使用国内自主创新平台的首台（套）装备的企业，给予适当的研发奖励，鼓励保险公司开展首台（套）重大技术装备的保险业务。

此外，还应加大金融支持力度。增加出口信贷资金力度，支持国内企业承包国外工程，带动成套设备和施工机械出口，鼓励金融机构以保单贷款、出口订单抵押贷款等多种方式，支持出口企业融资。

一、2020年高端装备制造业的发展趋势

（一）与国际巨头的差距

数据显示，通用电气作为装备制造行业的巨头，2009年营业收入高达1570亿美元，而中国装备制造业规模最大的企业（汽车企业除外）中国机械工业集团去年营业收入刚刚超过1000亿元人民币。规模差距之外，更重要的是中国装备企业大多数产品缺乏核心竞争力，同时，基础配套能力比较弱，许多关键零部件还需要进口。

中国机械工业联合会认为，装备制造业目前普遍面临整体利润水平不高的窘境。尽管一批行业骨干企业发展较快，但生产规模大，经济效益低，严重制约了企业做大做强。

作为机床"大脑"的数控系统，其水平高低是评价机床行业的重要指标之一。目前，国内已形成了华中数控、广州数控、沈阳高精、大连光洋、航天数控等一批数控系统骨干企业，具备了一定基础，在经济型数控系统方面形成了规模优势，主导着国内市场，普及型数控系统实现了批量生产，在市场中占有一席之地，但在中高档数控系统方面，仍无法与日本FANUC和德国西门子相提并论，无法撼动这些海外品牌的垄断地位。沈机集团的机床销售额已跻身世界前十位，但其在高档数控系统的价格谈判中没有发言权，核心问题就在于中国缺乏高档数控系统。

中咨公司报告指出，目前产业集中度不高也是制约因素之一。中国装备制造行业具有国际竞争力的企业集团不多，围绕大型骨干企业的产业集群尚未形成，地区同构化，大而全、小而全生产方式依然存在，不仅横向面临严重的同业竞争，而且纵向更面临产业链不健全，上下游企业得不到有效协调的问题。

以轴承行业为例，全世界近80%的轴承是由8家跨国公司生产的，分布于美国、日本、欧洲，而中国注册轴承企业约6000家，排名前十位的轴承企业销售额合计仅占全行业近40%的份额，而瑞典SKF一家公司的轴承销售额相当于中国近千家企业销售额的总和。

应该说，我国装备制造体系完善。只要是装备，在我国均可以找到生产企业，这在国外是没有的，产业规模总体国际领先。从2009年各国统计局的数据来看，我国装备制造业规模总量为2.2万亿美元，美国则由2万亿美元下降至1.5万亿美元，日本为1.23万亿美元。可以说，现在我国装备制造业已经"做大"，下一步的目标是"做强"；自主创新能力逐渐提高，部分领域国际竞争力显著增强，特别是输变电设备近几年的水平突飞猛进，大企业不断涌现，如上海电气、东方电气、哈电集团、特变电工等大型企业。

目前，我国装备制造业存在的主要问题在于以下几个方面：第一，过度依赖投资增长。近几年装备制造固定资产投资增长率高出全国工业固定资产和城镇化固定资产增长率。国家统计局为此还"上书"国务院，建议控制这一现象的继续蔓延。第二，自主创新能力薄弱，缺乏核心技术和自主品牌。第三，能源资源利用率低，产品能耗高。我国火力发电煤耗为每千瓦时380千克标准煤，比国际先进水平312千克高出20%。中小电机、水泵、风机等系统运行效率低。第四，基础制造水平滞后。以动车组为例，200公里/小时以上的高速轴承国内尚不能解决，300公里/小时以上的全部需要进口。从2002~2007年的海关数据来看，每年进口超过10亿美元的机械装备项目有24项，其中零部件就有14项，占到了进口资金的76%。第五，大企业集团不强。我们是与国际知名的跨国公司在竞争，企业地位的悬殊在竞争中形成了一定的难度。第六，部分领域存在重复建设和产能过剩，淘汰落后产能是非常难进行的一项工作，所以一线的企业应该把握好市场趋势，遇到产能过剩必须绕路。

（二）发展五大方向

高端装备"十二五"规划主要分为五个部分：航空、航天、高速铁路、海洋工程、智能装备。围绕新兴战略产业发展目标，在高端装备业方面加强创新、提升产业集中度，打造、培育行业的龙头企业，并加强产业集聚地的建设。

机械科学研究总院认为，高端装备制造业是装备制造业的高端部分，具有技术密集、附加值高、成长空间大、带动作用强等突出特点，装备制造业是一个国家的战略性产业和工业崛起的标志，是一国制造业的基础和核心竞争力所在。未来10年，高端装备制造业将迎来黄金增长期，成为国民经济重要的支柱产业。

中国经济总量居世界第三位，主要工业品产量居世界第一位，然而中国的制造业在全球产业链中总体上处于下游和低端位置，一直是"制造大国"而不是"制造强国"，要向"制造强国"转变，就必须发展高端装备，走在各国的前列。

所以装备制造高端化将成为中国装备制造业"十二五"规划的重点内容。

到 2020 年，中国高端装备制造业销售产值将占装备制造业销售产值的 30% 以上，国内市场满足率超过 25%。

在规划中，航空装备产业被列为首位，其次分别是高速铁路、海洋工程、智能装备。航空、航天方面的上市公司有航空动力、中国卫星等；高速铁路方面有中国南车、中国北车等；海洋工程方面有中海油服、海油工程等；智能装备方面有远望谷、合康变频等。

作为七大战略性新兴产业之一，高端装备制造业一直备受市场关注。据市场人士分析，高端装备的五大细分领域，行业市场容量均较可观，发展潜力巨大。以高铁为例，预计中国铁路建设在 2010~2012 年，总投资至少维持在 8000 亿元的水平；而航空装备产业，由于有大飞机项目、发展支线飞机、低空开放等机会，更是前景广阔。

(三)"十二五"发展目标

"十二五"期间装备制造业的发展目标为：自主创新能力显著提高，产业结构优化升级，发展的协调性明显增强，发展质量和效益稳步提高，可持续发展能力进一步增强。

（1）自主创新能力显著提高。突破和掌握一批重点领域的核心技术，形成一批自主技术和标准，重大技术装备自主化能力和水平大幅提升，科技重大专项取得重大阶段性成果，全行业新产品率超过 30%，获专利授权数年均增速达到 50%，科技进步对经济增长的贡献率大幅提高。

（2）产业结构优化升级。传统装备制造业素质进一步提高，战略性新兴产业形成局部优势，现代制造服务业快速发展，形成一批具有国际竞争力的大企业集团和国际知名品牌，发展一批具有全球影响力的装备制造集聚区，新兴产业产值占全行业工业总产值的比重达到 15%，大型企业集团制造服务业收入占其销售收入比重达到 30% 以上。

（3）发展的协调性明显增强。常规装备制造业水平位居世界前茅，重大成套装备、高技术装备和高技术产业所需的装备自主化率达到 80%，基础配套能力大幅提升，关键零部件、基础件自主化率达到 80%，通用零部件基本满足国内需求。

（4）发展质量和效益稳步提高。全要素生产率明显提高，工业增加值率达到 35% 左右，经济效益综合指数高于国家工业平均水平，在优化结构、提高效益基础上，实现装备制造业平稳协调健康发展。

（5）可持续能力进一步增强。工业万元增加值能耗、水耗逐步下降；企业清洁生产审批比率、工业固体废弃物利用率逐步提升，循环经济和绿色产业体系基本形成。

(四)"十二五"期间国家装备制造业的重点任务

"十二五"期间,国家装备制造业的重点任务可以概括为以下几个方面:推动产业优化升级,培育高端装备制造业,夯实产业发展基础,推进重大装备自主化,推进创新能力建设。

推动产业优化升级共包括以下四个方面的内容:第一,加快推进传统产业技术改造,提高整体素质。分年度确定重点装备领域,紧紧围绕开发品种、提高质量、清洁生产、节能降耗、安全生产、两化融合等方面,广泛采用新技术、新工艺、新设备、新材料对传统装备企业进行技术升级,鼓励企业结合产品结构调整、兼并重组等进行改造。第二,发展现代制造服务业。实施现代制造服务业示范工程,率先实现由生产型企业向生产型+服务型企业转变,发展系统集成和设备成套的供应商,培育具有工程总承包能力的工程公司,实施供应链管理优化,推进产业实现精益生产,建设区域物流配送中心,鼓励开展融资租赁和金融租赁。第三,加快企业由生产型制造向服务型制造转变,加快企业兼并重组与产业集聚地建设,提高产业集中度和集聚化发展水平。积极推进企业兼并重组(横向+纵向),培育大型企业集团。大力开展专业化重组,形成一大批具有竞争优势的"专精特新"专业化企业。积极稳妥地推进优势企业境外并购。培育建设一批符合新型工业化需求、特色鲜明的装备产业基地。第四,推进"两化融合",实现制造模式转型;推行节能、减排与绿色制造,提高可持续发展能力。

在推动自主创新方面的重要任务主要概括为三部分:第一,实施重大专项战略,包括高档数控机床和基础制造装备专项、大飞机专项、极大规模集成电力制造设备及成套工艺专项、大型液压堆和高温气冷堆专项。第二,加速重大成套设备、高技术装备及高技术产业自主化。第三,建立健全国家实验室、工程中心、大型企业技术中心,完善装备自主创新体系,加强共性技术研发和公共平台建设,利用改制院所的优势资源,围绕重点产业及有优势的产业,通过分离、重组和新建,形成一批从事产业共性技术研发的公共平台,完善检测以及合格认定体系。

"十二五"期间,国家将借鉴国外同行业的振兴做法,研究制定《装备制造业振兴法》,建立重大技术装备跨区域、跨行业、跨部门的协调机制,统筹制定装备制造业的相关政策,组织协调重大技术装备联合公关,协调落实依托工程,组织并监督实施国产化方案。充分发挥行业协会的作用,加强行业检测和信息引导,引导企业健康发展。

与此同时,建立重大技术装备研发创新奖励制度,对研制、使用国内自主创新平台的首台(套)装备的企业,给予适当的研发奖励,鼓励保险公司开展首台(套)重大技术装备的保险业务。

此外,还应加大金融支持力度。增加出口信贷资金力度,支持国内企业承包国外工程，带动成套设备和施工机械出口，鼓励金融机构以保单贷款、出口订单抵押贷款等多种方式，支持出口企业融资。

二、高端装备制造业的投资机会

在国家一系列政策的扶持之下，高端装备制造业为社会资本提供投资机会。以下对机床行业、铁路设备行业、卫星制造行业、航空制造业和智能电网等行业的投资背景进行深度分析。

2010年数据显示，数控金属切削机床单月产量不断创历史新高，而金属切削机床月度产量也不断创年内新高，且处于历史高位，显示目前机床企业对未来需求的良好预期，2011年机床行业需求仍处于不断恢复中，行业景气度将会进一步提升，主要上市公司业绩将出现持续改善。

2011~2014年我国铁路投资都将处于高峰期，受益于铁路大投资，上市公司的业务收入增幅将持续上升，预计未来几年铁路设备行业依旧会维持比较高的景气度。对于铁路设备行业我们依然维持行业作为稳健的配置品种，行业未来增长确定，大幅超预期可能较小，在震荡调整市场中是比较好的防御品种。

发展大飞机是国家战略，作为大型战略性高技术装备，大飞机的研制兼有政治、经济、国防、技术四重意义。而相应的投资机会来自两方面：一个是资产重组，另一个则是内生增长。而低空开放，通航腾飞首先是通用航空维修和通航运营业获益；其次是机场及空管配套设备；再次是拥有中外合作机型的总装企业；最后是国内核心部件企业。

我国卫星研制及应用发展空间巨大，政府航天政策也支持卫星产业发展。根据国家电网关于智能电网分阶段建设的规划，2011年开始，智能电网进入"全面建设"阶段，全面建设的五年也是国家"十二五"规划的五年。预计"十二五"期间，国网公司电网建设投资将超过1.5万亿元，如果加上南方电网建设投资，2011~2015年投资额将超过2万亿元。

（一）机床行业

机床工具行业在"十一五"期间取得了很大进步。与2005年相比，2009年工业总产值达到4014亿元，增长2.18倍；机床产量和数控机床产量分别增长1.28倍和2.41倍；数控机床的增长速度很快，机床产值和销售收入都列世界第一位，成为排名第一的供需大国。

高档数控机床与基础制造装备科技重大专项2009年开始正式启动。数控机床专项已经制订了"十二五"的实施规划，主要还是按照传统的服务领域，船舶、航空航天、发电设备、汽车这四大领域来实施。

"十二五"期间，专项计划将重点解决制约行业发展的数控系统和功能部件，提高行业的整体技术水平和竞争能力。"十二五"期间政策上将针对这些薄弱环节进一步加大投入力度，切实解决系统和核心功能部件质量水平问题，使高档数控系统和功能部件能够满足可靠性、精度保持性的要求，实现主机的批量生产，国产高档数控系统市场占有率达到8%~10%的目标。此外，还将鼓励和支持制造基础较好的功能部件企业，加大研发投入和技术改造力度；积极推动机床行业率先使用数控机床专项研发出的各类高档数控系统、功能部件和工具产品，鼓励主机厂为功能部件企业研制各类急需的生产制造装备。

行业景气度处于上升阶段，下游需求依然旺盛。我们看到国内制造业依然保持较高的景气度，而通用设备、专用设备、交运设备、电气机械及器材行业固定资产投资增速虽有所回落，但仍然保持了较高增速，我们认为2011年主要制造业固定资产投资仍将保持在20%以上的增速，机床行业需求将会继续保持旺盛。同时，我们看到机床最主要的下游行业汽车行业，产量经过短暂调整后，继续不断创历史新高，汽车行业未来两年资本开支力度将会进一步加大，从而提升机床产品需求。

近年来该行业的增长仍然主要为国内需求拉动，海外市场难以大幅改善。而主要经济体美国、欧元区和日本的PMI出现反复，这主要是因为全球经济目前处于不稳定之中，仍然具有很多不确定性，预计短期内难有大的改善。2010年金属加工机床出口数量和金额恢复到了历史同期较高水平，虽然目前国内机床产品出口好转明显，但未来出口增长仍然很脆弱。另外，从进口的大幅增长可以看出目前国内机床需求依然很旺盛，近年机床行业增长仍然主要为国内需求拉动，海外市场难以大幅改善。

主要上市公司业绩将出现持续改善。2010年数控金属切削机床单月产量不断创历史新高，而金属切削机床月度产量也不断创年内新高，且处于历史高位，显示机床企业对未来需求的良好预期，未来机床行业需求仍将处于不断恢复中，行业景气度将会进一步提升，主要上市公司业绩将出现持续改善。

（二）铁路设备行业

1. 中国将大踏步迈入高铁时代

"十一五"期间铁路建设投资创历史新高。相关数据显示，"十一五"期间，我国铁路建设投资1.975万亿元，较"十五"期间增长了545%，为前"十五"总和的2.28倍。

2010~2014年我国铁路投资进入高峰期。"十一五"规划的前两年投资进度落后于计划，但是2008年开始铁路投资步伐加快，全年铁路固定资产投资完成4144.49亿元，同比增长62.4%，其中基本建设投资完成3371.59亿元，同比增长88.4%。2009年铁路投资再创新高，固定资产投资完成7013.2亿元，同比增长69.1%，是中国铁路历史上投资规模最大、投产最多的一年。2010年，全国铁路发展计划工作会议指出铁路部门计划全年完成固定资产投资8235亿元，其中基本建设投资7000亿元。根据铁道部规划，2011年完成基本建设投资7500亿元，2012年计划完成基本建设投资7000亿元左右。从铁路投资的绝对金额来看，铁路固定资产投资已经进入高峰期。

从营运里程的增长趋势来看，按铁路中长期路网规划，我国铁路2020年的营运里程将超过12万公里，截至2014年铁路营业里程将达到11.76万公里，因此预计中长期规划将上调2020年的营业里程至13万公里。2009年我国铁路营运里程为8.6万公里，2010~2014年，铁路竣工里程达到3.2万公里。而根据上调后的中长期规划，2015~2020年，投产竣工营业里程总共为1.24万多公里。相比之下，2015~2020年这6年的铁路建设进度将放缓，投资规模将低于2010~2014年这5年的投资。因此2014年后，我国铁路投资规模将进入下降通道。

在建铁路项目中，共计2358.87公里的铁路在2010年竣工投产，其中1580公里的铁路设计时速200公里以上；2011年共计有7642.62公里的铁路竣工投产，其中5882.6公里的铁路设计时速200公里以上；到2012年合计7098.15公里的铁路将竣工投产，其中4559.46公里的铁路设计时速200公里以上；到2013年合计5951公里的铁路将竣工投产，其中5297公里的铁路设计时速为200公里以上；到2014年合计8626.28公里的铁路将竣工投产，其中6838.28公里的铁路设计时速为200公里以上。

2011~2014年我国铁路新线竣工投产29318.05公里，是"十一五"规划期间新线竣工投产里程的3倍。2011~2014年是我国铁路竣工投产的高峰期，受益于铁路项目的大量竣工，未来几年铁路设备需求旺盛。

中长期铁路网规划中以高铁为主的"四横四纵"客运专线将在2011~2014年全面完工，只有宁汉蓉客运专线中的宜万铁路设计时速低于200公里/小时。伴随着"四横四纵"客运专线的基本完工，2011~2014年我国高铁竣工投产里程为22577.34公里，高铁建设进入收获期。

根据对已有规划铁路的测算，2010年以前开通的高速铁路仅占目前全部高铁规划长度的17%，2011~2014年期间竣工运营的高速铁路占比将达到50%以上，预期未来4年，中国将大踏步迈入高铁时代。

2. 铁路设备行业投资风险

（1）政策风险。首先，铁路设备行业受到国家产业和行业政策的监管。目前国家鼓励发展铁路设备行业，但如果未来的产业或行业政策出现变化，将可能导致行业的市场环境和发展空间出现变化，并给行业带来风险。其次，铁道部及其所属的铁路局以及城市轨道交通运营商是行业最主要的客户。铁道部和国家发改委分别是中国铁路运输装备和城市轨道交通运输装备发展的政策制定者，一旦其发展政策发生变化，将给行业带来风险。最后，中国有相对特殊的铁路技术规范和标准（TB-铁标），且上述标准也在不断的变化之中，如果国内生产商不能及时调整并适应上述标准的变化,将给国内公司的经营带来风险。

(2)市场风险。国内外市场竞争加剧的风险。中国的铁路机车、客车、货车等铁路设备行业目前并没有对外资完全放开,具有一定的进入壁垒,所以短期内面临的国外竞争对手压力较为有限。但随着行业准入可能进一步放开和国外厂商利用技术输出渠道在零部件方面的渗透,行业面对国外领先的轨道交通装备制造商的竞争压力将逐步加大。在城轨地铁车辆领域,目前行业的国内外参与者数量已经较多,随着行业的发展竞争也可能进一步加剧。伴随着国际化的步伐,国内公司海外市场参与程度将不断提高,与国际竞争对手的直接竞争局面也将不断出现。

(3)依赖少数主要客户的风险。由于铁道部及其所属的铁路局是行业的最大客户和长期客户,其基本遵循市场定价原则,但由于受订单数量和长期客户的影响,行业在向其销售产品时缺乏一定的议价能力,对行业的经营业绩有可能造成不利影响。由于轨道交通装备行业的特点,如果整体格局不发生重大变化,行业仍将对主要客户保持一定程度的依赖。因此,如果主要客户减少或取消订单,将可能使得行业的销售收入大幅下跌,并对经营业绩产生不利影响。

(三)航空制造行业

1. 大飞机项目和列入国家 16 重大专项

大飞机一般是指起飞总重超过 100 吨的运输类飞机,包括军用、民用大型运输机,也包括 150 座以上的干线客机。目前,世界上只有美国、欧洲四国(法国、德国、英国和西班牙)和俄罗斯有制造大飞机的能力,而占领国际市场的只有美国的波音和欧洲的空客。

作为大型战略性高技术装备,大飞机的研制兼有政治、经济、国防、技术四重意义。在政治意义上,大飞机能够反映一个民族、一个国家的能力,在鼓舞民族精神、提高民族自信方面,其价值不逊于"两弹一星"和太空飞船。从经济上看,大飞机具有巨大的市场盈利空间。从国防上看,若大飞机研制成功,将使中国实现大型军用飞机的国产化,进一步增强国防实力。从技术上看,大飞机处于产业链的顶端,堪称拉动工业技术链条的"总龙头",其研制必将有力地拉动中国的技术进步和产业升级,强化民族工业的力量,提升中国在国际产业分工中的地位。因而 2006 年国务院发布的《国家中长期科学和技术发展规划纲要(2006~2020 年)》将大飞机项目列为 16 大重大专项之一,作为国家的重要发展战略,而且是最早获国务院原则性通过的项目。

在招标过程中,商飞公司本着优先国内供应商的原则,对飞机部件的核心程度进行了区分,国内生产具有优势的优先在国内生产;没有优势的通过与国外合作的方式带动国内相关产业的技术进步和发展。

2. 机体部件：国内企业已主导

经过多年的国际转包，国内厂商已经完全具备了机体制造能力。例如，中国的支线客机 ARJ21 的机体制造就主要由中航工业的沈飞、成飞和西飞国际来承担。

2009 年 5 月 26 日，中国商飞与九家国内机体供应商签订理解备忘录。上飞、西飞、哈飞、沈飞、成飞、昌飞、洪都集团、航天科技集团 306 所、济南特种材料研究所、西子集团等国内厂商成为大飞机首批确定的供应商。西飞国际作为中航工业集团下属的大中型飞机制造平台将受益于大飞机的发展。

3. 机载设备：合资生产引进技术

由于机载设备特别是核心设备如飞行控制系统、液压系统、燃油系统、通信系统、导航系统等决定飞机整机的整体性能，所以整机制造商在配套选择方面限制严格。现在核心设备控制在少数企业集团手中，例如，Rockwell Collins 的航电系统、Hamilton Sundstrand 的电源系统、Parker Hannifin Corporation 的液压系统和燃油系统、Honeywell 的飞行控制系统等。由于核心配件市场集中度相对较高，而且处于安全性、经济性方面的考虑，整机制造商往往会选择相对固定的核心配件供应商。再加上核心配件相对整机制造投入成本和面临的风险相对较小，规模经济明显，所以其毛利率水平高于整机制造。

虽然经过数十年的发展，我国机载设备企业在军机配备方面已经逐渐成熟，但是在经济性、适航性方面与国际龙头企业差距甚大。所以我国的支线客机 ARJ21 的机载设备全部由国外供应商供应。

为确保国内供应商能有效参与研发，带动国内机载设备的研制和水平，在择优选择国外供应商的同时，中国商飞确定了一些原则：①对于航电、飞控、电源、燃油和液压系统，要求国外供应商与国内供应商成立合资公司，建立系统级产品研制能力。外方负责产品的技术、系统集成和适航取证责任。②对于 APU、环控、起落架、照明、防火、机电综合、氧气等机电系统，中国商飞支持国内供应商与国外供应商进行系统级和设备级合作研发。③鼓励国内企事业单位以转包生产方式与国外供应商合作。

飞机的系统设备由于进入壁垒高，中航工业在国内并无对手。所以在大飞机系统设备国产化过程中，航电设备对应的中航航电公司和机电设备对应的中航机电公司受益最大。

4. 发动机：国产化尚需时间

全球发动机供应商主要是通用电气发动机公司（GEAE）、普惠公司（P&W）、罗罗公司（Rolls-Royce）以及它们参股的 IAE、CFM 和 EA。从市场份额来看，P&W 的市场份额不断被 CFM 等厂商蚕食，行业领先地位让位于 CFM。

中国商飞航，但独立提供民用发动机尚需时间。2009 年 12 月 21 日，中国商飞选定 CFM 国际公司研发的 LEAP-X1C 发动机为 C919 大型客机唯一国外启动动力装置。中国商飞也与 CFM 国际公司签订谅解备忘录，计划在国内合资建立用于 LEAP-X1C 飞机发动机总装和试车的生产线。同时，中国商飞与德国 MTU 航空发动机公司签订了谅解备忘录，双方就在研制我国自主知识产权民机发动机方面开展合作达成了初步意向。但国产民用大飞机发动机真正问世尚需时间。

5. 复合材料最有发展前景

一般飞机机体和主要结构件部分由钢、铝/铝锂合金、钛和复合材料及其他材料构成。

据中国商飞介绍，未来 C919 一期的材料仍以传统材料为主，但会采用部分先进的复合材料。其中 30%以上的材料仍使用铝合金、15%采用复合材料。C919 二期将逐渐扩大复合材料的占比，预计将达到 23%~25%。

国内复合材料生产仍然是一大软肋，包括碳纤维的研发都大大落后于美国和日本。哈飞集团、哈飞股份与空客于 2009 年 1 月签署了《哈尔滨哈飞空客复合材料制造中心有限公司合资合同》。合资公司将与 2010 年底建成，为空客系列飞机提供复合材料的生产和组装。

（四）通用航空

国际民航组织将通用航空定义为：除公共运输航班客、货物运输活动外的所有使用民用航空飞行器的活动。

依据我国 2003 年实施的《通用航空飞行管理条例》，通用航空是指除军事、警务、海关缉私飞行和公共航空运输飞行以外的航空活动，包括从事工业、农业、林业、渔业、矿业、建筑业的作业飞行和医疗卫生、抢险救灾、气象探测、海洋监测、科学实验、遥感测绘、教育训练、文化体育、旅游观光等方面的飞行活动。

通用飞机主要分为四大类：直升机、活塞飞机、涡桨飞机和喷气飞机。据统计全球有 32 万架通用飞机，通用航空飞行员达百万人。国际经验表明，通用航空产业投入产出比为 1∶10，就业带动比为 1∶12。目前，美国通用航空产业一年的产值为 1500 亿美元，提供了 126.5 万个就业岗位。

我国通航规模与我国国土面积、人口数量和快速发展的经济实力极不相称。2008 年底我国通用飞机数量为 882 架，通航飞机场数量只有 399 个，远低于美国、加拿大、巴西等国。

1. 低空开放的机会

"十二五"期间将改革空域管理体制。根据《关于深化我国低空空域管理改革的意见》，首先开放 1000 米以下空域。《改革意见》总体目标为"通过 5~10 年的全面建设和深化改革"，总体目标的实现将分为试点（2011 年）、推广（2011~2015 年）和深化（2016~2010 年）三个阶段，分层次、分步骤以点促面推向全国。

根据中国科协、中国航空学会、通用航空专家委员会所作的市场预测未来国内通用飞机发展潜力巨大，至 2020 年我国需要通用飞机将逾 10000 架。其中，活塞飞机 5000 架，涡桨飞机 2000 架，喷气公务机 500 架，直升机 2000 架。预计 2010~2020 年我国通用航空飞机需求容量将达到 1500 亿架，将带动通航运营和维修—机场及空管配套—通用飞机总装—国产飞机核心部件制造等一系列产业的发展，通用航空及其带动的产业将形成一万亿元人民币以上的市场容量。

2. 通航产业链公司受益明显

通用航空产业链可分为通用航空器制造相关产业、通用航空运营相关产业以及通用航空服务相关产业。

上游通用航空制造相关产业包括：复合材料、刹车片、航空铸件、航空发动机、航空器其他部件和配件、机载设备、系统总装和集成等。

下游通用航空服务相关产业包括：维修服务、托管服务和培训服务等。

通用航空运营相关产业包括：空中交通管理、雷达监控、导航服务、气象服务、机场地面服务、航空器租赁、运营服务等。

通用航空产业链从受益的先后顺序上看：首先受益的是通用航空维修和通航运营业，他们可以从存量市场中直接获益；其次受益的是机场及空管配套设备（如雷达等），所谓先修路再通车，空域范围的拓展必须以空管设备和管理到位为前提；再次受益的是拥有中外合作机型的总装企业，由于通航开放出去国外产品更为成熟可靠，因此中外合作机型（如哈飞的 HC120，昌飞的 CA109 和 A109E）将兼备市场和国内政策双重优势；最后受益的将是国内核心部件企业，随着国内总装厂实力的增强及新机型的研发，未来采用国产核心部件比重将会加大。

（五）卫星制造行业

1. 全球卫星产业保持较高增速

1957 年 10 月 4 日，苏联成功发射了世界上第一颗人造卫星，人类从此进入太空时代。经过 50 年的发展，卫星从最初单纯的科学试验衍生出通信、遥感、导航等一系列的专业卫星。

近年来，卫星研制呈两极化的发展势头：一方面是综合功能更强、功率更大的大型卫星；另一方面则是重量轻微型化的小型卫星。小卫星已成为卫星研制领域的一个重要发展方向。小卫星和微型卫星相对于传统的大卫星来讲，技术优点主要存在于以下几个方面：研制周期短。由于小卫星结构简单，并且采用标准化模块化的设计思路，从而可以批量生产和存储，并便于即时发射和补网。国外一些航天大国的现代小卫星，从立项研制到发射，一般仅需要一两年的时间。

（1）研制发射成本低。小卫星采用模块化设计，研制成本低。另外，小卫星既可以利用大型卫星发射火箭的剩余能力进行搭载发射，也可以一箭多星发射，或者用小型运载火箭发射。

(2) 星座和编队飞行功能强。小型卫星组成的星座或小型卫星的编队飞行可实现远超过一颗大卫星的功能，而且其可靠性、适应性和生存能力更强。

(3) 军用价值高。由于小卫星身处太空，居高临下，而且它具有部署快、发射灵活、生存能力强等特点。小卫星的军事应用已经对战争的战略思路和作战模式产生了深远的影响。

目前世界上已经有十多个国家涉足小卫星研制领域，美国、俄罗斯、法国、英国、意大利都有了自己的小卫星平台或星座。印度、韩国、瑞典等许多中小国家也都以研制小卫星为切入点，带动航天技术的发展，预计，未来5~10年全球需要发射200~300颗小型卫星，中国将发射小卫星50多颗。

(4) 卫星应用是卫星产业增长的重要因素。卫星产业包括卫星服务、卫星制造、发射工业、地面设备四大领域。卫星应用则主要指卫星服务和地面设备制造两大领域。2009年，全球卫星产业中四个领域中，卫星应用服务业占据最大份额，销售收入稳定保持在60%左右。地面设备制造位居第二，占比达到30%左右，卫星应用是卫星产业增长的重要推动因素，也是未来行业内具有高成长性的利润增长点所在。

2. 我国卫星研制及应用发展空间巨大

中国卫星应用产业自20世纪90年代起开始发展，经过将近十年的探索与初创，到2000年中国的卫星应用市场规模达100亿元，2003年以后，中国卫星应用产业步入调整过渡期。根据UCS统计，当前全球在轨卫星总数为928颗，其中美、俄、中、日四国位列四强。其中，美国共413颗，占比44.5%；我国为58颗，列居第三，占比6.3%。

自2007~2008年以来，随着我国卫星领域技术进步的加快，在轨运行卫星数量的逐步增加以及雪灾、汶川地震等重大自然灾害的发生，国家急需提高地球观测、预防减灾、应急保障等能力的建设，这些都需要依靠卫星遥测遥感、卫星定位导航和卫星通信等的快速发展。

2020年，我国要建立比较完善的卫星应用产业体系，促进卫星应用综合业务的发展，形成卫星通信广播和卫星导航规模化发展、卫星遥感业务化服务的产业局面。届时，卫星应用产业产值年均增速将达到25%以上，成为高技术产业新的增长点。

3. 政策支持卫星产业发展

卫星产业蕴含着巨大的经济和政治利益，国家发改委发布的《高技术产业发展"十一五"规划》将航空航天产业作为我国高科技产业发展的重点之一。该规划指出，要"继续推进产业发展，提高我国卫星的研发制造水平"，并将卫星产业建设目标定为"建立和完善军用卫星装备体系、民用卫星业务服务体系"。卫星产业建设的这一规划将极大地促进卫星研制产业的产能释放。

《国民经济和社会发展第十一个五年规划纲要》指出，要推进航天产业发展、推进航天产业由实验应用型向业务服务型转变，发展通信、导航、遥感等卫星及应用，形成空间、地面与终端产品制造、运营服务的产业链。在卫星应用领域，要研制新气象、海洋、资源通信等卫星，建设对地观测和导航定位卫星系统、民用卫星地面系统设施及应用示范工程。

（六）智能电网行业

1. 产业发展现状

按照国家电网坚强智能电网规划，2009~2010 年是规划试点阶段。在这两年中，国网公司进行了大量的智能电网技术研究，编制了电网智能化发展规划草案，制定了一系列的产业标准，并先后启动了两次智能电网试点工作。

国网公司 2009 年 8 月启动第一批 9 项智能电网试点项目；2010 年 4 月又启动了第二批 12 项智能电网试点工程，两批试点工程覆盖了电力系统的发电、输电、变电、配电、用电、调度各环节。截至 2010 年底，第一批试点工程已经基本完成；第二批试点工程将于 2011 年全部完成。

在规划试点阶段，智能电网发展成就如下：发电环节：2010 年 11~12 月，常规电厂网厂协调项目暨自动电压控制系统（AVC）分别在华东电网、天津电网和辽宁电网投入运行；张北风光储能示范项目一期工程暨风电 10 万千瓦、光伏发电 4 万千瓦、储能 2 万千瓦将于 2011 年底前完成并网；2010 年 7 月 12 日，国家能源太阳能发电研发中心和风电研究检测中心相继在国网电科院和中国电科院相继建成运营。

输电环节：2010 年 10 月，中国电科院完成特高压串补真型试验平台各项测试；华东电网 500kV 沥富、沥阳线数字化输电线路改造试点工程设备于 10 月安装结束；12 月，上海南汇风电场柔性直流输电示范工程 20 兆瓦/±30kV 柔性直流输电换流阀下线，至此，我国已完全掌握了柔性直流输电成套设备设计、试验、调试和生产能力。

变电环节：国网公司两批智能变电站试点共涉及新建和改造智能变电站 74 座，已经建成投运 9 座，其中第一批试点 5 座、第二批试点 4 座，含 110kV、220kV 和 500kV 三个电压等级；2010 年国家电网共启动了四个批次的智能变电站设备集中规模招标，其中前三批中标结果已经公布。

配电环节：第一批智能配电网试点城市包括北京、杭州、银川和厦门分别全部于 2010 年完成试点任务，分别采用许继电气、ABB、国电南瑞和积成电子的配网自动化系统；2010 年 5 月，"含多种分布式电源的灵活微网系统研究与实施"项目在杭州通过鉴定。

用电环节：2009 年 12 月启动首次智能电表招标后，2010 年又进行了四个批次的智能电表集中规模招标，共采购电能表 5294.24 万只，其中智能表 4827.93

万只；2010年，国网公司共有87座标准化充换电站、5179个充电机和7031个交流充电桩建成投运，投运充换电设备数量居世界第一。

调度环节：由国电南瑞和北京科东分别负责的国网公司第一批9个电网智能调度试点项目包括国调中心，华北、华东、华中网调，江苏、四川省调，北京城区、河北衡水、辽宁沈阳地调于2010年12月底全部完成，形成了较为完善的智能电网调度技术支持系统。

此外，上海世博园智能电网综合示范工程已建成并投入使用；集智能城市、智能交通、智能家居和可再生能源利用为一体的天津生态城智能电网综合示范工程正在加紧建设。

除了电网智能化外，建成特高压交直流混合电网的坚强网架结构也是"坚强智能电网"的主要内容。2010年，特高压交直流输电工程发展成就如下：

特高压交流示范工程：2009年1月，我国首条1000kv特高压交流示范工程晋东南—南阳—荆门线路投入运营，设备的综合国产化率达到90%；2010年8月，该示范工程正式通过国家验收；2011年1月，特高压示范工程扩建工程正式开工建设。

特高压直流输电工程：2010年6月，南方电网投运世界上第一个±800kV直流输电工程——云广特高压直流输电工程；7月，国家电网投运向家坝–上海±800kV特高压直流输电示范工程，两条特高压直流输电线路的设备国产化率分别为60%和67%。

2. 产业发展规划及投资

根据国家电网关于智能电网分阶段建设的规划，2011年开始，智能电网进入"全面建设"阶段，全面建设的五年也是国家"十二五"规划的五年。预计"十二五"期间，国网公司电网建设投资将超过1.5万亿元，如果加上南方电网建设投资，2011~2015年投资额将超过2万亿元。

2011年是第二批智能电网试点工程继续建设的一年，也是成功试点的智能化技术大力推广的一年，预计全年智能化投资将超过500亿元。

据国网公司消息，2011年智能电网建设的重点除了完成试点工程外，主要有：加快推广智能变电站、配电自动化、电力光纤到户等重点项目；在北京、扬州等地建设一批综合示范工程；推广应用5000万只智能电表；建成充换电站150座，并在北京、杭州、天津、合肥、南昌等城市建成电动汽车充换电服务网络。

在特高压输电线路建设领域，据国家电网总经理刘振亚说，发展特高压是"十二五"期间电网发展的重中之重，仅这一项将投资超过5000亿元，建成"三纵三横"特高压交流骨干网架和11项特高压直流输电工程，线路总长将达4万公里。我们预计，2011年特高压投资将为300亿~400亿元。

2011年，特高压输电线路建设的工作主要有：1000kV 晋东南—南阳—荆门特高压交流试验示范工程扩建工程将于 2011 年底建成投产，输电容量扩大一倍至 6000MW，总投资约 43 亿元；总投资近 400 亿元的 1000kV 特高压交流锡盟—南京特高压输电线路开工建设，另有多条特高压交流工程得到核准开展前期工作；总投资近 200 亿元的±800kV 锦屏—苏南、约 187 亿元的±800kV 糯扎渡—广东特高压直流输电工程开工建设，另有多条特高压直流工程得到核准开展前期工作。

其中，特高压交流示范线路扩建工程还将安装 3 套 1000kV 特高压串补装置，以改善特高压交流输电线路的潮流控制，增加传输能力。

3. 产业规模扩大对上市公司影响

在产业投资确定性增长趋势下，电力设备行业产业规模将扩大，主要投资机会将集中在电网各环节的智能化建设和改造、特高压输电线路建设等领域。在国家电网集中规模招标平台上，预计智能电表、智能电网主设备及二次设备招标、特高压变电设备招标均将出现放量增长；特高压主设备因标的额较大，技术性、安全性要求高，供应商较少，一般采用竞争性谈判的方式采购。

明显受益于坚强智能电网建设的上市公司有：

特高压输电线路建设受益公司：中国西电（生产特高压直流换流阀、直流场设备、直流换流变、特高压交流 GIS、特高压交流变压器）、特变电工（直流换流变、特高压交流变压器）、天威保变（直流换流变、特高压交流变压器）、平高电气（特高压交流 GIS）、东北电气（特高压交流 GIS）、许继电气（直流控制保护系统、直流场设备、换流阀）；电网智能化建设受益公司：国电南瑞（智能变电站等智能二次设备、电动汽车充电站建设）、国电南自（智能变电站等智能二次设备、智能一次设备）、许继电气（智能变电站等智能二次设备、智能电表）、科陆电子（智能电表、用户信息采集系统、智能变电站）、浩宁达（智能电表）、荣信股份（SVC、SVG、串补等柔性输电设备）、积成电子（智能配电系统等智能二次设备）、四方股份（智能变电站等智能二次设备）等。

此外，受益的上市公司还包括：中元华电（时间同步装置和故障录波装置）、理工监测（变电站设备及输电线路在线监测装置）、思源电气（SVG、智能变电站）、经纬电材（特高压直流平波电抗器换位铝导线）等。

表 2-3　坚强智能电网建设三个阶段的规划

时　期	阶　段	工作内容
2009~2010 年	规划试点	重点开展坚强智能电网发展规划，制定技术和管理标准，开展关键技术研发、设备研制及各环节的试点工作
2011~2015 年	全面建设	加快建设华北、华东、华中特高压同步电网，初步形成智能电网运行控制和互动服务体系，关键技术和装备实现重大突破和广泛应用
2016~2020 年	引领提升	全面建成统一的坚强智能电网，技术和装备全面达到国际先进水平

第六节 新能源产业

像太阳能热水器这些早在我们生活中司空见惯的东西,却承载着新能源革命的曙光,在现代工业经济的框架内,解决着工业化进程中遇到的资源与环境等世界性难题。

从这个意义上看,从不可再生能源到可再生能源的转换,这不仅仅是能源形态的转换,而且包含了导致整个经济形态变革的新起点和新基因。

发生于 20 世纪 80 年代的信息技术革命,同前两次革命相比,带来许多结构性的变革,人们曾认为,这是对传统工业具有替代性的新经济形态的革命。然而,专家认为,事实上,信息技术革命仍属于工业范畴的革命。因为信息技术革命解决了传统资源开发利用系统的智能化与信息化。当代工业经济发展的事实也证明,第三次技术革命以来,并没有也不可能解决困扰工业经济的能源与环境危机问题。

而对于目前正在勃兴的新能源革命,专家们几乎一致认为,从传统能源到可再生能源,从非生命物质到生命物质的转换,新能源革命将给当代人类带来三大转换:一是支持可再生能源开发的技术与知识体系的转换;二是从工业经济时代的物本经济向生态经济时代的人本经济转换;三是从人与自然对立的文化观向人与自然和谐的新文化观转变。

如果以新能源为逻辑起点引发的新经济革命能够成立,那么在此基础上,也必然形成与新经济适应的政治、文化与社会。从这个意义上讲,新经济革命自然也就包含了人类文明模式的转型:从工业文明向生态文明的转型。

备受关注的新能源规划将最终定名为《新兴能源产业发展规划》。国家能源局、工业与信息化部等多个部委参与了这一规划的起草,经过多次修改和完善,最后由国务院批准。业内人士认为,预计新能源发展规划出台后,未来十年我国新能源投资将达 5 万亿元。

这一规划重点支持的领域集中在风能、太阳能、核能、生物质能、水能、煤炭的清洁化利用、智能电网七大方面。在具体实施路径、发展规模以及重大政策举措等方面,对新能源的开发利用和传统能源的升级变革进行了部署。

规划在内容上分基本原则、主要目标、自主发展、结构调整、技术进步、标准法规建设、产业投资七大部分。规划指出,国家发展新能源产业的基本原则是,政府激励与市场驱动相结合;自主创新与引进消化相结合;示范试点与整体提升相结合;统筹规划与突出重点相结合;着眼当前与关注长远相结合。

规划重点围绕提高碳减排和非化石能源比重"两个目标"展开。一方面,政府有关方面将采取有效措施加大节能力度,提高传统能源清洁化利用水平,同时推进替代产业发展,加大天然气等清洁能源利用规模;另一方面,非化石能源产业也将步入发展期。通过加快建设水电、核电项目,加强推进风能、太阳能、生物质能等可再生能源的转化利用来推进能源结构的优化调整。

根据规划,预计到 2020 年,中国新能源发电装机 2.9 亿千瓦,约占总装机的 17%。其中,核电装机将达到 7000 万千瓦,风电装机接近 1.5 亿千瓦,太阳能发电装机将达到 2000 万千瓦,生物质能发电装机将达到 3000 万千瓦。

中长期来看,发展无污染的清洁煤发电技术是中国实现低碳经济的关键,整体煤气化联合循环发电技术(IGCC)将成为未来煤电主流。

新能源产业的发展,一个重要的后台建设就是要发展智能电网。根据规划,智能电网的内容有,坚强智能电网以坚强网架为基础,以通信信息平台为支撑,以智能控制为手段,包含电力系统的发电、输电、变电、配电、用电和调度各个环节,覆盖所有电压等级,实现"电力流、信息流、业务流"的高度一体化融合,是坚强可靠、经济高效、清洁环保、透明开放、友好互动的现代电网。

据规划预计,新兴能源产业规划实施以后,到 2020 年将大大减缓对煤炭需求的过度依赖,能使当年的二氧化硫排放减少约 780 万吨,当年的二氧化碳排放减少约 12 亿吨。规划期累计直接增加投资 5 万亿元,每年增加产值 1.5 万亿元,增加社会就业岗位 1500 万个。

专家预期新能源发展规划出台后,我国新能源投资将大幅提高,预计将达到 4.5 万亿元人民币,将拉动全社会总投资 9 万亿元。这一数额远高于此前规划的 3 万亿元。

规划还指出,发挥财政资金对激励企业自主创新的引导作用,采用多种财政资金支持方式,引导企业和社会力量加大对新能源产业的投入。

据业内预期,国家将综合运用贷款贴息、风险投资、偿还性资助等多种投入方式,对新能源产业的技术创新活动给予重点支持,引导企业加大投入,进一步巩固企业在新能源产业投入中的主体地位;完善财政科技资金使用绩效评价制度,加强对财政科技资金的全程监督,实现财政科技投入效益最大化。

通过政府采购支持新能源产业的发展也是其中的一种途径,将来或进一步改进政府采购评审方法,给予新能源产业的新产品优先待遇,建立健全激励新能源产业自主创新的政府采购和订购制度。

为保证新能源产业的投资,有关方面在规划的指导下将设计产业金融支持方案,即从国家层面上形成一个较为完整的新能源产业金融支持体系,这个体系包括投资基金、银行信贷、股票市场、企业债券。

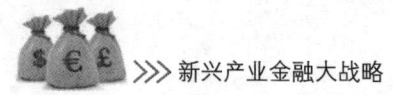

一、2020年中国能源结构

（一）2020年新能源约占总装机的17%

自全球金融危机爆发以来，中国在全力保增长的同时，结构调整的步伐不慢反快，特别是对能源结构的优化明显提速。不仅仅是风电、核电、太阳能等清洁能源的发展也大上快上。

2008年底，中国新能源发电装机2100万千瓦，约占总装机的3%。其中，核电装机885万千瓦，同比增长113%；太阳能发电装机14万千瓦，同比增长40%；生物质能发电约300万千瓦。而截至2009年6月，全国风电并网装机181万千瓦，同比增长101%。

如果按照行业计价方式，1000瓦风电装机的成本是8000~10000元；而太阳能的成本仍然居高不下，当前每千瓦3万~5万元；核电每千瓦投资需用资金1.4万~1.5万元；生物质能单位造价也很高，目前单位造价为1.2万元/千瓦。

有专家估算，未来10年，中国在新能源的相关投资上将达数十万亿元。嗅觉灵敏的投资者，无疑也注意到了这一切。

在全球气候变化日益明显的情况下，核电作为一种技术成熟、安全高效的清洁能源，也重新受到各国的重视。近年来，中国也先后开工建设福建福清、广东阳江、浙江方家山、浙江三门等一批核电建设项目。此外，另有一批核电站或机组年内将开工建设。国家能源局目前正在研究调整核电中长期发展规划，预计到2020年核电装机有望达到7500万千瓦，占全国电力装机容量的比重将从目前的2%提高到5%左右。

与风电、核电等清洁能源相比，太阳能的开发在中国仍处于起步阶段。但是，很多地区和企业对太阳能的前景非常看好。除了江苏无锡、江西新余等中东部城市外，位于西部的陕西、甘肃也把光电产业作为未来的主导产业。

除了国家在酒泉启动的千万千瓦级风电基地建设外，目前（2010年）国内最大的太阳能发电项目——青海省格尔木200兆瓦大型荒漠并网光伏电站一期20兆瓦工程，在格尔木市郊荒漠戈壁上开工。不仅如此，柴达木盆地内已签约的太阳能、风电等新能源开发类项目金额达135亿元。

和一般印象相反，新能源早已不只是民营企业在那里小打小闹了。国内钢铁巨头之一的宝钢在2010~2015年集团规划编制工作中，将寻求在新能源等新产业领域的突破，形成公司新的业务增长点。而其他的大型国企也早就行动起来。

国家电网召集五大发电集团的一次内部会议上，有一个大胆的预测，预计到2020年，中国新能源发电装机2.9亿千瓦，约占总装机的17%。其中，核电装机将达到8600万千瓦，风电装机接近1.5亿千瓦，太阳能发电装机将达到2000万千瓦，生物质能发电装机将达到3000万千瓦。

新能源的产业链,并不是只有发电一环。如在风能产业链中,除了风电场运营与风机制造外,风机零部件制造同样蕴涵机会。而太阳能的产业链更加复杂,从金属硅到原生多晶硅的制造、硅片切割、光伏组件、光伏电池,到电池组应用,以及第二代薄膜电池的超白玻璃制造、镀膜等,整个产业可以容纳众多企业。

(二) 新能源产业"过剩论"

考虑在全球共同努力情况下,进一步强化技术进步,重大技术成本下降更快,2030年之后中国经济规模已经是世界最大,可以进一步加大对低碳经济的投入,更好地利用低碳经济提供的机会促进经济发展;同时中国在一些领域的技术开发以居于世界领先地位,如清洁煤技术和二氧化碳捕获与封存技术(CCS),CCS在中国得到大规模应用。

2050年基准情景:一次能源需求量由2005年的21.89亿吨标准煤增加到66.57亿吨标准煤,其中煤炭占44%,石油占27.6%,天然气占10%,核能发电占9%,水力发电占6%,风电、生物质能发电等新能源和可再生能源占3.4%。

2050年低碳情景:一次能源需求量由2005年的21.89亿吨标准煤增加到52.50亿吨标准煤,其中煤炭占37.8%,石油占19.5%,天然气占14.2%,核能发电占14.5%,水力发电占8.0%,风电、生物质能发电等新能源和可再生能源占6.0%。根据化石能源消费量,可以计算得出二氧化碳排放量。

2009年8月26日,国务院常务会议中研究部署抑制部分行业产能过剩和重复建设,引导产业健康发展,风能设备和多晶硅榜上有名;新能源产业"过剩论"开始出现。笔者认为,新能源的"过剩"是表面现象,实质是需求大幅下降,显得供大于求,而不是真正产能的过剩。

现在我国可再生能源(新能源)在一次能源生产、消费结构中所在的比重仍然很小,也远远低于国际标准。

由于国际金融危机的影响,世界经济增长出现的显著的回落。风电设备、多晶硅等产品的需求出现了急剧的下降,国内电力消费量也是不久前从负增长转为正增长。而受前几年经济高速增长的影响,以及油价高企,直接刺激了新能源行业的发展,风能设备和多晶硅的产能增长确实增长较快,例如,风电装机容量连续3年翻倍增长。

快速增长的供给、急剧下降的需求产生尖锐的供大于求矛盾,如多晶硅的价格从最高的400多美元/公斤,下降到60~70美元/公斤,不少企业在亏损经营。风电设备装机由于不能并网,有1/3左右的装机在闲置中。

2009年,国家发改委更新了《鼓励进口技术和产品目录》:"2兆瓦以上分店设备制造"从"鼓励发展的重点行业"中删除,"2兆瓦以上风力发电设备设计制造技术"从"鼓励引进的先进技术"中被划掉,多晶硅也被从《目录》中删除。原因在于我们在风电设备制造技术方面取得了重大进步,达到国际先进水平。多晶硅的技术也有了较大的提高，相应的鼓励标准有所提高。

（三）技术与资金两大问题

远景令人鼓舞，但现实却依然很残酷。我国离低碳的未来还有着不小的差距，其主要原因有：一是技术仍以中低端为主，二是融资机制匮乏。

1. 技术仍以中低端为主

以风力发电技术为例，它虽然是中国发展最快的新能源行业，已具有1.5MW以下风机的整机生产能力，但是一些核心零部件，如轴承、变流器、控制系统、齿轮箱等的生产技术难关却迟迟未能攻克。可再生能源发电并网一直是一大技术难题，其中重要原因是中国没有构建智能电网，没有先进的电网调控和调度技术。

中国在新能源发展方面存在的一些问题还要引起关注：产业竞争无序，存在恶性竞争的情况应该引起警惕；自主创新的动力和能力不足，目前大多数新能源和节能环保的技术和产业研发投入不足，缺乏自主科技技术；技术产业的示范与应用推广，市场推广度还不高。

因此，市场准入提高，有利于新能源产业的有序健康发展。中国正在抑制部分行业产能过剩和重复建设，多晶硅、风电设备等新能源行业被列入产能过剩和重复建设产业。政府运用行政手段和金融政策等进行抑制，要求严格资本市场融资审核程序，对新能源部分子行业的产能过剩和重复建设严格控制，其根本出发点是为了新能源的长期健康发展，而不是限制或停止发展新能源。市场准入提高，有利于新能源产业的健康有序发展，有利于维护目前市场中优质公司的市场地位。

2. 融资机制匮乏

麦肯锡研究报告称中国构建"绿色经济"从现在到2030年需40万亿元，也就是说年均需1.8万亿元人民币的资金投入，才能有效实现"绿色经济"。虽然中国政府不断加大财政预算，通过银行推动绿色信贷，还积极推行合同能源管理、国际CDM交易等新型融资方式，并与国际金融机构广开合作之门，甚至开始建立国内首个环境交易所，拓展融资渠道。但是，这些努力带来的资金非常有限。融资机制匮乏限制了新能源产业发展的速度，甚至可能损害新能源产业的健康发展。

预期未来10年我国新能源投资将大幅提高，预计将达到4.5万亿元人民币，将拉动全社会总投资9万亿元。这一数额远高于此前规划的3万亿元。其中，到2020年风电总装机容量将提高至约150GW；太阳能光伏的发展目标为总装机容量20GW；核电运行装机容量达约80GW。上述风电、太阳能发电和核电发展目标分别为2007年可再生能源及核电两份中长期发展规划中原定目标的5倍、11倍和2倍。

截止到2008年底，国内风电装机超过10GW，而目前太阳能发电能力仅为

1GW，核电装机容量则低于 10GW，因此我国新能源产业乃至低碳经济的发展空间非常巨大。

（四）成本高导致需求低迷

中国新能源产业最大的问题是成本太高，导致需求低迷。目前水电、火电的发电成本在每度 0.3~0.4 元。风电的发电成本已经下降到每度 0.5~0.6 元，光伏发电成本为 1.5~2.0 元/度，"太阳能屋顶"政策实施 20 元/W 的补贴后，发电成本降为 0.6~0.9 元/度，离传统火电成本更为接近了，但仍有一些差距。

高成本是由多方面原因造成的：因为自主技术不成熟，要在设备购买上付出高成本；因为项目投资额大，融资渠道少，要在资金获取上付出高成本；在成本上新能源并不具备优势，还需要国家政策的补贴。目前，还没有完善的电力储存技术，风电的电网接入技术，太阳能光伏发电过程中的间歇性等都可能成为新能源发展的障碍，短期内寄望风电和核电等替代传统能源并不现实。

可再生能源规模化发展中，最大的挑战在于开发输送、入网和利用过程当中所遇到的技术障碍。这已成为大规模风电、太阳能光伏发电进一步发展的最大障碍。新能源行业，如多晶硅，很多企业经营环境在恶化，行业的兼并收购机会无疑很多。通过优胜劣汰，优势企业胜出，行业才能走向成熟。新能源行业的洗牌是不可避免的，这是一个新兴产业走向成熟的必经之路。

政府应该加强对新能源行业产业的引导，不是直接干预，而是通过财政、金融政策，引导人力、财力、物力的合理流动，减少重复建设等造成的资源浪费，对新能源产业实施间接管理。一方面，国家应建立新能源专项发展基金，用于保障财政补贴、价格补贴、贴息贷款、研发投入等其他可再生能源政策的落实；政府完善配额制，给新能源配额电力一个合理的上网电价；实行政府采购和订购，在政府办公大楼及公共设施率先使用新能源。另一方面，国家通过金融、财政政策，严格管理资金不流向重复建设，鼓励新能源优势企业兼并收购、做大做强，提高民族品牌与国际竞争力。

二、生物能源

当人们将目光聚集到可再生的清洁能源时，生物质能源重新受到关注，成为可再生能源中烁烁闪光的亮点，当然不会是简单地燃烧，而是基于现代技术的高效利用。早在 20 世纪 70 年代的全球能源危机中，美国和巴西以玉米和甘蔗生产的燃料乙醇崭露头角，欧洲以油菜生产生物柴油，以林业废弃物固化成型燃烧，以及沼气发电等都取得了成功，为古老的生物质产业洞开了一个新的替代性能源窗口，窥视到一片生机盎然的绚丽前景。

现代的或狭义的生物质产业概念，是指利用可再生或循环的有机物质，包括农作物、树木和其他植物及其残体、畜禽粪便、有机废弃物，以及利用边际性土地和水面种植能源植物为原料，通过工业性加工转化，进行生物基产品（Biobasedproducts）、生物燃料（Biofuels）和生物能源（Bioenergy）生产的一种新兴产业。

（一）国际竞争已经开始

自 20 世纪末，化石能源渐趋枯竭，温室气体导致全球变暖，以及环境恶化的危机感和紧迫感，使国际社会由理性呼吁和国际协议，发展到制订国家战略和采取对策行动。

1997 年，美国将生物质能源研究经费由 1.96 亿美元增加到 4.42 亿美元；继而再追加 2.4 亿美元和提出未来十年减免税收 21 亿美元的政策；2000 年国会通过了"生物质研发法案"；2002 年提出了《发展和推进生物质基产品和生物能源》报告和《生物质技术路线图》，成立了生物质项目办公室和生物质技术咨询委员会。

美国计划 2020 年使生物质能源和生物质基产品较 2000 年增加 20 倍，达到能源总消费量的 25%（2050 年达到 50%），每年减少碳排放量 1 亿吨和增加农民收入 200 亿美元的宏大目标。《路线图》指出："这份报告预示了一个充满活力的新行业将在美国出现，它将提高我们的能源安全、环境质量和农村经济，它将生产我们国家相当大一部分的电力、燃料、化学品和其他关键性产品。"

欧盟委员会提出，到 2020 年，运输燃料的 20% 将用燃料乙醇等生物燃料替代；日本有"阳光计划"；印度有"绿色能源工程计划"；加拿大惊呼本国生物质行业落后于美欧和日本，大力调整政策和迎头赶上。世界经合组织（OCED）的最新研究报告（2004 年 9 月）指出："各国政府应大力支持和鼓励生物质能源领域的技术创新，减小它与传统原油及天然气产品的价格差距，以最终达到替代的结果。"

春江水暖鸭先知，对新产品发展趋势的高度敏感是企业成功之道。

英荷皇家壳牌石油公司估计，21 世纪的前 50 年，生物质将提供世界化学品和燃料的 30%，世界市场份额达到 1500 亿美元；英国石油公司/美国国际石油公司等也都开始了对生物质能源产品的投资。化工巨人巴斯福公司 2003 年宣布，将以可再生的生物质资源作为化学品生产的主要原料；杜邦公司剥离石油资产，购买了生物技术公司和组织农业综合企业，将 2010 年销售额的 25% 定位于生物质产品；美国的森林工业已开始与电力、石油、化工公司合作，利用林木废弃物生产能源及化工产品。难怪《今日美国》2001 年 2 月 1 日的一篇文章中说："农田作物有可能逐渐取代石油成为获得从燃料到塑料的所有物质的来源，'黑金'也许会被'绿金'所取代。"

丰田公司用白薯淀粉基塑料制成了汽车配件；富干通公司用玉米淀粉基塑料替代了计算机的塑料外壳；杜邦公司用玉米生产 1，3-丙二醇（POD）的成本比化学法降低了25%。卡杰尔—道氏公司用玉米淀粉发酵生产了聚乳酸（PLA）和其他多种聚合物塑料后，美国生物工程技术协会宣称："我们开始看到以玉米淀粉为原料的 PLA 生物材料在制造业的所有部门中得到应用，这可能会彻底改造旧经济。用转基因作物和家畜改变了农业，现在它正在改造工业。"

生物质能源如此受到重视，是与它的多功能和对资源的节约和循环使用有关的。

太阳能、风能、水能等可再生能源可以提供能量，但不能形成物质性生产；不能像煤炭和石油那样形成庞大的煤化工和石油化工产业，生产出上千种能源等化工产品。而生物质既是可再生能源，也能生产出上千种的化工产品，且因其主成分为碳水化合物，在生产及使用过程中与环境友好，又胜化石能源一等。

再则，它以作物秸秆、畜禽粪便、林产废弃物、有机垃圾等农林废弃物和环境污染物为原料，使之无害化和资源化，将植物储存的光能与物质资源深度开发和循环利用；它利用边际性土地和水面种能源植物，以增加土地和水面对太阳辐射能量的吸存，堪称循环经济之典范。重要的还在于，它是农业生产的一部分，可以发展农村经济，增加农民收入，促进农业的工业化、中小城镇建设、富余劳动力转移，以及缩小工农和城乡差别。

生物质产业的这种多功能和对资源的循环利用，正是它的魅力所在。在中国，它直扣"三农"、能源和环境三大主题，并起着全局性和实质性的推动作用。这个重大的战略性历史机遇已经来到了我们的面前。

（二）种出个"绿色大庆"

我国每年有 7 亿多吨作物秸秆，相当于农田生物量的 70%，其中 2 亿吨被就地焚烧，污染大气；每年有 2 亿多万吨林地废弃物未被利用和构成火灾隐患；每年有 25 余亿吨畜禽粪便及大量有机废弃物，相当于 3 亿吨标准煤未能利用和成为水体的污染源；每年有 1000 多万公顷农田因覆盖石油基塑料地膜而导致土壤肥力衰退。此外，尚有 1 亿多公顷（稍少于现耕地面积）不宜垦为农田，但可种植高抗逆性能源植物的边际性土地。

这些农林废弃物和边际性土地，对生物质产业而言，是一笔宝贵的能量资源和物质财富。就总资源量，农林废弃物可年产出 8 亿吨标准煤能量（相当于目前全国年商品能源消费量的 70%）；边际性土地种植能源植物可年产出或替代 6 亿吨燃油（相当于目前全国石油年消费量的 1 倍）；可减排数亿吨二氧化碳和消除作物秸秆就地焚烧及畜禽粪便的污染；可用全降解生物基塑料替代不可降解的石油基塑料，保护耕地肥力和根治白色污染；可以显著改善几千年来农民一直过着的、能效极低和烟熏火燎的直燃式能源消费以及偏远山区农村至今无电状况；可以新增约 3 万亿元产值（相当于现农业年总产值），提高农民收入，全面推进农村工业化、城镇化和大量吸纳农村富余劳动力。

几千年来，传统农业一直从事着稻麦棉、猪牛羊等初级农产品的生产，满足人类生活的基本需要；工业化社会里，农业在提供初级农产品的同时，又以棉毛麻丝、烟酒茶糖、果菜皮革等农产品向着食品和轻工业方向延伸。进入21世纪，生物质产业则从原料到产品再为农业开创了第三战场，一个"三农"、能源和环境并举，产品附加值高和市场潜力无限的第三战场。种植业不再是粮、经、饲三元结构，而是粮、经、饲、能四元结构。

自20世纪70年代以来，美欧等发达国家在发展生物质产业上已积累了许多经验。现况是，美国年产燃料乙醇500万吨，巴西1300万吨；欧洲以油菜为原料年产生物柴油200万吨，美国卡杰尔—道氏公司已建成以玉米为原料年产14万吨聚乳酸（PLA）及多种聚合物树脂；沼气发电和固化成型燃烧在德国和北欧已经商品化。历时30余年的生物质能源产业已是星火遍地和蓄势待发。

我国石油储量是世界的2%，消费量是世界第二；二氧化硫和二氧化碳的排放量分居世界第一位和第二位。石油进口由1994年的300万吨增加到2004年的1.4亿吨，进口依存度达46%。在我国，能源的多元化、可持续、与环境友好以及降低进口依存度已是大势所趋，生物质能源将扮演重要角色。

我国生物质能源产业刚刚起步，但势头很好。豫、吉、皖三省4套年产30万吨燃料乙醇装置已建成投产和乙醇汽油销售开始封闭运行；我国自行培育的，具高抗逆性和可全国种植的甜高粱，每公顷能产燃料乙醇6吨，比甘蔗高30%，比玉米高3倍，在新疆、内蒙古等地已有可喜进展。麻风树籽粒含油率50%以上，可直接生产生物柴油，西南地区已有上10万亩种植，计划2010年发展到1000万亩。此外，淀粉基热塑性和聚乳酸树脂技术正酝酿突破，固化成型燃烧开始应用，沼气是我国的强项。

根据我国生物质资源特点和技术潜在优势，可以将燃料乙醇、生物柴油、生物塑料，以及沼气发电和固化成型燃烧作为主产品。如能利用全国每年50%的作物秸秆、40%的畜禽粪便、30%的林业废弃物，以及开发5%，约550万公顷边际性土地种植能源植物和建设约1000个生物质转化工厂，其生产能力可相当于5000万吨石油的年生产能力，相当于一个大庆（年产4800万吨），或2004年全国石油总产量的29%，净进口量的35%。每增加1000万公顷能源植物的种植与加工，相当于增加4500万吨石油的年生产能力，可见潜力之大。

根据我国农业生态区资源特点，可建设以甜高粱和林区废弃物为主体的东北绿色油田、以旱生灌草和甜高粱为主体的西北绿色油田、以甜高粱为主体的华北绿色油田、以麻风树和甜高粱为主体的西南绿色油田，以及以多种木本和草本能源植物为主体的东南绿色油田。较之进口，绿色油田安全稳定，不必受制于人和付出外交代价。

开辟农业"第三战场"和建设"绿色大庆"可行吗？生物质产业直面我国

"三农"、能源和环境三大主题,是世界发展之大势和新兴的朝阳产业,在宏观和战略上是可行的。战术层面上,生物质资源的丰度与成本,原料生产与转化技术,以及产品市场等都是可行的。问题在于当前成本与价格尚难与石油基产品竞争,瓶颈是如何通过技术进步以降低生产成本。

煤与石油化工的烃技术体系形成已有近百年历史,而糖技术发展晚得多和不成熟,但也因之而有相当大的技术改进与成本降低的空间。巴西以甘蔗生产燃料乙醇1980年吨价849美元,1998年降到300美元以下。我国的陈化粮基乙醇吨价3800元,而甜高粱基乙醇可降到2800元以下;油料作物基生物柴油吨价4000元上下,麻风树等木本油料基和垃圾油脂基生物柴油吨价可降到3000元以下。新能源植物资源的发现和应用生物技术等进行能源植物的遗传改良,原料成本还会有较大降低。

工业转化技改的潜力也很大,如将普通酵母间歇发酵改进为基因工程菌连续发酵生产燃料乙醇、酶法和非催化法合成生物柴油、在线产物分离连续发酵、木质纤维素水解技术等的突破都将大幅度降低转化成本。发达国家对生物技术应用于生物质产业有很高预期和精心布置。

成熟技术、改进技术和高新技术的联合运用是共同的策略。根据对几个主产品的综合分析,仅靠技术改进即可获25%~40%的成本降幅,使生物质基产品成本低于现石油基产品。石油基产品价格涨势势不可当,生物质基产品价格竞争优势的增长也势不可当。根据技术现状分析,我国有可能取得一批自主创新的技术成果。

国外十分重视解决原料生产分散与工业生产需要规模之间的矛盾,与发展农村经济相结合的"小型、分散、统分结合和适度规模"的经营模式取得了成功。作为一项国家战略,政府的引导、资金和政策支持决定了生物质产业发展的速度,特别是在成长初期,这是国外发展生物质产业的一条重要经验。

为农业开辟第三战场和种出个"绿色大庆",似乎匪夷所思和过于大胆,但又是那么现实、可行,离我们那么近。

新中国成立之初,为了打破橡胶封锁,国家组织农林科技工作者冲破了北纬10°的地理极限,将橡胶树种到了北纬18°~24°;为了打破核讹诈,在经济和技术条件还极其薄弱的情况下,创造了"两弹一星"的奇迹。当前,"三农"问题是全党工作的重中之重,石油短缺已威胁到国家经济与国防安全,环境的压力越来越大,是该采取重大战略行动和创造奇迹的时候了。

生物质产业的工艺、设备和产业化方面,我国与发达国家间有较大差距,但在资源和某些技术研究上是有优势和令人鼓舞的,特别是"三农"、能源和环境三股强劲需求的巨大拉力,使几乎在同一起跑线上的这项国际竞赛,中国有可能跑在最前面。当前最急需的是制订和实施一项推进我国生物质产业的国家重大专

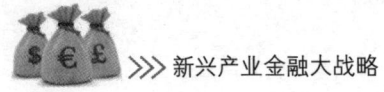

项计划，登高一呼，推动全局。

（三）重在"三态"

在美国风电发展较快，但可再生能源中生物能始终排在第一位，预计到2035年也是如此。中国发展生物能源的条件绝不比美国差，我们有许多空间可以大有作为，只是现在就要启动起来。

未来我国生物能源的发展方向是什么？概括起来，就是"三态"和多元化，突破固体和非粮液体生物燃料技术。所谓的"三态"：

（1）固体生物燃料。当前主要为固体成型燃料和直燃发电。中国是农业大国，秸秆等农林废弃物极其丰富，应该充分发展非粮乙醇和醇电联厂。据了解，仅秸秆一项，我国年产7亿吨左右，其中近4.5亿吨用于能源，相当于7个神东煤田，具有替代2.4亿吨标准煤和减排5.8亿吨二氧化碳的能力。这项技术既可以造福农民，也可以给国家解决问题，为什么不发展呢？不能因为有一些问题就否决这项技术。地处内蒙古鄂尔多斯市毛乌素沙地的毛乌素生物质热电厂利用沙生灌木生物资源发电，取得治沙、减排、富民、产业化发展等多赢效果。据了解，目前该电厂已治沙造林约33万亩，拉动平茬抚育各类灌木约80万亩，收购沙生灌木约24万吨，直接使农牧民增收7000多万元，惠及5000多户。

（2）液体生物燃料。以玉米等为原料的燃料乙醇在我国肯定行不通，纤维素乙醇等先进生物燃料国内10年内不可能较大规模生产。发展以甜高粱、薯类、菊芋等为原料的1.5代非粮乙醇可以迅速提高这些"非主流"作物的单产和扩大利用盐碱地、沙地、海涂等低质土地，增加农民收入。清华大学开发的甜高粱秆先进固体发酵（ASSF）生产乙醇技术处于国际领先水平。2009年，清华大学李十中教授在内蒙古巴彦淖尔市五原县建设的甜高粱秆发酵罐从5立方米放大到127立方米，进行了重复试验，取得成功。中国需要关注土生土长的原料，甜高粱秆生产燃料乙醇技术对中国更有现实意义。我国有3亿多万亩土地可以用来种植甜高粱等非粮能源作物。甜高粱与甘蔗不一样，它对水肥和温度的要求低得多，从大庆到海南都能种植。技术上也是国际一流的，工业化生产没有问题。澳大利亚也在大力发展甜高粱乙醇，称甜高粱为超级能源作物。

（3）沼气。目前我国在发展农村户用沼气的同时，应该大力发展工业沼气。沼气和天然气的有效成分同为甲烷，是替代天然气的最佳选择。德国、瑞典、丹麦等国已经工业化和规模化生产沼气，叫"生物气"（BIOGAS），经纯化压缩后已广泛进入天然气管道或灌装运输，或作为车用燃料。我国天然气缺口越来越大，除进口外，建议尽快上生物气工程。

三、核电

（一）西方公司注重安全要素

在捷克电力公司 CEZ 核电站建设项目负责人 Petr Zavodsky 的邮箱里，有三套来自美国、法国和俄罗斯企业的计划书，目的均是为了获得价值 300 亿美元建设五座新反应堆的合同。

捷克国有公司 CEZ 是中欧最大的公用事业集团，该公司计划在靠近奥地利边境的 Temelin 电站建设两座反应堆，在邻国斯洛伐克建设至多两座，还有一座在捷克东部的 Dukovany 电站。

争取合同的公司包括日本东芝旗下西屋公司（Westinghouse）、俄罗斯 Atomstroyexport 和捷克 Skoda JS 的结盟以及法国阿海珐（Areva）CEPFi.PA。

德国在日本核危机后已表示，将加快退出核能应用，意大利也宣布原子能应用计划暂停一年。捷克则不同，并不打算放慢推进核电项目。该国总理 Petr Necas 在日本福岛核电站危机不满一周时表示，他不认为捷克政府最终会关闭国内核电站。"那会导致经济方面的问题，有可能酿成经济灾难。"

然而，福岛核危机毫无疑问将改变捷克对新电站安全的设想——这有可能影响到谁将在投标中胜出。福岛危机之前，全球计划或申请建设的核反应堆超过 300 座，其中绝大多数在发展中经济体。虽然目前发达国家有可能冻结甚至减少对核能的依赖，但中国、印度、中东和东欧等新兴市场仍将继续发展核计划。

由于招标的核电站减少，对新项目的竞争可能会变得更加激烈——也更为复杂。对于安全问题的担忧是否会让西方的核反应堆建造商受益？俄罗斯和韩国等国以价格优势取胜的公司能否保持不败？福岛核危机若持续下去会有何影响？此次事件是否会让核电工业进入类似 1986 年切尔诺贝利（车诺比）事故后那样的冻结期？抑或这只是上升道路中的一个短暂起伏呢？

每个核电站的建设成本高达几十亿美元，因此上述问题的答案对于核工业而言价值万亿这也难怪大型核电企业会急着要说服客户相信一切安好。

国际原子能总署（IAEA）的数据显示，20 世纪 70 年代每年兴建中的新反应堆数量在 30 座以上，这数字在 1990 年和 2000 年初期降到个位数低档；到 2008 年时，仍在运作的反应堆总数为 438 座，和 1996 年数量相同。过去几年来，趋势开始逆转，在 2008 年时有 10 座新反应堆开始动工新建，是 1985 年以来首次出现两位数。

根据世界核能协会（World Nuclear Association）在福岛事故发生前的数据，当前正在建设的反应堆共有 62 座，主要在 "金砖四国"（巴西、俄罗斯、印度和中国）境内，有 158 座已预定或计划开工，另有 324 座已进行提案。中国仅有 13 座反应堆已投入营运，有 27 座仍在兴建中，另有 160 座的兴建计划或提案。

印度的兴建计划或提案有58座,俄罗斯则有44座。

反核能人士指出,安全性较高的设计会令核能发电变得更为昂贵。绿色和平欧盟政策活动发起人Jan Haverkamp表示,这应会给太阳能及风能等低排碳再生能源带来支持,并终止核电的热潮。"福岛事故将会终结所有关于核能复兴的言论,业界觉得情势不会改变。"Haverkamp说。

然而,即使福岛事故确实强化了公众反核情绪,但看来是不太可能完全阻止新兴市场国家对核电的追求。首先,在亚洲公众意见对政策的影响力不如西方,即使是印度,尽管有着民主传统,且在博帕尔(Bhopal)事故后对工业灾难十分敏感,但看来仍会维持发展核电的计划。

(二)政府高度介入

当然,安全性与价格并非全然是关键因素。核能合约通常会受到地缘政治的影响。出售反应堆的公司大多是国有企业,因此核能交易协商往往是政府间的磋商。

即便是私有的美国反应堆建造商,也有美国外交部门的极力支持。维基解密获得的大量电报显示,美国使团在美国核能管理委员会的积极支持下,一直在进行核能合约的游说活动,在中国、匈牙利、南非、科威特、阿布扎比和意大利等国奔走。

2009年2月23日从美国驻罗马大使馆发出的一份电文,凸显了核能交易的事关重大,且美国和法国外交官都紧紧地盯着对方的动作意大利20年前关闭了核电站,就在该国准备重启核电计划之际,美国使馆精心安排了美国核能管理委员会官员出访意大利这些官员向意大利介绍了美国对于核电的看法。

电文称,从技术和商业角度来看,美国生产的核反应堆对于意大利来说可能是最佳选择,但包括法国总统萨科齐在内都在为法国积极游说,可能帮助法国企业胜出使馆将继续努力为美国核技术企业争取机会,帮助他们赢得金额可能数以10亿美元计的合同。该电文继续说道,法国透过最高的政治层面,代表阿海珐游说意大利政府,"我们的所有消息来源都认为,贝鲁斯柯尼的一个政治决定可能比所有的专家意见都管用。"

美国外交官表示,鉴于潜在订单的金额巨大,美国驻意大利使馆一直在"大力开展广泛努力,鼓励其采用新型能源技术",尤其对核产业给予特别关注。

"美国企业代表及其意大利伙伴都明白,如果没有美国在高层游说,法国施加的压力一定会促使意大利决定购买法国技术我们显然需要在最高层面介入这可能涉及数百亿美元的合同,以及大量的高技术就业机会。"电文在结论中写道。

阿海珐的发言人Saulnier表示,各国政府支持本国出口产业相当正常。"在多数情况下,我们与政府当局影响不到的民间客户打交道但在有些情况下,尤其是中国,国家间关系发挥着重要作用,政治当局不但要提供保证,而且要与这家法国公司密切配合，"他说。

俄罗斯似乎并不担心日本福岛核危机的影响，或者至少是决心发展核能，即使福岛事件肯定会打击俄罗斯的宏伟目标：到 2030 年把核能出口提高两倍，达到每年 500 亿美元。

俄罗斯国有核能公司 Rosatom 负责人季礼颜科认为，今天拒绝原子能的国家，将来会依赖那些没有限制原子能的国家。Rosatom 表示，目前正在建设的核电站比任何公司都多，在 62 座全球在建的反应堆中，该公司占了 14 座，包括在中国、印度和伊朗的项目。该公司表示，手中还有建设另外 30 座左右的订单。俄罗斯拥有全球铀浓缩产能的 40%左右，每年出口大约 30 亿美元的燃料，且向购买俄罗斯反应堆的客户提供折扣。

专家表示，虽然俄罗斯运营中的反应堆中，有 1/3 是类似切尔诺贝利的老式反应堆，但目前出口的反应堆设计则符合国际安全标准 Rosatom 出口的反应堆主要是 VVER-1000 和 VVER-1200，该公司称其是第 "3+" 代压力轻水反应堆，每座售价 30 亿~60 亿美元。

2008 年中国田湾投入运转核电站内的两座 VVER-1000 反应堆，是全球首次采用核心捕集器，该捕集器为俄罗斯物理学家在切尔诺贝利灾难之后发明的安全措施。

Rosatom 还表示，其主动与被动安全屏障在不经干预的情况下，至少能为反应堆提供 72 小时冷却如果温度升得较高，带有熔融金属盖的安全壳喷水装置就会向反应堆喷洒冷却剂其他两项被动系统用于在紧急情况下用水淹没反应堆，都只需靠重力作用还有两座 VVER-1000 反应堆在印度 Kudankulam 兴建，也具备排放口，允许密封的反应堆把多余热量排出，并在安全壳顶进行冷却，抑制内部温度。

日本事件将迫使核能企业去防范更为微小的风险。俄罗斯已开始采取措施，防止机率只有 "百万分之一" 的强烈龙卷风袭击。俄罗斯将在保加利亚和土耳其兴建的新核电站，其设计能够禁受一架重达 400 吨飞机的撞击。

但挪威环境保护组织 Bellona 对此半信半疑，该组织是俄罗斯核能工业方面的权威在其最新一期报告中，Bellona 表示，为了降低成本，俄罗斯对于安全问题不太讲究，例如许可审核过程匆促、使用劣质设备和成本较低的非专长工人。

绿色和平组织能源专家 Vladimir Chuprov 是上述报告的作者之一，他说，"俄罗斯和 Rosatom 通常是通过相当低的安全标准，还节省成本并打击竞争对手，"安全系统平均应该占到资本成本的 40%左右。

环境保护人士表示，由于 Rosatom 努力使其反应堆安全性达到西方的水平，其竞争力正在下降。"价格正接近法国欧洲压水式反应堆的水平如果早期的俄罗斯反应堆确实因价格较低而销路不错，现在这种希望正在迅速消退。"俄罗斯环境保护组织 Eco-Defense 的 Vladimir Slivyak 在 Bellona 网站上发表的一篇评论中写道。

俄罗斯原子能部前代理部长 Bulat Nigmatulin 坦承,俄罗斯核能产业通常会透过提供大额出口信贷来赢过对手价格进而取得出口合同 Nigmatulin 对路透表示,他个人也曾游说过普京,使其相信核能产业的重要性,指出这是俄罗斯具有全球竞争力的少数高科技产业之一。"这是我们唯一没有落后的产业,必须要加以发展,但仍有一个关键的条件:我们必须受实际经济逻辑的约束。"他说。

(三)中国变成为竞争者

分析人士称,中国仍是最大的赢家,其从美国、法国和俄罗斯建造商手中购买反应堆,同时也在努力自行研发。

2007年3月,西屋在与阿海珐竞争中胜出,中国与西屋签署了一项价值约53亿美元的技术转移协议,使 AP1000 核反应堆成为中国发展"本土化"核反应堆计划的核心。

业内专家称,阿海珐的失败主要是因为该公司不愿把专利送人。2007年,中国在协商步伐屡屡受挫后,决定放弃在东南沿海阳江建立两座欧洲压水式反应堆的计划,选择采用自行研发的第二代 CPR1000 设计。

截至目前,中国的 AP1000 建造并未超出预算,且符合工期。但阿海珐卷土重来,在同意将关键技术转移给中国广东核电集团后,也赢得了在东南部台山建造两座欧洲压水式反应堆的合约。

中国政府对于第三代电厂缺乏耐心,于是快速上马数十座第二代反应堆,即便是在日本地震前,也招致了太过草率的指责。国务院研究室学者指出,中国建设速度过快,许多地区与国际趋势背道而驰,选择建设可靠性较差的第二代反应堆该文件建议,除了已批准的项目外,所有新的核电项目"原则上"都应采用第三代设计。

那将给予西屋和阿海珐竞争优势,尽管这种优势可能不会持续太久。就如同阿海珐前身 Framatome 在20世纪60年代采用美国技术的情况一样,中国现在正快速向其西方供应商学习李宁预计,中国在不久的将来就会有能力接下海外建案。

中国将技术、生产和建设本土化之后,将有能力向其他国家出口,这可能很快就会实现,因全球将会需要这类新技术中国在制造和技能方面具有优势,而这一优势应不会局限于国内市场。

核电成为低碳能源供应的支柱,世界核电快速发展。2006年世界核电发电量约2.7万亿千瓦时,预计2030年将上升到3.8万亿千瓦时。如果以核电代替煤电,可减少18亿吨/年的碳排放量。发展核电可改善我国的能源供应结构,有利于保障国家能源安全和经济安全,也是电力工业减排污染物的有效途径,是减缓地球温室效应的重要措施。

我国核电技术发展现状是：拥有比较完整的核工业体系，核电站建设速度加快，实验快中子增值堆和高温气能试验堆等多项关键技术取得了重要进展。存在的问题是：尚不具备独立自主规模化生产核心设备的能力；对第三代、第四代先进堆的研究与国际先进水平差距仍较大。我国核电装备制造业已得到较大发展，目前我国30万千瓦、60万千瓦及百万千瓦级核电站的国产化率水平分别在90%、70%和50%左右。预计2012年、2013年前后，我国百万千瓦级核电的装备的自主化率将达到75%以上。我国三大装备制造基地目前已经改扩建。

目前核电装备制造业的挑战与隐忧在于：核电装备制造业标准化体系没有建立；市场因素起作用，二代改进型技术的装备制业产能将进一步挤兑三代核电技术的装备制造业的空间。目前，批量建设的二代改进型机组自主化率不高，有的核心技术缺乏，百万千瓦级核电装备国产化率仅50%左右。

在这次中国刺激经济的4万亿投资中，核电成为其中引人瞩目的一块，核电的建设将带动一大批相关产业的发展，其中更多的设备提供商将从中收益。其中值得注意的是随着我国核电技术自主化率的提高，我国的核电站已经从以往的建立在海边为主转向内陆省份，其中湖南、湖北、河南、安徽、重庆、四川都将建设百万千瓦级的机组。

目前国内外资本市场的投资者在选择核电的投资对象时，重点关注具有核心技术、强势市场地位的上游设备公司。市场看好核电设备，是因为它具有以下几点竞争优势：政府扶持大优势。国家产业政策从"适度发展核电"转变为"加快推进核电发展"，核能装机容量有巨大提升空间。技术优势。国内技术比较成熟，与国际先进水平基本同步。成本优势。核电发电成本与传统火电发电成本相差不大，远远低于风电、太阳能光伏发电的成本。估值优势。核电上市公司整体业绩比较优良，成长确定性较高，目前估值水平较低。

鉴于国家政策积极支持核电的快速发展，作为行业内的优势群体，核电上市公司无疑会受益颇多。重点关注具有核心技术、强势市场地位的核电设备上市公司，如上海电气、东方电气等。

四、风电

在各类新能源开发中，风力发电是技术相对成熟并具有大规模开发和商业开发条件的发电方式，因此成为低碳经济的重要领域。全球风力发电快速增长，2001年以来，全球风力发电装机容量每年增长了20%~30%，2008年全球风电增长28.8%，高于过去10年的平均增长。

我国风电发展势头迅猛，风电市场的容量日益扩大。国内风电装机容量连续3年在百万千瓦级上翻番，2009年上半年国内新增装机443.98万千瓦，累计装机达1659.26万千瓦。2050年风电可能超过水电，成为中国第二大主力发电电源。

我国风电发展是以风电场的规模化建设带动风电产业化发展，促进风电技术进步，提高风电装备国产化制造能力，降低风电成本，增强风电的市场竞争力。"十一五"期间风电发展重点：推动百万千瓦风电基地建设；支持风电设备国产化；进行近海风电试验。

我国风电技术发展现状：风电场建设和产业化发展很快，兆瓦级风机机组生产已基本实现国产化。我国风电技术存在的问题：兆瓦级风电机组的总体设计技术和一些关键设备仍然依赖国外；先进的地面试验测试平台及测试风电场尚未形成等。

当前国内风电市场的竞争格局表现为：风电制造企业面临激烈竞争，内资风电设备制造企业的累计市场份额首次超过外资，风电机组制造商四个梯队迅速成长，海上风电争夺战开始打响，风电入网已经成为风电发展的主要瓶颈。

在风能产业链中，风机零部件制造，重点发展核心部件；风电机组制造的目标是大风机，守住中小风机；风电场建设运营的重点是自身运营加转手销售，长期向好。

风电设备被列入国家产能过剩和重复建设产业。对重复建设的有效控制，有利于加速风电企业的整合，优胜劣汰，维护目前市场中优质公司的市场地位。

我国风电行业处于高速增长期，前景比较光明。目前，风机零部件制造商、风机机组制造商业绩成长性会比较明显。风电上网问题如得到圆满解决后，风电场建设、风电运营商会有许多业绩上升空间。建议重点关注具有核心技术和竞争优势的优势风电上市公司，如金风科技、东方电气、上海电气等。

在新能源投资热潮中，风电是目前发电成本最低的种类之一。据介绍，目前风电每度成本为0.4~0.6元，并且还有较大的下降空间。

河北建设投资公司总经理王永忠曾对我介绍，公司规划建成400万千瓦的风电项目，其中已建成和正在建设的风电项目就有100万千瓦。按照目前风电建设1千瓦投资1万元计算，这些项目的总投资将达400亿元。

事实上，除了河北建设投资外，国内许多电力公司都已盯上了河北的风电资源。根据公开资料，仅河北张家口市的尚义县一地，国电龙源、大唐国际等13家国内外大公司，已签订风电开发协议570万千瓦，总投资达510亿元。

江苏也是中国东部地区风能资源十分丰富的省份，根据规划，未来10多年，江苏省仅盐城市一地的风电投资将超过数百亿元，最终投资金额将达2000亿元。

新疆是中国风能最丰富、风电开发最早的省区之一，据介绍，如果新疆的风能得到充分开发，总投资就可超过1万亿元。根据公开资料，新疆风能资源总储量为8.72亿千瓦，有建成数个1000万千瓦以上的超级风电项目的潜力。目前，距离乌鲁木齐仅数十公里的达坂城等地，风电建设已全面铺开。

作为目前技术最为成熟、最具有大规模开发和商业化发展的新能源，风电近年来在中国呈现爆发式的发展，年均装机增速都在100%以上。中国国家能源局预计，从电力供需形势和资源环境形势来看，中国风电的发展速度还称不上快。按照目前的发展速度，到2020年中国风电装机占电力总装机的比重将提升6个百分点。

据了解，今后一段时间，内蒙古、河北、东北、西北和东部沿海将是中国风电建设的重点地区，规划建设7个千万千瓦级风电基地。中国还尝试开发海上风电，目标是打造"海上三峡"。除了这些，国家能源局称："将继续推动大型风电基地建设。内蒙古、河北、甘肃规划了若干个数百万千瓦的基地。"

国家电网公司介绍，目前酒泉、哈密、蒙西、蒙东、河北、吉林六个千万千瓦级风电基地，规划的风电装机容量就已达到了11632万千瓦，而且还不算浙江海上的千万千瓦级风电基地。

表2-4 我国主要风电场风电上网电价（2010年）

序号	风力发电场名称	最高风电电价/元
01	内蒙古朱日和风电场	0.6094
02	内蒙古辉腾锡勒风电场	0.609
03	内蒙古商都风电场	0.609
04	内蒙古锡林浩特风电场	0.64786
05	河北张北风电场	0.984
06	新疆达坂城风电场一厂	0.533
07	新疆达坂城风电场二厂	0.533
08	辽宁东岗风电场	0.9154
09	辽宁大连横山风电场	0.9
10	浙江苍南风电场	1.2
11	海南东方风电场	0.56
12	广东南澳风电场	0.74
13	广东南澳振能风电场	0.62
14	福建东山澳仔山风电场	0.46
15	甘肃玉门风电场	0.73
16	吉林通榆风电场	0.9
17	上海崇明南汇风电场	0.773
	平均电价	0.724

资料来源：国家能源网。

五、太阳能光伏发电

由于光伏发电的成本问题迟迟未能解决，目前的太阳能光伏市场本质上是一个政府政策驱动的市场。在太阳能利用方面走在世界前列的德国、美国、日本以及欧洲各国,其成功与政府在目标引导、价格激励、财政补贴、税收优惠、信贷扶持、出口鼓励、科研和产业化促进等方面的综合作用是密不可分的。

多晶硅价格的冰火两重天。光伏电池技术和光伏系统集成技术的不断提高促进发电成本下降,太阳能光伏产业规模持续增加。就国内而言,2008年光伏组件行业十分火爆,企业数量较2007年攀升一倍,达到400家以上。在造就了很多一夜暴富的神话之后,蜂拥而上的投资让光伏组件行业内的竞争白热化,多晶硅出现严重短缺,价格节节攀升。但金融海啸之下,伴随着油价的一路狂泻,人们对新能源产业的热情似乎也消失殆尽,光伏产业的泡沫受到挤压。中国企业损失更为惨重,多晶硅价格的迅速下跌和国外市场的急剧萎缩致使近3/4的企业处于倒闭和停产的尴尬局面。

业内部分人士认为,多晶硅产能"过剩"是表面现象,实质是受国际金融危机影响,需求大幅下降,显得供大于求,而不是真正产能的过剩——离15%的目标还很远。需求不足,如何扩大需求——外需、内需。对产能过剩实施严格控制,有利于新能源长期健康发展。

光伏产业的发展给光伏设备的制造业带来巨大的商机我国的光伏产业链已经完整,但产业链从头到尾的关键设备的国产化率都不高,具有极大的提升空间。

光伏发电产业链

产业链上游——硅原料提纯或有新突破。多晶硅原料价格大幅下调,这无形中为国内企业降低生产成本创造了绝佳的机会,在甘肃敦煌10兆瓦太阳能光伏项目招标中,国内企业甚至投出了0.69元/kW·h的超低价。虽然对这一超低价投标,业界持有不同意见,但是多晶硅原料价格的降低,导致光伏发电成本的下降仍然是一个不争的事实。

产业链中游——薄膜电池市场前景看好。中国企业主要集中在产业链中下游,在产业链中游更有技术优势。在硅锭/硅棒制造环节,国内主要生产企业技术比较成熟;电池制造方面,大多数中国光伏企业的工艺接近或达到国际先进水平。众多的非晶硅光伏电池技术中,薄膜太阳能电池技术最接近大规模产业化。未来两年,薄膜技术的进步、转换率的提高将逐渐凸显薄膜太阳能电池的成本优势。

薄膜技术的兴起带动了国内新一轮太阳能光伏产业投资热潮,未来3~5年随着薄膜技术的日趋成熟,碲化镉(CdTe)和CIGS等技术将会有新的突破,卷式设备和可印刷铜/铟/镓/硒(CIGS)墨水等设备应用的技术创新也会取得新进展。这将有望进一步带动中国太阳能光伏产业新一轮增长。

六、智能电网

中国能源资源分布、经济发展不均衡,必须提高电网输送能力,发展远距

离、大跨距、大容量输电,加强统一协调和规划建设,形成统一调度运行的统一或联合电网。中国的智能电网建设基于不同重点进行规划,不仅要涵盖欧、美智能电网的概念和范围,还要加强骨干电网建设,即建立一个以特高压电网为骨干网架的各级电网高度协调发展的智能电网。智能电网贯穿发、输、配、用全过程,电力系统各领域都将产生质的飞跃。

我国智能电网建设分为三个阶段:2009~2010年进行规划试点阶段,2011~2015年开始全面建设阶段,2016~2020年为引领提升阶段。在投资规模方面,到2020年智能电网总投资规模接近4万亿元,具体为今、明两年的投资约5500亿元,其中特高压电网投资830亿元;全面建设阶段(2011~2015年)投资约2万亿元,其中特高压电网投资3000亿元;基本建成阶段(2016~2020年)投资1.7万亿元,其中特高压投资2500亿元。

特高压输电网是建设我国智能电网的基础。国家电网公司以特高压交直流等重要电网项目为投资重点,加快建设由1000千伏交流和±800千伏、±1000千伏直流构成的特高压骨干网架,到"十二五"初期,将初步建成"两纵两横"特高压骨干电网。特高压投资增速明显,这将给主要的特高压设备厂商带来业绩增长动力。

在智能电网规划的推动下,未来数字化变电站将成为新建变电站的主流,常规变电站将被逐步取代。而数字化变电站主要包括数字化互感器、数字化开关控制、数字化传感器、数字化继电保护和数字化变电站自动化系统。生产数字化互感器的南瑞继保、思源电气、国电南自、许继电气、长园集团将从中受益,而平高电气及思源电气将在数字化开关控制领域大有作为。

用电信息采集系统及智能电表。国家电网为了实现计量、抄表、结算自动化,于2009年启动了795亿元的用电信息采集系统项目,随着项目的实施,智能电表和用电信息采集系统的需求将会大幅度增加,预计该市场空间每年约在160亿元以上,科陆电子将随着该项目的启动而显著受益。

在新能源发电网络方面,国家也启动了多项"863"高技术研究发展计划项目,在"十一五"期间,在三大先进能源技术领域设立重大项目和重点项目,包括:以煤气化为基础的多联产示范工程、MW级并网光伏电站系统、太阳能热发电技术及系统示范等项目。

我国智能电网建设的逐步展开,将给国内的电力设备制造企业带来广阔的市场空间,受益的企业将涵盖电网建设的每一个环节。

七、清洁煤技术

未来世界和中国能源结构中煤炭仍占据主导地位,洁净煤技术是中国政府实现可靠的、可供应得起的、更安全的未来低碳能源的重要组成。从世界和中国能源需求形势来看,煤炭在未来能源供应结构中的主导地位仍不可动摇。

据国际能源署（IEA）世界能源展望预测，到 2030 年，世界一次能源需求将增长 55%，化石燃料在全球能源供应中仍将保持一定份额。IEA 报告预测，由于中国和印度经济的快速发展，全球煤炭需求将增长 73%。因此，洁净煤技术是中国政府实现可靠的、可供应得起的、更安全的未来能源的重要组成。对于未来煤炭在能源结构中主导地位的预期，使得加速部署和发展 IGCC+CCS 技术很有必要。2009 年 11 月 17 日，中美双方签署了《中美清洁能源联合研究中心合作议定书》。双方同意在未来五年对中美清洁能源联合研究中心投入至少 1.5 亿美元，两国各出资一半，优先研究课题将包括清洁煤（包括碳捕集与封存）等。

全球 IGCC 项目发展形势。目前全球正在运行的 IGCC 电站有 17 座，总装机容量为 4270 MW；拟在建的 IGCC 多联产项目共有 55 座，总装机容量约 13000 MW。其中，中国山东兖矿集团是世界上第一套 IGCC 联产甲醇和醋酸的示范装置，拥有 80MW 装机容量，30 万吨甲醇和 22 万吨醋酸的联产能力。该装置于 2005 年底建成投运，连续三年实现了稳定的生产，并取得了良好的经济效益。目前在中国，共有 16 套拟在建的 IGCC 或多联产项目，其中福建联合石化将于 2009 年年中投运，华能绿色煤电预计将在 2010 年建成投运。

美国能源部 2003 年提出的"未来发电"项目（FutureGen）是全球最引人注目的煤炭洁净发电示范计划之一，原计划建造 1 座 275MW 燃煤发电和制氢的近零排放示范发电厂原型，发电厂利用最先进的整体煤气化联合循环并结合碳捕集与封存技术。2008 年 1 月 30 日，美国能源部突然宣布将重组"未来发电"项目方案，计划在多个商业规模的 IGCC 洁净煤发电厂示范 CCS 前沿技术。这一重组意味着"未来发电"项目从最初建造 1 座转变为同时建造多座具备 CCS 能力的大规模 IGCC 商业示范电厂。项目重组原因除美国官方公布的成本和政策压力以外，主要是基于美国政府对于未来煤炭在能源结构中主导地位的预期、雄厚的 IGCC 技术基础和潜力以及全球 IGCC 项目发展形势所驱动，其目的是使美国 IGCC+CCS 技术占领并垄断市场。

国内清洁煤实践——绿色煤电计划。中国华能集团公司 2004 年率先提出了"绿色煤电"计划，旨在研究开发、示范推广以煤气化制氢，氢气轮机联合循环发电和燃料电池发电为主，并对二氧化碳进行捕集和封存的煤基能源系统，以大幅度提高煤炭发电效率，达到污染物和二氧化碳的近零排放。

第七节 新材料产业

21 世纪将是以新材料为重要基础的知识经济时代，谁掌握了最先进的材料，谁就能在高技术及其产业的发展上占有主动权。未来新材料产业无疑是最具增长活力和投资机会的领域之一。

新材料是战略性新兴产业发展的基石。如果说钢铁、水泥是传统产业的重要基础，那么，可以毫不夸张地说，新材料就是发展战略性新兴产业的基石。在中国经济强劲复苏和高新技术产业迅猛发展的拉动下，未来中国新材料市场将继续保持高速增长。2010 年，中国新材料产业的市场规模将突破 1300 亿元。近十年以来，世界材料产业的产值以每年约 30% 的速度增长。当前，微电子、光电子、新能源、化工新材料成为研究最活跃、发展最快、应用前景最为投资者所看好的新材料领域。

国家《新材料产业"十二五"发展规划》提出，到 2015 年我国新材料产业总产值达 2 万亿元，年均增长率超过 25%，推广 30 个重点新材料品种，实施若干示范推广应用工程。

规划提出的"十二五"预期发展目标还包括：研发投入明显增加，重点新材料企业研发投入占销售收入比重达到 5%，建成一批新材料工程技术研发和公共服务平台；打造 10 个创新能力强、具有核心竞争力、新材料销售收入超 150 亿元的综合性龙头企业，培育 20 个新材料销售收入超过 50 亿元的专业性骨干企业，建成若干主业突出、产业配套齐全、年产值超过 300 亿元的新材料产业基地和产业集群；新材料产品综合保障能力提高到 70%，关键新材料保障能力达到 50%，实现碳纤维、钛合金、耐蚀钢、先进储能材料、半导体材料、膜材料、丁基橡胶、聚碳酸酯等关键品种产业化、规模化。

规划提出，到 2015 年，我国建立起具备一定自主创新能力、规模较大、产业配套齐全的新材料产业体系，突破一批国家建设急需、引领未来发展的关键材料和技术，培育一批创新能力强、具有核心竞争力的骨干企业，形成一批布局合理、特色鲜明、产业集聚的新材料产业基地，新材料对材料工业结构调整和升级换代的带动作用进一步增强。到 2020 年，建立起具备较强自主创新能力和可持续发展能力、产学研用紧密结合的新材料产业体系，新材料产业成为国民经济的先导产业，主要品种能够满足国民经济和国防建设的需要，部分新材料达到世界领先水平，材料工业升级换代取得显著成效，初步实现材料大国向材料强国的战略转变。

"十二五"期间，特种金属功能材料、高端金属结构材料、先进高分子材料、新型无机非金属材料、高性能复合材料和前沿新材料将是我国重点发展的新材料品种。

工信部有关负责人表示，目前我国新材料产业总体发展水平与发达国家有较大差距，产业发展面临一些亟待解决的问题，主要表现在：新材料自主开发能力薄弱，大型材料企业创新动力不强，关键新材料保障能力不足；产学研用相互脱节，产业链条短，新材料推广应用困难，产业发展模式不完善；新材料产业缺乏统筹规划和政策引导，研发投入少且分散，基础管理工作比较薄弱。"'十二五'时期是我国材料工业由大变强的关键时期，加快培育和发展新材料产业，对于引领材料工业升级换代，支撑战略性新兴产业发展，保障国家重大工程建设，促进传统产业转型升级，构建国际竞争新优势具有重要的战略意义"。

为明确产业发展重点方向，工信部同时发布了《新材料产业"十二五"重点产品目录》。

数据显示，2010年我国新材料产业规模将超过6500亿元，与2005年相比年均增长约20%。其中，稀土功能材料、先进储能材料、光伏材料、有机硅、超硬材料、特种不锈钢、玻璃纤维及其复合材料等产能居世界前列。

一、中国新材料产业的发展

材料是人类生产、生活的物质基础，材料科学的进步左右着人类文明的发展进程。从材料的使用来看，人类已经走过了石器时代、青铜器时代、铁器时代三个阶段，与之相对的，则是人类文明的三代阶段：游牧文明、农耕文明和工业文明，材料的重要性由此可见一斑。

目前，人类已进入硅基/合成材料时代，材料科技的进步作用更加凸显。材料科学和信息技术、生命科学，被认为是21世纪的三大支柱性高技术产业。一种新材料的应用，往往事关一个产业的兴衰，事关国家的经济、安全命脉。举例说，超纯硅、砷化镓的研制成功，导致大规模和超大规模集成电路的诞生，使计算机的运算速度从每秒几十万次提高到现在的每秒千万亿次以上。

经过"十五"、"十一五"期间的持续科技攻关，我国在新材料的某些领域已经达到与国际同步的水平。比如在激光晶体、光学晶体材料等方面，处于世界领先地位；在磷酸铁锂电池方面，其在新能源汽车上的应用已在国际上稍稍领先。

但就整体而言，我国还只是一个材料大国，距离材料强国还有很大距离。目前，我国大约10%的领域国际领先，60%~70%处于追赶状态，还有20%~30%存在相当的差距。不过，经过数十年的积累，我国在新材料领域已经具备相当实力：我国在材料方面发表的论文已占全世界第二，材料领域的发明专利从2008年开始已占全球第一。

总体而言，我国的新材料发展战略不能盲目跟随"国际前沿"，而应根据自己的国情，在关系国计民生的关键领域优先发展。比如，钢铁、有色金属、水泥、玻璃、树脂、纤维、橡胶和复合材料等大宗材料，镁、稀土、水等关键性和特色性资源材料，涉及节能减排的半导体照明、新能源和储能材料，与生命安全相关的生物医用材料、器械和设备等，这些都是我国必须高度重视的。

根据上述原则，"十二五"期间我国新材料发展重点将围绕对国民经济发展起关键作用的五大方向展开：现代交通运输，如轻量化汽车、高速铁路、远洋货轮等；高效清洁能源，如半导体照明（LED）、风电、太阳能及其能量存储系统、热核聚变等；环境资源，如镁、稀土等储量丰富的特色战略资源材料、清洁煤化工、秸秆材料综合利用等；民生产业，如小城镇化和城市化所需的绿色建筑材料，涉及文化娱乐和传媒介质等的新一代先进显示材料，与人口安全相关的生物医用材料和医疗器械设备等；此外还有国防领域。

科研院所和高等院校的专家学者应根据国家的重大需要确定自己的研究方向，或把自己的研究向国家的战略需求方向靠拢，以免加剧"科技、经济两张皮"的矛盾。但在强调"实用"的同时，也不应忽略像超导材料技术这样暂时看不到结果，但能够影响全局的先导性和前瞻性的关键技术。

二、新材料产业的市场规模

目前，全球新材料市场规模已超过8000亿美元，由新材料带动而产生的新产品和新技术则是更大的市场。新材料产业作为战略性产业日渐受到各国的重视，美、日、德等发达国家纷纷制订完善的发展计划，搭建研发产一体的新材料发展平台；伴随着全球资源的减少，新材料产业发展与环境、资源的协调性也备受重视。加快发展新材料产业，提升产业竞争力成为国家实施可持续发展战略的重要组成部分。中国政府历来重视新材料技术及产业化的发展，在各项国家计划中给予了重点支持。

近年来，国家相关部门为提高新材料科技转化水平，积极推动新材料产业基地建设。新材料产业基于区域产业基础与特色，在原有地域空间上进行资源整合，有利于区域新材料产业竞争力的提升，并在一些优势领域形成特色，如包头形成了稀土新材料产业地带；武汉、长春等基地是国内主要的光电材料产业基地；湖南则以电池材料、硬质合金材料、复合材料为主；宁波以磁性材料、高分子材料为特色等。

我国新材料产业虽然取得了很大进步，但与发达国家相比，新材料总体水平与发达国家有很大差距，主要表现在：拥有自主知识产权的专利成果还不够多，高性能、高附加值的产品相对较少；新材料的工程应用开发滞后，成果转化率低，规模化生产程度低；材料的合成与加工装备落后，资源和能源利用率低，单位国民生产总值所消耗的矿物原料比发达国家高2~4倍，二次资源利用率只相当于世界发达水平的1/4~1/3，废弃资源的回收技术和水平低，环境问题突出等。

（一）全球市场需求上升

在低碳经济形势下，为了保持其经济和科技的领先地位，美国、欧洲、日本等发达国家和地区都十分重视新材料技术的发展，把新材料作为科技发展战略的重要组成部分，在制订国家科技与产业发展计划时，将新材料技术列为优先发展

的关键技术之一，予以重点支持。

美国新材料科技战略目标是保持本领域在全球的领导地位，支撑信息技术、生命科学、环境科学和纳米技术等发展，满足能源等重要部门和领域对新材料的需求。为此制定的与低碳经济相关的新材料发展计划主要包括：光电子计划、光伏计划、下一代照明光源计划、先进汽车材料计划、建筑材料计划等。

德国自1994年就启动了跨世纪国家级新材料研究计划，实施周期为1994~2003年。该计划目标是通过产品创新和技术创新，在新材料制造装备、加工和应用三个方面确保德国在国际上的领先地位；进入21世纪后，德国在九大重点发展领域均将新材料列为首位，通过开发新材料以解决资源短缺和环境污染的问题，德国还将纳米技术列为科研创新的战略领域。

欧盟各成员国都有自己的新材料发展规划。欧盟在2007年3月通过的一项能源战略计划中承诺，到2020年将可再生清洁能源占总能源的比例提高到20%。这将给新能源材料的应用提供巨大的市场。欧盟委员会2009年3月宣布，欧盟将在2013年之前投资1050亿欧元支持欧盟地区的"绿色经济"，促进就业和经济增长，保持欧盟在"绿色技术"领域的世界领先地位。这笔巨额款项将全部用于环保项目以及与其相关的就业项目，其中540亿欧元将用于帮助欧盟成员国落实和执行欧盟的环保法规，280亿欧元将用于改善水质和提高对废弃物的处理和管理水平。无疑这为低碳新材料的发展带来了巨大商机。

日本新材料科技战略目标是保持产品的国际竞争力，注重实用性，在尖端领域赶超欧美。日本对新材料的研发与传统材料的改进采取了并进的策略，注重于已有材料的性能提高及回收再生，并在这些方面领先于世界。在21世纪新材料发展规划中将研究开发与资源、环境协调的材料以及减轻环境污染且有利于再生利用的材料等作为主要考核指标。

（二）发展趋势

未来几年，随着新材料下游化工、能源、建材、机械、IT等行业发展迅速，新材料优异的产品性能和广泛的应用领域使其产品市场需求保持较高的增长。未来几年中国新材料产业的发展将呈现如下特点：

（1）下游行业继续带动，产业规模持续增长。未来几年，纳米粉体材料在橡胶、塑料、涂料、造纸等产业的应用规模仍将保持较高的增长；稀土钕铁硼材料的市场应用将逐渐从中低端的电动自行车、音响扩音器向高端的电脑硬盘、音圈电机、汽车电机等领域拓展；电池新材料方面，电池新材料是发展能源技术、提高能源生产和利用效率的主力军，随着中国快速发展的经济对能源需求的逐年增加，以及手机、笔记本电脑、数码相机、摄像机、汽车等产品对新型、高效、环保能源材料的强劲需求，电池新材料将以较快的速度增长；光电新材料方面，LCD、PDP等新型显示器将成为消费市场热点，由此带动光电材料市场需求的不断增长。

(2) 产品界定即将统一，产业发展有据可依。2004年2月，科技部高技术研究发展中心牵头成立了新材料界定专家组，对我国新材料产品和技术进行了一次较大规模的界定工作。新材料产品的界定，不仅规范了社会各界对新材料产品及产业的认识，同时促进了国家统计部门建立新材料产业方面的权威统计数据，从而为各级政府制定新材料领域相关政策提供依据，引导和推动了我国新材料产业的健康发展。

(3) 技术转化速度加快，产品热点日益突出。随着新材料产品开发及应用研究的不断深入，新材料技术成果转化比重将会有较大提高。在产品发展趋势方面，纳米、光电、电池及稀土新材料等几个细分市场领域中，产品市场热点将更加突出。纳米新材料方面，纳米复合材料、高端纳米粉体材料将是今后纳米新材料企业发展的热点；稀土新材料中，稀土永磁、稀土催化、稀土磁伸缩等材料仍将是厂商关注的重点领域；电池新材料方面，锂电池隔离膜、燃料电池材料等材料国产化、规模化的进程将加快；光电新材料方面，高端偏光片、彩色滤光片、玻璃基板将是光电材料厂商今后产品发展的重心所在。

(4) 资本运作逐渐盛行，产业整合继续推进。从新材料的产业资本投入趋势来看，由于新材料产业总体利润率较高，市场具有较大增长潜力，新的产业资本进入新材料领域的可能性比较大。在产业整合方面，近年来成长起来的一批新材料上市公司已开始运用资本杠杆，通过收购、重组业内其他企业，实现扩大自身经营规模、巩固产品市场份额的目标。随着中国资本市场的日益成熟，新材料企业将越来越多地通过资本市场进行产业整合，实现规模和效益的增长。

(5) 循环经济渐受重视，结构调整迫在眉睫。新材料作为人类社会文明的物质基础，一方面为人类社会的文明进步做出了突出的无法替代的贡献；另一方面，新材料的制备、生产、使用、废弃全过程又需要消耗大量的资源和能源。面对资源和环境的双重压力，中国新材料产业必须改变高投入、高消耗、高污染、低效益的传统路子，调整产品结构、加大绿色环保材料的开发与应用，把生态环境意识贯穿于产品和生产工艺设计中，提高新材料产业资源能源利用效率，降低制造过程中的环境污染。

三、新材料产业的重点投资方向

(一) 电子信息材料

电子信息材料是指在微电子、光电子技术和新型元器件基础三大类产品领域中所用的材料，主要包括单晶硅为代表的半导体微电子材料；激光晶体为代表的光电子材料；介质陶瓷和热敏陶瓷为代表的电子陶瓷材料；钕铁硼 (NdFeB) 永磁材料为代表的磁性材料；光纤通信材料；磁存储和光盘存储为主的数据存储材料；压电晶体与薄膜材料；贮氢材料和锂离子嵌入材料为代表的绿色电池材料等。这些基础材料及其产品支撑着通信、计算机、信息家电与网络技术等现代信息产业的发展。

化合物半导体材料比硅材料更适用于高频率、超高速、低功耗、低噪声的器件和电路，以及发光器件和激光器件，主要用于移动通信、光通信、数字音像设备、超高速电脑和军事电子装备等，因此近年有快速的增长。以 GaN、SiC、ZnXe 等宽禁带半导体为代表的第三代半导体材料，是制作高温、高频高速、大功率电子器件和高亮度发光二极管等器件的最佳材料之一，这类产品有非常良好的市场前景。

光电子材料品种类别繁多，如按功能分类主要有：激光材料、光电探测材料、光学功能材料、光纤材料、光电显示材料、光存贮材料等。光电子材料是技术难度很高、生产投资较大的产品，不少是需要政府行为加以扶持的。光电子材料是发展光电信息技术的先导和基础，其发展重点将主要集中在激光材料、红外探测器材料、液晶显示材料、高亮度发光二极管材料、光纤材料。其中，新型显示材料朝快响应、宽色域、宽视角、超薄可柔性方向发展。有机发光半导体材料被认为是理想和有潜力的下一代平板显示技术，在材料的寿命、亮度和色纯度方面都有较大的突破。同时，发光二极管作为一种节能环保的照明光源，也越来越显现出它的巨大潜力。未来将进入大规模市场化应用阶段，也因此而成为近期投资热点。此外，随着下一代互联网、新一代移动通信、数字电视的逐步发展整合，光电子材料的应用将大大增长。

新型电子元器件用材料主要向小型化、片式化方向发展。磁性材料、电子陶瓷材料、压电晶体管材料、绿色电池和材料、信息传感材料和高性能封装材料等将成为发展的重点。电子陶瓷材料方面，随着第三代移动通信技术（3G）的兴起，微波介质电子陶瓷朝着高频化发展；便携式设备的兴起促进了电子陶瓷材料的集成化和微型化；而环境保护的潮流则使得电子元器件开始朝着无铅化和环境协调性方向。磁性材料方面，正向着高磁能积、高饱和磁通密度、高磁导率、低磁损耗、高截止频率等方向发展。世界磁粉年销售超过 10 万吨，产值超过 10 亿美元。由于高密度软盘和数字磁带的发展，近年来对高性能金属磁粉的需求明显增加。信息传感材料是具有信息获取、转换功能的材料，包括多种半导体、功能陶瓷、功能高分子和光纤材料，主要向着复合功能新材料、进一步提高材料的敏感度和反应滞后和恢复速度方法发展。

总而言之，电子信息材料的总体发展趋势是向着大尺寸、高均匀性、高完整性以及薄膜化、多功能化、片式化、超高集成度和低能耗方向发展。当前的研究热点和技术前沿包括柔性晶体管、光子晶体、碳化硅、氮化镓、硒化锌等宽禁带半导体材料为代表的第三代半导体材料、有机显示材料（有22机发光半导体材料 OLED）以及各种纳米电子材料、下一代互联网以及通讯网络的"三网融合"等。

近期市场关注热点中的"物联网"、3G 网络、三网融合、"LED 照明"等概念，无不以电子信息材料的发展为基础，电子信息材料相关上市公司存在着较大的投资机会。

（二）新能源材料

新能源材料则是指实现新能源的转化和利用以及发展新能源技术中所要用到的关键材料，主要包括储氢电极合金材料为代表的镍氢电池材料、嵌锂碳负极和二维锂离子正极为代表的锂离子电池材料、燃料电池材料、Si 半导体材料为代表的太阳能电池材料以及铀、氘、氚为代表的反应堆核能材料等。新能源材料同时具有七大新兴产业中的新材料、新能源概念，未来发展前景广阔。当前的研究热点和前沿技术包括高能储氢材料、聚合物电池材料、中温固体氧化物燃料电池电解质材料、多晶薄膜太阳能电池材料等。

1. 镍电池和锂电池的产业链

（1）太阳能电池：太阳能光伏电池直接将太阳能转化为电能，具有环保、资源取之不尽等优点。尤其是利用太阳能电池的光伏发电系统正处在蓬勃发展时期，光伏发电成为最近几年发展最迅速的产业。2010 年，全世界太阳能电池产量达到 15GW，其中薄膜电池的产量将会扩展到 2GW。而到 2030 年，太阳能发电将占世界电力供应的 10%以上，2050 年达到 20%以上。强大的市场需求将带动太阳能电池以及其上游材料产业的快速发展。

（2）锂离子电池：锂离子电池具有容量大、循环寿命长、无记忆性等优点，在高端消费类电子通讯产品等中小功率电池领域取得了长足发展，目前已成为全球消费类电子产品的首选电池。尤其在移动通信设备（如手机）、便携式电子设备（如笔记本电脑）等领域，锂电池消费量正迅速增长。而应用于电动汽车的锂离子电池成为重点发展方向。锰酸锂、磷酸亚铁锂等新正极材料具有更高的稳定性，采用该材料的电池的安全性和寿命进一步得到提高，为电动汽车产业的快速发展创造了条件，同时反过来促进自身产业的发展。

（3）镍氢电池：与锂电池相比，镍氢电池具有大功率技术成熟、安全及可靠性好、循环利用率高、成本低等优势。镍氢电池在工业用电池领域，特别是在大功率工业用动力电池领域正逐步占据市场主导地位。在已经上市的混合型电动汽车（Hybrid-ElectrICVehicel，HEV）中，镍氢电池占到 95%。

（4）燃料电池：燃料电池是一种将活性物质的化学能直接转换成电能的电化学装置，其中没有燃烧过程和机械运动，从而使其具有高效率、零污染、无噪声等特点。它可以利用化石性燃料，也可以利用氢或再生能源作材料，因此成为 21 世纪未来的主流发电技术。目前，其研究主流按照工作温度高低可分为四种：

固体氧化物燃料电池（SOFC）、熔融碳酸盐燃料电池（MCFC）、直接甲醇燃料电池（DMFC）、质子交换膜燃料电池（PEMFC）。SOFC技术的目标市场主要是静置型发电站、偏远地区输送和便携式移动电源；MCFC主要用于大型静置式电站，安静清洁，从而使工厂能够更靠近用户，并激发分布式供能概念的推广；DMFC系统具有结构简单、启动时间短、燃料补充方便等优点，未来则主要为便携式电子产品提供动力；PEMFC属于低温燃料电池，主要适用于车辆动力、移动电源、分布式电源和家用电源等方面。总体而言，目前国内燃料电池技术相对落后，商业化应用还处于起步阶段。随着政策的支持和市场前景的进一步扩展，未来燃料电池产业有望获得较大的推动。

2. 储能材料——储氢材料

目前，我国已成为全球镍氢电池产销量的第一大国，储氢合金粉的产销量也在逐年上升。随着电动汽车市场的逐渐成熟，市场潜力最大的HEV用镍氢电池所需求的功率型储氢合金粉和低自放电型镍氢电池用储氢合金粉将是未来的主要发展趋势。此外，作为储氢材料最大潜在用户的燃料电池市场目前还没有进入规模使用阶段，开发高容量、高循环稳定性和低成本的新型储氢材料是燃料电池发展的关键。

储氢材料在二次能源领域具有不可替代的作用，特别是在燃料电池、可充电电池的研究和开发中，具有举足轻重的地位，其产业前景广阔。

3. 节能材料

以太阳能和风能为代表的新能源都需要相应的发电站，而逆变电源是发电站不可或缺的部分。磁粉芯材料作为各种储能电感和滤波电感大量应用于逆变器中。由于太阳能、风能发电成本相对较高，因此对转化效率和中间环节逆变器的效率要求比较多。逆变器效率的提高一方面依赖于结构的改进，另一方面依赖于所采用的磁性材料、半导体功率部件等损耗的降低。随着太阳能和风能等新能源快速发展，国内的磁粉芯需求迅速扩大，其产业以每年约40%的速度快速发展。新型的铁基非晶、纳米晶磁粉芯由于具有成本较低、耗损低、温度系数小等优点，成为未来磁粉芯材料发展的重要趋势。

此外，向终端供电的配电变压器，其效率的提高也能获得相当大的能源节约和减少温室气体的排放。

作为新一代变压器铁芯材料，非晶带材被誉为节能环保型"绿色材料"，其生产工艺节约制造过程能耗80%左右，非晶配电变压器在使用过程中空载损耗降低60%~80%，对电力配电系统节能减排具有重大意义。从市场需求来看，未来五年非晶变压器年复合增长率高达60%以上，预计年需求量将近16万台，2015年需求量将达到60万台。配电变压器用非晶材料朝着低成本、不断减少配电变压器的体积和节能降耗方向发展。

（三）生态环境材料

"环保节能材料"是同时具有满意的使用性能和优良的环境协调性，能通过优异的物化性能（如轻质、耐热、绝热功能、能量转换等）提高能量效率的材料。这类材料对资源和能源消耗少、对生态和环境污染小、再生利用率高或可降解化和可循环使用。

自从现代文明开始之初，人类就在不断破坏环境，世界上许多国家都面临着或者面临过环境问题。各国政府和社会越来越重视可持续发展，所以生态环境材料是国内外材料科学与工程研究发展的必然趋势。人类目前的生产过程是将大量的资源提取利用，最后又将大量生活或生产的废弃物排回到自然环境的循环过程，可以说人类在创造社会文明的同时，也在不断地破坏环境。传统的材料研究、开发与生产往往过多地追求良好的使用性能，而对材料的生产、使用和废弃的过程中所需消耗大量的能源和资源，并造成严重的环境污染，危害人类生存的严峻事实重视不够。

目前，生态环境材料技术研究的主要方向主要是在于减少人均材料流量、集约化程度；减少材料寿命周期中的环境负荷，使用生态化的生产工艺；开发天然能源，使用藏量丰富的矿物和天然材料；避免使用有害物质，使用"清洁"材料；使用长寿命材料，强化再生利用，强化生物降解性；修复环境，强调生态效率；环境负荷小的高分子合金设计；可再生循环高分子材料的设计；完全降解高分子材料设计；高分子材料加工和使用过程中产生的有害物质无害化处理技术。

近年来，随着人们环保节能意识的增强以及各国对环保节能材料推广的政策引导和扶持，受益最多的就是建筑用生态环境材料。再生玻璃材料、低辐射玻璃、生态水泥、新型墙体材料、长余辉发光材料、变相储能材料、自清洁涂层材料、调湿材料等环保节能材料已经逐渐成为材料产业的重要组成部分。基于其独特的功能特性，环保节能材料已经成为建材领域中最具潜力的生力军。

（四）高性能结构材料

金属、陶瓷和高分子材料长期以来是三大传统的工程结构材料。结构材料是社会生活和国民经济建设的重要材料，是支撑航空航天、交通运输、电子信息、能源动力以及国家重大基础工程建设等领域的重要物质基础，是目前国际上竞争最激烈的高技术新材料领域之一。随着工业化的迅速推进，对工程结构材料的性能提出了越来越高的要求，也推动了发展新一代高性能结构材料。高性能结构材料的进步不仅对国家支柱产业的发展和国家安全的保障起着关键性的作用，而且还影响和带动着一大批基础材料和传统产业的升级改造。新一代高性能结构材料发展的主要方向是研制与开发具有高比强度、高比刚度、耐高温、耐磨损、耐腐蚀等性能结构材料。主要分类包括金属类工程结构材料、先进陶瓷材料、高分子合成材料和复合材料。

（1）金属类工程结构材料主要包括特种钢铁材料、稀有金属新材料、高温合金、高性能合金。稀有金属新材料主要包括高强、高韧、高损伤容限钛合金，以及热强钛合金、锆合金、难熔金属合金、钽钨合金、高精度铍材等。高温结构材料被世界各国列为高性能结构材料领域的重点发展的对象，主要种类包括：高温合金、粉末合金、高温结构金属间化合物，以及高熔点金属间化合物等。

（2）先进的陶瓷材料是近年来迅速发展的新材料之一，发展的重点是高温结构陶瓷材料，其主要应用目标是燃气轮机和重载卡车用低散热柴油机。采用陶瓷作为材料可以提高发动机的运行效率，降低燃料消耗。

（3）高分子合成材料主要包括树脂、纤维和橡胶，这三大类高分子合成材料目前世界年产量已经达到1.8亿吨以上，其中有80%以上是合成树脂和塑料。新型高分子结构材料发展的重点是特种工程塑料、有机硅材料、有机氟材料、高性能纤维、高性能合成橡胶、高性能树脂等。

（4）复合材料是先进结构材料发展的新方向，应用十分广泛。其研究与开发重点是：高聚物（树脂）基复合材料、金属基复合材料、陶瓷基复合材料等。目前，应用最为广泛的是碳纤维复合材料，其在航空航天、高速列车、运动休闲和其他工业领域等应用上呈高速发展态势。到目前为止，该材料已经形成较为成熟材料和工艺。

（五）新型功能材料

功能材料是指表现出力学性能以外的电、磁、光、生物、化学等特殊性质的材料。新型功能材料主要包括高温超导材料、磁性材料、金刚石薄膜、功能高分子材料等。其中，高温超导材料是我国的强项。该类型材料当前的研究热点包括：纳米功能材料、纳米晶稀土永磁和稀土储氢合金材料、大块非晶材料、高温超导材料、磁性形状记忆合金材料、磁性高分子材料、金刚石薄膜的制备技术等。

新型功能材料的应用范围很广，从输电、切割到核聚变等领域，因其独特的特性，在许多应用领域展现出普通材料不可比拟的优势，在某些领域甚至起着不可替代的作用。例如一公斤超导电缆能完成77公斤普通电缆的传导量，大大节省传统铜材的用量，而超导材料的零电阻特性使其成为电流传输的理想导体，使用超导材料作为导体的电力传输电缆被称为超导电缆。超导电缆与常规电缆相比，具有明显的优势：一是损耗低，损耗不足常规电缆的1/10；二是容量大，电流输送能力是常规电缆的3~5倍；三是节约金属和绝缘材料。

目前，新功能材料已经陆续在许多领域都开始大规模应用，市场发展空间非常大。就超导电缆而言，电线电缆行业统计资料表明，我国10千伏及以上交联聚乙烯绝缘电力电缆的年需求量约为10万公里，假如其总量的5%被高温超导电缆所取代，则高温超导电缆在我国每年的需求总量将会达到5000公里。但是，目前世界上仅有美国正在进行超导电缆的输电试用。

除此之外，超导材料目前还主要应用在电子信息领域，目前主要应用于滤波器。滤波器是电子通信系统的关键器件，作用是对电信号进行提取、分离或抑制。随着使用频段的不断扩展，设备间的干扰也日趋严重，因此滤波器不但要确保产品本身正常工作，而且要减少相互影响、维持正常的无线工作环境。常规滤波器由于金属电阻会产生一定衰耗，不可能达到理想的滤波性能。高温超导技术的发展解决了这些难题。

超导滤波器主要被应用于移动通信以及军工领域，相比普通的滤波器的优势在于能够降低移动通信的干扰，提高频率的利用率，在军事雷达系统中也是提高探测距离屏蔽干扰的重要技术。

（六）化工新材料

化工新材料是应用在化工、石油等领域的基础原材料，主要包括有机氟材料、有机硅材料、高性能纤维、纳米化工材料、无机功能材料。

（1）有机氟材料：是指含有氟元素的碳氢化合物，是一种非常重要的化工新型材料，具有卓越的耐化学性和热稳定性，广泛用于国防军工、电子电器、机械、化工、纺织等各个领域。从性能和用途来分，有机氟材料主要包括氟氯烃及其代用品、含氟聚合物及其加工产品、含氟精细化学品。氟化工也因高技术、高性能、高附加值的特性，被誉为"黄金产业"。

（2）有机硅材料：有机硅材料主要分为硅橡胶、硅油及二次加工品、硅树脂及硅烷偶联剂四大类产品。由于有机硅产品具有电气绝缘、耐辐射、阻燃、耐腐蚀、耐高低温、形态多样以及生理惰性等优良特性，被誉为"工业味精"，被广泛应用于各行业，并深入到人们生活的各个领域、成为化工新材料的佼佼者，其发展正可谓方兴未艾。目前，全球年生产能力超过120万吨，产品品种有5000~10000种之多，市场总销售额约70亿美元。但我国有机硅生产技术较落后、规模小、品种小、水平低、质量差、消耗高，因此价格远高于国外，导致我国有机硅市场仍处于外国公司产品控制阶段。

（七）高性能纤维

高性能纤维分有机纤维和无机纤维两种：有机纤维主要有对位芳纶、间位芳纶、超高分子量的高强高模聚乙烯纤维；无机纤维主要是碳纤维。高科技纤维有很多应用，市场前景广阔。比如复合材料、防弹产品［如软质防弹衣和硬质防弹头盔、防刺衣，运钞车和坦克装甲防弹板的核心材料，仅装备装甲车、坦克，一辆就需产品400公斤（装备一个师就需240吨），制作一件防弹衣需产品2公斤］、缆绳方面的应用、基础设施和建材方面、传送带、特种防护服装、体育运动器材、电子设备等，需求很大，并且应用领域非常广泛。

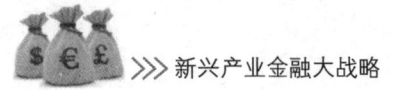

第八节 新能源汽车产业

作为通用汽车发展第一代电动汽车 EV-1 的领军人物，Robert Purcell 相信中国可能会引领第四次汽车产业革命。

Purcell 介绍："汽车工业的历史上有四次革命。第一次革命发生在 19 世纪中期的欧洲，汽车在那里诞生；第二次革命是内燃机汽车在美国的大规模生产，亨利·福特发明了大规模生产汽车的生产线，通用汽车创立了汽车的大众营销和品牌推广；第三次革命是在 20 世纪 70 年代，日本本田研发出由 CVCC 发动机提供动力的环保型汽车，这些汽车采用的稀燃发动机可以提高燃油效率和降低排放，随后由丰田汽车公司开拓了混合动力普锐斯的大规模生产。现在，我们开始向第四个汽车工业新纪元迈进，那就是大规模生产和销售绿色环保型汽车。"

更多世界业内权威人士认为，汽车工业的重心由此从欧洲转移到美国，又到日本，现在正转移到中国。电动车的发展将是汽车产业中的一次革命，传统由燃油供给能量的汽车将由电力提供能量。

经过调研和论证，由工信部、科技部等部门参与制定的《新能源汽车产业规划（2011~2020 年)》最终改为《节能与新能源汽车产业规划（2011~2020 年)》（以下简称《规划》）。根据《规划》，我国新能源汽车发展将是混合动力和纯电动车"两轮驱动"，未来十年产业核心技术投资将达千亿元。

工信部装备工业司有关负责人说，汽车行业的预期是中国汽车保有量将从 2009 年的 6280 多万辆跃升到 2020 年的 2 亿辆，未来能源安全、环境保护和交通压力等问题将进一步凸显，加快培育和发展新能源汽车有助于解决矛盾。

《规划》的目标包括两大块：一是 2015 年前，将大力扶持节能与新能源汽车的关键零部件的发展。在电机、电池等核心零部件领域，力争形成 3~5 家动力电池、电机等关键零部件骨干企业，产业集中度超过 60%。到 2015 年（《规划》中的中期目标)，动力电池系统能量密度达到 120 瓦时/公斤以上，成本降低至 2 元/瓦时；到 2020 年，动力电池系统能量密度达到 200 瓦时/公斤以上，成本降低至 1.5 元/瓦时。二是实现普通混合动力汽车的产业化，力争中、重度混合动力乘用车保有量达到 100 万辆以上。

新能源汽车的发展范围是，传统燃料的节能环保型汽车、以纯电动汽车为主的新能源汽车及混合燃料、氢燃料等汽车。到 2020 年，我国新能源汽车累计产销量要达到 500 万辆，其中，中、重度混合动力乘用车占乘用车年产销量的 50% 以上。

发展新能源汽车应建立足够资金额度的国家节能、新能源汽车的专项资金，资金总额达到千亿数量级。如果到 2015 年，"十二五"期末，国家针对汽车投入两万亿元，有关节能新能源汽车投入额至少在 10%以上。

《规划》明确，2011~2020 年的 10 年间，中央财政投入 1000 亿元，其中，500 亿元为节能与新能源汽车产业发展专项资金，重点支持关键技术研发和产业化，促进公共平台等联合开发机制；300 亿元用于支持新能源汽车示范推广；200 亿元用于推广混合动力汽车为重点的节能汽车。另外 100 亿元用于扶持核心汽车零部件业发展；50 亿元用于试点城市基础设施项目建设。

与此同时，《规划》还从财政税收、搭建技术平台等多个层面提出了相应的产业支持措施。未来 10 年，税收政策给予节能与新能源汽车推广以很大优惠。比如，免征纯电动汽车、充电式混合动力汽车车辆购置税，减半征收普通混合动力汽车车辆购置税和消费税。列入《国家重点支持的高新技术领域》的整车企业及关键零部件企业，将享受国家有关高新技术企业所得税税收优惠。

一、全球共识：发展新能源汽车

经历了这一次全球经济危机，全球都有一个共识，要以新能源汽车回应全球能源和环境系统的挑战。2010 年全球汽车保有量 8.5 亿辆，消耗全球石油产量的 55%，排放 15%的二氧化碳。2050 年预计全球汽车保有量达 30 亿辆，那时按 100 亿人算，每千人 300 辆车，如果保持目前石油消耗总量不变，同时二氧化碳降低 50%以满足温控两度的目标，单车的石油消耗必须降低 4 倍，二氧化碳排放要降低 6 倍，也就是说，现有的内燃机动力汽车渐进式的技术改进没法满足这一目标，需要汽车产业进行革命性的变革，来应对环境、能源系统的挑战。

现在整个新能源汽车行业达成一个共识，就是长期来看纯电驱动汽车是一个根本方向，包括电动车和燃料电池。

（一）各国新能源汽车发展状况

总体调查的结果显示，引领新能源汽车的主要是欧美日这些国家，他们起步比我国要早很多，而且他们各有侧重。比如，美国侧重解决石油依赖，保证石油安全；欧洲是侧重于温室气体的减排；日本是既保证能源安全，又重视提高他们产业的竞争力。

在技术路线的选择方面，欧洲、美国、日本有些类似的经历，在早期这些国家主要是替代燃料为主，比如说欧洲发展生物质燃料，美国也曾经大力提倡发展生物质燃料替代燃油。但都正在转向电动汽车路线，尤其金融危机之后，美国把发展电动汽车，短期内插电式混合动力汽车作为发展新能源汽车规划的重要组成部分。

截至 2009 年底，全球混合动力汽车已经超过了 200 万辆，主要是在发达国家，特别是美国和日本。日本丰田的 Prius 和本田的 Civic 已经实现了商业化的发展，但它还是属于一种中度混合的动力汽车，还没有发展到插电式强混合动力的程度。

另外，纯电动汽车的发展呈现明显的"小型化"的趋势，如奔驰的 Smart、宝马的 MINI、三菱的 iMiEV 等车型，这也是基于当前的动力电池的技术还没有实现更高的能量密度和功率密度，在这种情况下，结合城市短距离使用，发达国家把它作为纯电动汽车市场的突破口。这里新推出小型纯电动车有几个关键数据，最高车速 100~120 公里/小时，续驶里程 100~160 公里，能在 15~20 分钟左右充入 80%的电量，电池全部充满需要 7~8 小时。推向市场的纯电动汽车基本上就是在这个范围之内，这主要是乘用车，不包括公交等特种车。

（二）中国新能源汽车进展

我国从 2001 年开始，国家"863"项目投入 20 亿元主要做电动汽车研发，形成了以纯电动、油电混合动力、燃料电池三条技术路线为"三纵"，以动力蓄电池、驱动电机、动力总成控制系统三种共性技术为"三横"的电动汽车研发格局。自 2001 年以来的十年，共计 200 多家整车及零部件企业、高校和科研院所，以及 3000 多名科技人员直接参加了电动汽车专项研发。目前，共有 160 余款各类电动汽车进入我国汽车产品公告，建成 30 多个电动车国家重点实验室等国家级技术创新平台，制定电动汽车相关标准 42 项。

我们国家发展电动汽车有较好的基础。生产电动汽车关键的三个组成部分：电池、电机、电控。首先我国电池是仅次于日本和韩国的全球第三大锂电池生产国，占全球 25%的份额。但目前主要用于手机、电动工具、电动自行车等领域，很多企业已经开始转向动力电池的生产。我国也是锂资源储量大国，锂离子动力电池生产已经形成了一个比较完整的产业链。动力电池的主要性能明显进步，初步具备产业化能力，锂离子动力电池功率密度从 2001 年的 491 瓦/千克提高到 2008 年的 2500 瓦/千克，增加了 5 倍多，循环寿命达 1000 次左右。动力电池企业的投入也大大加强，2009 年底国内车用镍氢和锂离子动力电池的年生产能力分别超过 1.4 亿瓦时和 9 亿瓦时，2010 年底有望分别提高到 3.6 亿瓦时和 40 亿瓦时以上。

在车用电机方面，我国是工业电机生产大国，有较强的电机技术基础，节能汽车整车已进入到规模化应用阶段，前期是城市公交，现在乘用车产品也越来越多，比如比亚迪、郑州日产、奇瑞、长安等都有混合动力性汽车生产上市。我国的电动汽车的基础设施建设得到初步发展，部分城市已形成网络雏形。

在北京、上海、广州、深圳等试点城市建设充电站、充电桩也初具规模。像国家电网公司、中石油、中石化等大企业积极介入，尤其电网公司主要负责规划的制定，到 2020 年左右要建 1 万座充电站，部分省市也在做充电桩建设规划。

二、产业发展路线

我国发展节能与新能源汽车的意义重点有两方面：第一，是应对节能减排重大挑战的需要。我国2009年汽车保有量达到7619万辆，石油消费量3.93亿吨，约2亿吨供汽车消耗，单车年消耗超过2.3吨。2015年我国汽车保有量将超过1亿辆，2020年预计达到2亿辆，按目前的燃油经济性计算，我国石油消费量分别达到4.2亿吨和8.4亿吨，届时石油进口依赖程度高达77%。第二，汽车产业跨越式发展是提升国际竞争力的需要。欧美日都是把新能源汽车作为战略制高点来考虑，国家投入力量来加强这个产业的发展。

美国科技部一度在说新能源汽车领域有可能落后于中国，实际上也是在制造气氛，但是也说明新能源汽车发展的重要性。我们国家传统汽车领域和国外相比还是比较落后的，走市场换技术的路线，无论是模仿创新或集成创新还是引进技术消化后再创新，反正是没有原始创新的东西。新能源汽车方面，我国和发达国家是站在同一个起跑线上，说法较多的是"弯道超车"，我们有机会在新能源汽车领域与西方发达国家在一个平衡的层面上创新。

在新能源汽车产业的发展路线上，无论产业界、学术界还是政府间争论都比较多，主要有三种观点：①直接发展插电式混合动力和纯电动汽车，在技术上实现跨越，弯道超车，这是国家发改委观点。②在市场不成熟的情况下，不能跨越必要的技术阶段，应从混合动力汽车开始发展，这是汽车工业协会的观点，也代表了大多数汽车生产商的观点。③多种技术应得到共同发展，特别是传统内燃机节能技术的改进，以满足不同市场的需求，这是工信部的观点。

中国能否抢占先机？

1. 中国可能过于乐观

鉴于中国以惊人的速度崛起成为全球汽车市场，因此对电动汽车在该国市场的乐观预测层出不穷。例如，麦肯锡公司的顾问预计，到2030年，中国的电动汽车销售额将达到7000亿~1.5万亿元（约合1050亿~2250亿美元），使其成为全球最大的电动汽车市场，同时也是全球最大的传统内燃发动机汽车市场。

中国的电动汽车市场是否能不孚众望？毕竟，电动汽车的销量目前仅占中国汽车总销量的0.06%，而且引爆市场所需的基础设施也是极其匮乏。同时，中国的汽车制造商和供应商能否自我成长仍是一个问题，因为这些企业素来以低成本经营模式见长，并在很大程度上依赖外国技术——合资企业的销售量占到总销售量的70%。但是，这不会成为他们前进道路上的拦路石。

根据中国的规划，到2020年，中国将成为全球最大的电动汽车市场，届时将有500万辆"新能源汽车"上路行驶，是2015年计划50万辆电动汽车的整整10倍。在这一号召下，全国各地的地方政府蜂拥而上，开始试运营电动客车和汽车。这些政策激励不仅提升了对该行业的关注度，而且还给予公共及私人企业实体以在电动汽车基础设施领域进行投资的理由。

但是，虽然国内的投资热情高涨，位于美国科罗拉多州的研究公司IHS汽车集团（IHS Automotive Group）中国区董事总经理忻天舒认为，中国对于这一行业的前景过于乐观了："政府的计划太雄心勃勃了，我们预计中国在2020年将有51万辆混合动力汽车和43万辆电动汽车。"如果是这样的话，电动汽车的销售将在那年只占汽车总体销售的极小比例。J.D.Power预计到2015年，中国的混合动力车和电池动力车将占到整个市场份额的2.5%。

但是有很多因素有利于本土市场。比如，在对可再生能源的快速采用方面，中国可以大踏步地推进刺激政策，而无须如美国这样的国家必须面对强烈的代表不同利益的国内反对呼声。中国的政治体系允许其政府为电动汽车行业自由地提供财政支持和补贴。

很多专家指出，中国私人汽车企业相对较短的历史也使得他们具有另一种优势——他们不需要与企业内长期从事传统动力车的发展力量相抗衡。如果你真的开始发展电动车，你之前在发动机、研发、生产线等方面的投资都将可能无所作为，而这一点对于美国、欧洲甚至日本的汽车厂商和零部件供应商都有巨大的影响。

如果你注意一下传统汽车技术，基本上是外国品牌的天下。他们拥有100多年的经验。但在电动汽车领域，没有一家公司拥有10年或15年以上的经验。这也给予了中国本土企业赶超对手的机会。

2. 中国新能源汽车得以领先的不确定性

虽然政策取向和目标确定，然而中国新能源汽车得以领先的不确定性还是很大，其主要体现在四个方面：技术、市场、商业模式、制度。

第一，技术路线争论。混合动力汽车是传统汽车领域中的节能应用，所以它不作为新能源汽车的范畴的话，近期启动的新能源汽车应该是纯电动汽车，包括插电式混合动力车。笔者当时建议在研发阶段我们应该采取多元的技术路线进行支持的方式，在产业化布局的时候就应该突出重点。

第二，市场路线的争论。国外主要是大城市应用电动汽车为主，集中在高消费群体，我们能不能走一个针对低收入群体，在二三级城市或者农村来先行起步的市场路线，这也是争论比较大的，国内主管部门多数不认同，而美国的官员和企业界都觉得很有兴趣。

第三，商业模式争论。目前推广电动汽车有三种商业模式：第一种是整车销售，连车带电池都买回家；第二种是整车租赁；第三种是裸车销售，消费者买车不带电池，采取电池租赁，有专门的电池运营公司来进行更换。这种模式有四个优点：一是电池可以梯次使用，车上不能使用了，电池可以用在大容量储存的充电站上；二是充电由专业公司来管理，还是比较安全的；三是责任清晰，电池责任主体就是电池公司；四是可以保证回收。

第四，制度问题争论。政策资源投入主要是激励这个产业的发展，但是很多制度问题没有解决，靠政策的投入也弥补不上。目前存在三个准入没有放开：一是生产者的准入没有放开，按工信部的安排，把新能源汽车的生产任务以现在的汽车厂商为主，但是传统的汽车厂商对新能源汽车不是很积极的，很多时候是一个对立物；二是运营者准入没有放开，现在只有电网公司来运营，电网公司能力有限而且动力不足，不让非电力企业进入，仅仅靠电网公司来做基础设施，目前来讲是一个很差的制度安排；三是油价机制，电动汽车能不能被消费者接受，要看它的经济性，现在国内油价的定价机制，如果不和国际市场接轨，电动汽车就是走向市场，将来也会被燃油汽车消灭掉。

从现在的情况来看，笔者同意氢燃料动力和电池作为动力的新能源汽车的发展方向，但是汽车发展和市场变化非常快，不排除出现一些新的技术。

首先，新能源汽车发展的战略意义是毋庸置疑的，普遍都认为新能源汽车是中国赶超发达国家汽车产业的一次战略机遇。我们在新能源汽车技术方面有相对优势，如果在两年前我也当然同意这个观点。

但是从调研的情况来看，我们的技术优势正在弱化，特别是在一些制度环境、创新体系、商业化条件方面和一些国家相比还是有一定的劣势。在美国和欧洲的国家创新体系中，比较合理注重新能源汽车的发展，所以这两年发展速度非常快。

在调研过程中，笔者就感觉到，有较高生产电池技术的企业很多，但很难形成一个系统性的整体合力来推动新能源汽车整体产业的发展，这个可能跟我国一些宏观政策有关。这是我们国家发展新能源汽车最大的劣势，我们的劣势不在于技术、不在于市场而在于制度上。

3. 中外厂商较力

和其他国家的同行一样，中国的电动汽车行业面临着巨大挑战。中国绿色科技计划（China Greentech Initiaitve，CGI）是一家专门研究中国清洁科技行业的机构，其分析师指出，就技术而言，在全球范围内，电池制造商仍在苦苦寻觅能为电池降低成本和提高性能的方法。中国的锂电池制造商（比亚迪、天津力神电池和比克电池是电池企业三巨头）在这方面仍然落后于日本的同类企业，比如松下和NEC，以及美国的A123。

中国的电动汽车制造商还在电动驱动系统和传动控制系统方面面临重大挑战，因为这些技术需要高级的系统工程。"中国汽车制造商在这些领域有很多改进空间，"IHS的忻说道，"现在最缺少的是如何对所有系统进行整合，包括电动机、电池和电源管控系统。"

在汽车厂商的业务领域之外，安装充电所需的基础设施也是必不可少的，中欧国际工商管理学院院长、中国汽车行业专家佩德罗·尼诺（Pedro Nueno）说道，"如果市场对电动汽车的需求很大，那就会出现大规模的电动汽车生产。但是，消费者都心存疑虑：'我能给汽车充电吗？去哪里充？怎么充？'"一些国有企业已经对投资电动汽车充电站表示兴趣或已经开始投资，例如国家电网、中国南方电网、中国海洋石油总公司等，但是据报道称，他们都在等待市场成熟之后再考虑重大的战略举措。

即便是中国电动汽车制造商的领军企业比亚迪，目前仍无法证明其产品的商业可行性。比亚迪的纯电动车 E6，销售价约 4 万美元；插电式混合动力车 F3DM，销售价约 1.6 万美元。目前还没有其他中国电动车厂商在中国销售这两种车型。40 辆 E6 电动汽车是在深圳市（比亚迪公司总部所在地）投入使用的第一批纯电动出租车，在理想的行驶条件下，单次充电可以行驶 300 公里（186 英里），最高时速为 140 公里（87 英里）；虽然比亚迪推出了 F3DM 插电式混合动力汽车和 E6 纯电动汽车的限量版，但是目前这些汽车主要以演示或车队使用居多，因此销售量非常有限。

在美国，购买电动汽车的消费者并不是冲着价格来的，而是冲着技术来的。但市场不认为比亚迪是电动车技术的领头羊，特别是在海外市场。其他的中国品牌至今还没有任何大举动。长安新能源汽车公司是微型车制造商长安汽车公司的分公司，该公司向其有关政府部门提供了少量的混合动力汽车，但是这些汽车目前尚未进入大众市场。

同样，总部在安徽芜湖的奇瑞汽车公司在 2009 年推出了第一辆国产混合动力汽车，但目前仍仅限于地方政府采购。根据报道，奇瑞最新推出其自主研发的纯电动汽车 M1。奇瑞声称 M1 单次充电可以行驶 100 公里，最高时速为 120 公里；如果没有政府补贴，该车销售价在 2.25 万~3.453 万美元。奇瑞开始为一些城市的地方政府生产车辆，并计划 2011 年底下线。

国外生产厂商如本田宣布将为中国市场开始生产高级混合动力车；三菱汽车是第一个推出大规模生产纯电动车 i-MiEV 的汽车厂商，计划于 2012 年在中国市场引进该车型。i-MiEV 时速约为 100 英里，能在六小时内完成充电过程。

除了技术问题之外，国内的汽车制造商同时还需要在品牌认知上迎头赶上。最新的市场研究显示当中国的顾客有能力购买昂贵的汽车时，他们更倾向于买进口车型。换句话说，中国的消费者，就如其他地方的人一样，把汽车看作一种身份象征。J.D.Power 的曾先生认为，"国外厂商将在国内的电动车市场独领风潮，因为消费者不是在买电池，而是在买汽车。国外厂商已经在中国市场建立起了品牌效应，中国的顾客将会因对其技术和品牌的信任而购买他们的电动车"。

缺乏品牌和技术，这种状态使得中国的决策者犹如芒刺在背，这也是推动国家采取措施、培养"自主创新"的重要动力。为了确保技术共享，政府可能会要求电动汽车行业领域的所有外国企业与国内公司合资，并将外国股东的持股比例限制在49%以内，类似于之前在传统汽车领域内的监管要求。

有一些专家预计中国国有汽车制造商将会扮演更重要的角色。销售额在国内市场排名第二的上海汽车集团股份有限公司（SAIC）和中国第一汽车集团公司（FAW）在电动车领域的预期投资将使得其他私人汽车公司迄今为止的努力相形见绌。上汽集团和一汽集团分别计划投资140亿元和190亿元；而截至目前，奇瑞和比亚迪的投资额总计不超过100亿元。

无论是国有企业还是私人企业，中国的电动车企业都希望政府能够给予补助。中央政府给予上海、长春、深圳、杭州和合肥五城市内每辆纯电动车购买者6万元的补贴，以及插电式混合动力车5万元的补贴。在上述这些城市中，部分地方政府已经启动了一些小规模的电动车基础设施。在深圳，将在今后两年内，在停车场、购物中心和酒店周边建设充电站。但是，为了让这样的设施运行，政府将需要发展电动车和电池的技术标准。

该行业还将从公众逐渐增强的环保意识中受益。当消费者开始把能源消耗和政府补贴考虑在内，需求将迅速提升。在中国，消费者转向电动车消费相对容易，因为他们中的很多人是最近才开始能够有能力买车的，他们比其他国家的长期驾驶燃油车的消费者更能接受新能源动力。另外，由于电瓶车的普及，中国消费者也较习惯给电池充电。

三、产业链的发展

仔细考察新能源汽车各个相关产业环节，由于所处的行业位置差异较大，不同产业链的获益程度相差颇多。产业获益的排序基本是电池、电机、电站等零部件和配套部门最优，整车厂商次之，上游的原材料领域再次之。

（一）电池、电站最具投资价值的环节

1. 电池

在新能源汽车产业中，哪个领域的"蛋糕"最大？随着新能源技术的兴起，整车企业在内燃机时代的光芒四射正在为另外一种情况所代替，众多零部件企业希望跨过原先的门槛，成为整车制造企业的一员。就市场增量而言，动力电池、电机等零部件制造商最为获益，更为重要的是这些零部件制造商或将改变现有的汽车产业格局。

在内燃机时代，整车企业完成的价值，大约占一辆汽车的25%，75%的成本是在零部件供应商那里。而在电动汽车时代，一辆汽车近90%的制造成本将花在零部件环节，其中很大一部分在于车用动力电池。

电池是新能源汽车产业链中最重要也是最有投资价值的一环。与传统汽车相

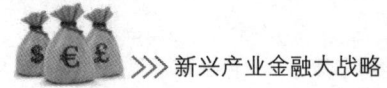

比,新能源汽车的电池性能基本决定了整车的驾驶性能。

动力电池是新能源汽车最为核心的关键部件,由于预测锂离子电池将迅速替代镍氢电池成为主流动力电池,新能源汽车对动力锂电池需求拉动成为各路机构的关注重点。显然,锂离子动力电池、电机、电控等电动汽车产业链相关企业将面临更大的发展机会。

欧洲、美国、日本在传统发动机汽车上有较大优势,日本在混合动力 HEV 上有较大优势,而且申请了大量专利。中国在上述两种路径上均很难超过国外产业。中国选取的插电式混合 PHEV、纯电动 EV 路线符合汽车产业长期发展目标,同时中国在电池、电机、锂资源、稀土资源上有相对竞争优势,有利于新能源汽车的长期发展。

新能源汽车政策扶持力度较大,其长期发展路线已经明确,市场需要逐渐的培育,但进度可能会超预期。在电动汽车发展中,电池受益较大,中国的负极和电解液品种已较为成熟,正极逐渐的也会成熟起来,现在主要是在解决批量生产稳定性的问题。锂电池的长期发展已是大势所趋。

另有预测数据认为,动力锂电池很可能在未来 10~20 年内发展成一个数千亿美元级别的全球市场,而少数优势公司将收获行业成长的大部分成果。因此,分析师建议,对此领域公司的投资应采取"重质轻价"原则,优质公司未来在战略新兴产业竞争中较高的胜出概率所能带来的潜在成长回报,将远高于短期高估值增加的投资成本。目前以开发和生产锂电池为主的上市公司有风帆股份、万向钱潮和亿纬锂能等,以生产锂电池零部件为主的有佛塑股份、拓邦股份、杉杉股份、华芳纺织、中国宝安、佛山照明等。

2. 电站

新能源汽车将快速拉动的另一个产业则是配套的电站建设。电网公司的充电站建设已经全面展开,国网 2010 年规划建设 75 个电动汽车充电站,6000 多个充电桩,加上南网的项目,年底合计将建成超过 100 个充电站。预计,国网公司 2015 年完成省会城市建设,建成 4000 座充电站,到 2020 年完成 10000 个充电站建设。电网公司的战略是把新能源汽车建设成电网的分布式储能和用能系统,提升电力作为终端能源消费的比重。同时,基础设备的配套建设为我国新能源汽车的发展提供了保障。

(二)整车制造混合动力先受益

与欧美国家一样,中国也推进新能源汽车发展扶持鼓励措施。"得益于本次新能源汽车补贴政策,个人只需要花费 11.98 万元就可以购买一辆比亚迪 F3DM 双模插电式混合动力车,这可相当于 7 折优惠了!"比亚迪汽车人士表示。据测算,这款车应该能拿到混合动力车的最高补贴额度 5 万元。

虽然从中国新能源汽车的补贴政策来看,对电动车的补贴力度更大,但是围绕混合动力和电动车谁能更先产业化，一直是业内争论的焦点。而且，即便纯电动车被确定为主要的新能源车发展路径，但混合动力车具有的提升传统动力的节油技术也同样被主管部门认可。一些车企表示，由于纯电动车技术不够成熟，要实现产业化仍需时日。相反，虽然国家对混合动力车型的补贴没有想象得高，但混合动力技术成熟的汽车企业在眼下可以直接受益。

国家本次补贴主要针对纯电动和插电式，而把混合动力排除在外，可能是因为国家主要考虑到混合动力在技术发展成熟度方面在和欧美、日本比起来，竞争力较小的原因。

案例：福田汽车整合新能源产业链

2010年，福田汽车在新能源汽车领域再次迈出新步伐，北京新能源汽车制造工程中心正式在福田汽车挂牌成立，该制造中心将与此前成立的北京新能源汽车设计工程中心一并，共同构成北京新能源汽车设计制造产业基地的两大运营中心。至此，福田汽车已经基本完成对基地内的新能源汽车设计和制造两大功能的整合，新能源汽车整车及核心零部件的研发设计能力和生产制造能力日益完备。

作为中国自主品牌商用车的中坚力量，福田汽车积极响应国家有关节能减排的号召，认真规划和研究新能源汽车技术，是国内商品化程度最高的新能源汽车生产企业。据了解，福田公司规划在今年新能源汽车产销1.15万辆，到2015年新能源汽车比例将增至15%以上。

将电动车作为重点发展方向

近几年，"绿色交通"作为一个全新的理念越来越被人们所关注，其倡导的低能耗、低污染、高效率的城市交通体系其本质是在满足人们交通需求的同时，维持城市可持续发展。在新能源汽车中，由于电动车具有无废气排放、噪音污染小的特点，已经成为未来绿色交通发展的必然趋势，北京市也已将发展电动汽车作为北京市汽车跨越式发展的一个重要途径。

在进行了广泛的市场调研和技术论证的基础上，福田汽车立足自主研发，紧贴市场，对公司新能源汽车的发展战略进行了总体规划，制订了详细的新能源汽车技术路线和新能源产品规划，特别是将电动汽车的关键技术作为公司未来新能源战略发展的重点，立志将清洁、高效、零排放、低噪音作为未来汽车发展的最终方向。

为切实促进北京新能源汽车产业基地的建设、运营及相关企业之间的经验交流，2009年3月13日，北京新能源汽车产业联盟在基地内正式宣布成立。随后，北京新能源汽车产业协会专家委员会在福田汽车工程研究院正式成立，下设整车集成、能源、电机、发动机、传动、电动化辅助系统、测工程证7个工作组。

联盟成立以来，以福田为主导，各个联盟单位充分发挥自身优势，共同努力，致力于北京新能源产业联盟的发展。通过福田欧V混合动力及纯电动城市公交客车、迷迪纯电动车、欧马可纯电动环卫车整车技术研发等一批自主研发产业化项目的开展，无论从整车性能需求分析、整车系统集成，还是从整车试验验证能力等方面来说，在新能源汽车的整车产品研发能力和技术创新上均取得了一定成果。

为了促进插入式和纯电动汽车发展，最近16家中国国有企业成立电动车联盟，以解决技术、资金、基础建设等问题。"中国将在新能源汽车上投资160亿美元，比美国目前的投入多10倍。比亚迪在西藏投资了一个锂工厂；中信公司在青海投资了一个锂矿"。

位于加州圣莫尼卡的Coda汽车公司一直与两家中国企业合作发展纯电动汽车。一家是天津的力神电池股份公司（和中方的股比为40：60）；另一家是由长安集团重组的哈飞汽车，哈飞的赛豹III将由Coda来改装成纯电动汽车。

Coda的企业战略发展总监Chris Paulson表示，该公司将同时利用中国合作企业的优势以及美国研发中心的资源来发展其电动汽车业务。

案例：新能源汽车公司异地开发基地

位于深圳的陆地方舟电动车有限公司是我国最早专门从事高效变频纯电动汽车研发及生产的国家高新技术企业。从2001年起，历经近10年艰苦的自主研发，已完全自主拥有"高效变频电驱动系统集成技术"和"DSP电驱动控制系统集成"的两项核心技术。同时，拥有电动汽车动力电池管理系统技术，以及相关的电动汽车整车关键电子辅助系统配套系列专有技术，荣获国家科技成果和多项发明专利，产品畅销欧美。目前，公司已拥有电动汽车专用生产线，电动汽车检测线和电动车专用试车场等，具有年产2万辆电动车的生产和销售能力。根据规划，落户于如皋经济开发区的陆地方舟（江苏）新能源电动汽车项目将分三期实施，整个项目计划2013年底全面建成投产，届时将形成年产20万辆电动汽车的生产规模，项目产品包括纯电动客车、纯电动乘用车、纯电动货车、纯电动专用车等。

陆地方舟电动车有限公司执行总裁刘础瑞和规划设计人员介绍了项目相关情况。来自省经信委的专家和如皋市相关部门、如皋经济开发区负责人对规划方案完善提出了相关意见及建议。

五菱新能源微型电动货车在国内撼世登场，产品实力升级引发业界关注。作为获得国内首个新能源货车生产资质的企业，五菱集团志在实现新能源汽车领域的战略新格局的棋招频出，其思路之清晰、速度之迅捷，震惊业界。在新能源车领域多重线条的系列化产品项目实施研发成果取得突破，新能源观光车、电动社区车、新能源电动货车、新能源电动邮政车、新能源电动公交车等系列化的产品已经陆续走向市场，成为新能源车领域内一个个闪耀的新星。

四、资本市场机会

新能源汽车正处于起步阶段，竞争激烈，有就是优势和资源优势的企业值得关注，整个产业链可以分为三大段，分别是整车企业、动力系统企业、上游原材料企业。

从创业投资的角度来看整个产业链的投资机会，新能源汽车产业链中利润率最高的是隔膜、正极材料、电池，而整车的利润是最低的。

电池是新能源汽车产业链中最重要也是最有投资价值的一环。与传统汽车相比，新能源汽车的电池性能基本决定了整车的驾驶性能，电池也是技术含量最高的一个环节。对于车用动力电池，目前来看，多数机构均判断认为未来的发展方向将是以锂离子电池为主，辅以铅酸/碳电池，而镍氢电池由于低性价比必将成为一个过渡产品而逐步淘汰。

正极材料、电解液及隔膜是动力电池的三个投资方向。在动力电池中，正极材料、电解液及隔膜分别占据了成本的约50%、15%及20%，构成了动力电池的核心零部件。

目前，锂电池最大问题在于成品率低、电池一致性差，国内还面临隔膜、六氟磷酸锂等关键原材料需要进口的问题，但不可否认其仍是一种较为理想的解决方案。从电池部件的附加值排序，隔膜＞电解液＞正极＞负极。

投资方面，建议选择生产技术壁垒与资质要求高的锂电关键材料厂商，如正极材料、电解质、隔膜等。

锂电池上游。无论锂电池最终采用何种技术路线（正极材料的解决方案有磷酸铁锂、钴酸锂、锰酸锂等；电解液中六氟磷酸锂是最理想的材料），都会对碳酸锂带来巨大需求。

充电设备。虽然目前建充电站尚无利可图，但由于看好未来新能源汽车产业的发展前景及获批土地带来的综合收益，大型央企纷纷开始充电站"圈地运动"，充电设备商将受益于投资的加速。

整车行业未来看点。政府的扶持将加速新能源汽车的产业化进程，目前相关规范补贴政策正在积极制定当中，当政策明确、标准统一之后，新能源汽车将迎来广阔的前景，整车行业将成为未来看点。

当然，动力系统企业（电机及电控系统）也将受益于新能源汽车的长期发展。

第三章　金融资本的力量

新兴产业需要不同金融机构和金融工具的支持，包括银行信贷、风险基金、产业基金、债券市场、股票市场，等等。

从银行层面来看，未来要建立一些科技型银行和产业发展银行，这是必须走的道路。现有的四大银行和其他银行业务面比较广，对战略性新兴产业来说，应该建立与之相配套的专业性银行。同时，发展债券市场的债权融资融券功能，加大对创投的扶持力度。这样，民间各类形式投资才会带动起来。

创投机构所希望的实实在在的举措包括：设立产业投资引导基金、创业投资风险补偿基金以及减少税收等。国家政策对资本市场的影响是非常大的。对创投机构来说，一个项目的成长至少需要两三年时间，要发挥创投对战略性新兴产业的培育作用，首先政策应具有长期稳定性。国家设立产业投资引导基金，实际上就把政府资金和民间资本的利益结合在一起，这对创投机构是一种信心鼓励。

目前发展产业投资引导基金的最大问题是缺乏专业性的基金管理人，基金的机制、投资策略、投资能力以及对民间资本的带动效果等还有待提高，政府产业投资引导基金的调控手段还需要多样化、操作经验还有待摸索。

本书作者在北京、上海等地调研时了解到，一些敏锐的市场投资机构从国家发展战略性新兴产业的大政策中看到了债券市场发展的信号。而此前中关村、大连两只中小企业集合票据的成功发行，让人们对中小企业债券市场充满期待。不少地方政府纷纷谋划发行中小企业集合票据与集合债券，希望以此化解当地中小企业的融资难题。

在中小企业板、创业板有效拓宽了中小企业直接融资渠道的同时，多家中小企业联合起来统一发行集合债券或集合票据，成为拓宽中小企业直接融资渠道的又一重要手段。中小企业集合债券与集合票据解决了中小企业多年来"短贷长用"的问题，让一批规模不大、高速成长的中小企业获得了宝贵的中长期资金支持。然而，此类融资方式的快速发展，使我国中小企业担保机制的缺陷进一步凸显，加强中小企业信用担保体系建设迫在眉睫。

第一节 新兴产业融资周期

在近三个月的时间里，作者通过对陕西、辽宁、湖北和上海这四省市的2009年中央政府投资中科技创新项目进行专题调研，结果发现，在9080亿元中央政府重大公共投资中，仅有约2.2%，约200亿元用于技术改造和技术创新方面。

调查发现，这几个地区不但新兴产业的技术投入比例低，更重要的是地方配套资金严重落后，存在使用分散、企业融资难、税收等优惠政策不落实等问题。

调查还发现，国家支持新兴产业的舆论准备非常充分，但实质性的资本投入才刚刚开始。特别是新能源、电动汽车、ICT、关键材料等领域，仅靠一两个企业或者民间资本很难取得重大突破。在新兴产业发展中，如果政府干预过度或者行为不当，新兴产业可能误入歧途；如果政府决策缺席，新兴产业将遭遇发展"瓶颈"。

有关调查的意见是，对于新兴战略性产业，除了需要产业政策加以引导、财税金融政策的支持以外，更应该发挥市场机制的作用。这需要做好创新体系的建设，努力建立世界先进水平的创新平台，加快推进关键技术的研发，强化产学研的结合。加快市场需求的培育，推进节能减排工程，节能惠民工程等建设。

同时，要建立好新兴战略产业的投融资体系建设。很多新兴产业属于高投入、高风险、高回报的领域，但是短期内收入预期不明确。因此，应该建立相关产业的市场准入标准，鼓励银行在融资方面给以倾斜，并建立新兴战略产业的投资资金和创业投资基金。

一、新兴产业的五大融资周期

任何一个将来的新兴产业企业，从提出构想到企业创立、成长、发展、成熟到退出，都存在一个企业的生命周期。与一般科技创业公司一样，可以把战略性新兴产业企业的发展划分为种子期、创业期、成长期、扩张期、成熟期和退出期。

企业所处的时期不同，所需的资金特点也有所不同；不同渠道的资金，对企业所处的不同时期的偏爱程度也有所不同。为此，民营企业必须从企业长期战略的高度，对企业各个阶段的融资问题拟订整体性战略规划，并根据自身所处的不同阶段有针对性地制订融资活动计划。

（1）种子期融资策略。种子期时，新兴产业企业的创业者和运营者可能只有一个创意或一项还停在实验阶段的科研项目。这个时期创业者需要投入一定数量的资金进行测试或验证。一般情况下，此时期所需资金并不多，但求助于银行是

无济于事的。种子期的融资策略,一是可通过自己或聘请专业中介机构,写出自己的项目计划书,吸引个人投资者天使基金进入。尽管天使基金所提供的资金可能不多,但其相对丰富的阅历和经验能够为创业者提供很好的建议,这对于初出茅庐的创业者更是重要。二是可以向政府申请资助。只要项目可行,可从政府成立的创业投资公司得到一些资助,而且在租赁办公场所、厂房方面都有一定的优惠。

(2)创业期融资策略。企业进入创业期,意味着产品研制成功,为了实现产品的经济价值,创业者开始着手筹建公司并进行试生产和销售。创业期需要数量较大的门坎资金,用于购买厂房、机器、生产资料、办公设备、后续的研究开发、初期的销售费用及人员工资等。很多创业者只靠自己的资金往往无法开展活动,而且由于企业没有过去的经营记录和信用记录,从银行得到贷款基本是不可能的。同时,由于创业期的资金需求量较大,风险也很高,已超出一般的个人投资者的能力,天使基金已不能满足所需。

一是向机构创业投资者股权融资。机构创业投资者一般不会直接干预企业的生产经营,而且会特别监督企业按现代企业制度科学管理、规范运作,在产权上也要求十分明晰,这有利于未来企业的上市融资;二是如果企业是属于高科技项目,可以进入当地的科技企业孵化器。科技企业孵化器作为进行科技创业的专门服务机构,把创业投资作为支持科技创业最重要的手段之一引入到创业过程。创业过程主要表现在科技企业的初创期、发展期和扩张期,而创业投资的种子资本、初创资本、创业资本和发展资本的投入刚好覆盖和支撑了创业团队的创业全过程。在实际操作中,孵化器向在孵企业提供投融资服务的手段包括:利用自有资金进行创业(股权)投资、为在孵企业争取各种政府补贴、促成投资机构和银行与在孵企业的合作、与创业投资机构联合投资等。

(3)成长期融资策略。产品刚进入市场,销售渠道还未能建立完善,如果不尽快投入资金进行市场推广,必然造成产品积压,企业就会半途而废。这时期现金的流出大于流入,资金困难是这一阶段面临的最大问题,这关系到企业是否能够生存的问题。

成长期企业融资策略,一是采用商业信用融资,如应付账款融资、预收货款融资。所谓商业信用是指交易双方通过延期付款或延期交货所形成的一种借贷关系,是企业之间发生的一种信用关系。这时期的企业如果能有效利用商业信用,可以在短期内快速筹措一些资金,从而暂时缓解企业的资金压力,保证企业再生产顺利进行。二是资产管理融资。这是企业内源融资的一种。企业可以将资产通过抵押、质押等手段融资,通过对资产有效管理,节省企业在资产上的资金占用,扩大企业的资金来源,如应收账款融资、存货融资。三是资产典当融资。四是金融租赁融资。这属于表外融资,不体现在企业财务报表的负债项目中,不影响企业的资信状况。五是银行贷款,但由于没有资信记录,风险较大,融资成功有较大难度。

（4）扩张期融资策略。扩张期需要大量资金投入，用于进一步的产品开发和扩大市场占有率。这时企业生存问题已经解决，现金入不敷出的局面已经扭转。同时，企业拥有较为稳定的客户和供货商，也有较好的信用记录，市场占有率也在提高，产品竞争能力增强，取得银行贷款或信用融资相对来说比较容易。此时的融资策略：一是采取内源融资，如留存盈余融资；二是银行贷款或信用融资；三是准备上市融资。

（5）成熟期融资策略。在成熟期，企业融资已不再成为长期困扰企业发展的难题，企业已有稳定的现金流，从银行贷款也很容易，此时可根据企业的具体情况，选择上市融资。由于国内主板证券市场门槛要求过高，并明显向国有大中型企业倾斜，中小民营企业可选取在创业板上市或到美国纳斯达克市场、香港创业板、新加坡、欧洲等地上市。

当然，站在投资角度，新兴产业固然为各类投资者带来新的发展机会，但其在研究发展、量产、寻找客户、市场运作，甚至整个上下游价值链上均充满着不确定因素，因此并非每个创新都会成功。新兴产业的创业者在寻找投资者的过程是很艰辛的。

相同地，投资者如何挑选具体可行的投资方案，以规避这个高成长与高报酬背后所隐藏的高风险。迫切需要一套系统化的评估架构以彰显其投资的正当性。新兴产业的风险，因为新兴产业缺乏完整的历史记录，投资者无法得知创业者是否值得信任，因此进入新领域的创业者必须克服其正当性，才能取得资源。

在新兴产业中，因为创业者尚未了解该产业所特有的环境因应行为策略，也缺乏计算未来发展潜力所必需的工具，因此一个原则系统就显得珍贵。因为评估模式就是新兴产业中的一种原则系统。目前来看，创投公司在评估新兴产业商业计划时，最重视的基本面依次是：创业者与团队、经营策略、产品与服务、产业与市场、技术研发能力、资本架构、财务预测等企业基本面。在整体架构中，最重视的前五个评估准则项目分别是：创业者与团队业界评价与信誉、团队具备完整执行能力、创业者人格特征、创业者过去之经营业绩，以及经营策略动态调适能力等。

二、资本开始布局

在国务院出台的《国务院关于加快培育和发展战略性新兴产业的决定》中，鼓励资金投向战略性新兴产业中处于创业早中期阶段的创新型企业。但据了解，主要投资于早期的初创性企业，一般只有20%的成功率，这意味着，八成的早期投资可能会失败。

这正是新兴产业投资所面临的一个重要的问题，如果投资早期企业风险会比较大。据分析,在七大战略性新兴产业的细分领域中,高端装备制造业是相对成熟的行业;新能源、节能环保、新材料的发展也已趋于成熟,是目前比较关注的领域;而生物医药行业仍处于发展早期,做生物技术的企业大多比较小;此外,新一代信息技术,如 3G 技术也属于处于早期发展的行业。

由于社会资本对战略性新兴产业总体上存在一种谨慎试探的态度,所以政府的行动就显得尤为重要。为加快培育战略性新兴产业,深入推进科技金融结合,北京市科委与北京银行于 2010 年初在京签署"全面推动'科技北京'行动计划暨生物医药产业发展战略合作协议"。

北京银行 3 年内向北京市科委支持的符合战略性新兴产业发展方向的优质企业和重点项目提供 200 亿元人民币意向性融资授信额度,其中向生物医药产业的企业提供 50 亿元人民币专项授信额度。在签约现场,北京银行向北京以岭药业有限公司、悦康药业集团有限公司、康龙化成(北京)新药技术有限公司及康辰医药股份有限公司四家企业共计发放贷款 9600 万元。

近年来,各地科技部门积极贯彻落实国家科技金融政策,充分利用市场机制,进一步优化科技投融资环境,不断深化与银行类金融机构的合作,加快培育生物医药、电子信息等战略性新兴产业。

第二节 四类投资基金直指新兴产业

一、政府创业投资引导基金

(一)国家方案的提出

2009 年 5 月,笔者曾设想过国家设立创业投资引导基金(以下简称引导基金),并与国家发改、财政部、银监会等部门的官员和专家做了深入讨论。6 月,在北京的香山饭店,国家发改委、财政部等召开小范围的产业引导基金论证会,笔者应邀参加讨论。

在这次会议上,大家形成了创设创业投资引导基金机构框架,其内容有:指导原则有四个方面:①政府引导。发挥政府资金的引导和杠杆作用,推动创业投资发展,引导社会资本投向高新技术产业,促进自主创新成果产业化,培育新兴战略性产业。②市场运作。政府资金与社会资金按照商业规则共同发起设立创业投资基金,基金以市场化方式独立运作,政府不干预基金正常的经营管理。③规范管理。基金委托具有专业背景的管理机构按照章程规范运作。基金中的国家出资部分按照公共财政原则,健全业绩激励和风险约束机制,实现滚动发展。④支持创新。克服单纯通过市场配置资源的市场失灵问题，引导创业投资投向初创期、成长期创新型企业和高成长性企业，支持自主创新和创业。

（1）引导基金的投资导向。政府与各方参股设立的引导基金要符合国家鼓励发展的高新技术产业导向，具有鲜明的产业特点和区域优势。基金要以一定比例投资于早中期企业，鼓励参股设立主要投资于初创期企业的天使基金。基金的投资导向要在其章程或有限合伙协议中明确体现，并在运作过程中切实落实。

（2）基金的管理机构。参股设立的基金应委托专业管理机构进行管理，基金管理机构应具有良好的管理业绩，固定的营业场所和与业务相适应的软硬件设施，健全的内部管理制度，以及创业投资项目管理和风险控制流程。基金管理机构至少有3名具备2年以上创业投资或相关业务经验的管理人员，管理团队至少有对3个以上创业企业的投资经验。

（3）基金的资金构成及规模。参股设立的基金由国家资金、地方政府资金及社会募集资金构成，以社会投资为主，包括各类投资机构、大型企业、境外投资者及管理团队等。每只基金规模原则上不少于2.5亿元，国家资金参股比例原则上不超过20%，且不控股。地方政府参股资金规模原则上不低于国家资金。社会募集资金比例应大于60%。对于参股设立的天使基金，国家资金参股比例可适当放大。

（4）基金的治理结构。基金应当依据国家有关法律法规规范设立和运作，并按照《创业投资企业管理暂行办法》的规定进行备案，接受管理部门的监管。基金应建立投资决策、专家顾问、风险控制及评估制度等规范运作的管理模式。

（5）基金的清算。基金存续期结束后按照市场规则进行清算。对投资回报较高、产业推动效应明显的基金，鼓励设立后续基金，支持滚动发展。由于各种原因基金需提前清算的，依法律规定按照章程的约定进行清算。

2009年9月，在取得对政府引导基金以上共识的基础上，国务院有关部委最终形成了有关国家层面上创投引导基金的基本设计框架。由于面向战略性新兴产业的创投引导基金是由国家发起，所以国家作为出资人的地位、责任和权益需要得到厘清。经过多次调研和讨论，最后对新兴产业创投基金国家出资的权益和管理从四方面进行规定。

首先，国家资金的委托管理。基金中国家出资部分由财政部和国家发展改革委委托有关专业管理机构管理。受托管理机构不得干预基金正常的经营管理，以出资额为限对基金行使股东权力。受托管理机构对受托资金专设托管账户管理，定期向财政部和国家发展改革委报告基金运行状况。国家发展改革委和财政部可委托地方政府和受托管理机构监督基金重大事项的决策，保证政策目标落实。

其次，国家资金的批复和拨付。按照参股设立基金的投资导向、出资结构等指导性要求，基金管理团队和股东研究提出基金设立方案和章程，并落实资金。

基金设立的基本条件成熟后，由省级发展改革委会同财政厅（局）向国家发展改革委和财政部上报基金方案和基金章程，并提出申请国家投资的资金额度。国家发展改革委和财政部复核确认基金章程、出资金额及受托管理机构，并将资金拨付受托管理机构托管账户。受托管理机构按照基金章程约定的资金到位条件和程序拨付国家资金。

再次，国家资金的退出。基金存续期结束后，国家资金由受托管理机构按照章程约定直接收回托管账户。基金未能正常清算的，国家资金权益由受托管理机构代为履行相关法律手续。在有受让方的情况下，经国家发展改革委、财政部批准后，国家资金可协议退出基金，退出时其转让价格由双方按协议确定。以出让或基金清算方式退出的国家资金（含本金及形成的收益）直接收回托管账户，由受托管理机构代管。国家投资形成的股权待国家高技术创业投资引导基金成立后，全部转入引导基金。

最后，国家资金的权益和奖励。国家资金除在基金章程中规定的条款外，不要求优于其他社会股东的额外优惠条款。国家资金与地方政府资金同进同出。

国家资金与地方政府资金、社会资金共同按创业投资基金章程规定支付基金管理机构管理费用（一般按照每年1.5%~2.5%），并将部分基金增值收益（一般为20%左右）奖励基金管理机构，每只基金的具体管理费用和奖励标准按照基金章程确定。为体现国家资金的政策导向和考核机制，也可考虑国家资金不支付每年的管理费用，同时将50%的基金增值收益让渡于基金管理机构。对于参股设立的天使基金，国家资金可给予更大的让利幅度。基金的管理费用由基金公司直接支付给基金管理机构，财政部不再另行列支管理费用。

（二）七省市试点

2009年11月26日，国家发改委网站上公布了关于设立创业投资基金试点工作的通知，国家发改委、财政部将联合地方政府资金，参股设立创业投资基金（创业投资企业）试点工作。

国家发改委和财政部确认，将把北京、上海、深圳、安徽、湖南、重庆和吉林七个省市作为试点，发行20只面向新兴产业的创业投资基金，总规模为92亿元。其中，中央财政投入10亿元，七省市政府投入12亿元，社会募集资金70亿元。

这20只产业投资基金均为专业基金，由7省市根据自己的产业特色和优势自行选取上报，而投向的正是医药、新材料、新能源、集成电路、电子技术、环保、生物工程等新兴战略产业。

这项基金将完全用市场化运作方式，最大限度地发挥地方政府的能动性，在国家引导的新兴产业中解决企业融资问题。实际上，这并不是国家设立的第一只用于创业扶持的基金。此项"创业投资基金"与以往基金的不同之处在于，它的资本构成集合中央政府资金、地方政府资金以及社会募集资金,金额格外庞大。

按照规定,每只基金规模原则上不少于2.5亿元,国家资金参股比例原则上不超过20%,且不控股。地方政府参股资金规模原则上不低于国家资金。社会募集资金比例应大于60%。

在社会募集资金领域,各类投资机构、大型企业、境外投资者及管理团队等都可参与。而该通知规定,对于投资初创期参股设立的天使基金,国家资金参股比例可适当放大。

另外一个特点是,该项"创业投资基金"不仅实现了资金来源多元化,而且将进行完全的市场化运作,这是一种基金投资基金模式。由国家出资的中央资金主要托管给两家投资公司——国投高科和盈富泰克。两家创投机构受中央政府委托行使投资人的角色,他们将此次中央资金投资到20个地方创投基金中,本身并不负责筛选项目。

地方政府根据自己的优势选择新兴行业设立专项的行业基金,同时选择行业知名且专业的创投公司对基金进行管理。地方政府、中央资金的托管公司、社会募集基金之间会形成协议,设定出资比例、年限、退出机制等,而正常的运作则由专业的行业创投公司负责运营,负责寻找项目。

三方协议年份到期后,盈亏将按照市场规则进行清算。对投资回报较高、产业推动效应明显的基金,国家还鼓励设立后续基金,支持滚动发展。而如果出现需要提前清算的情况,则由三方依法律规定按照章程的约定进行清算。

作为第一批的试点,对未来试点规模扩大具有示范意义。待首批20个基金运作成熟后,政府在未来2~3年内发起设立200个基金,其中中央政府投入约100亿元,地方政府则至少投入100亿元,200个基金总募集规模有望达到1000亿元左右,届时将支持1万个新兴产业的中小企业发展。

为使试点顺利进行,国务院有关部门让国投高科负责指导上海、湖南和重庆三省市引导基金的设立和运行,盈富泰克负责指导北京、吉林、安徽和深圳四省市引导基金的设立和运行。

第一批试点的七个省市主要是从地方政府自行申报的方案中选出,而这又和各地的产业发展策略息息相关。上海市政府对此表示了积极态度,要设立集成电路设计、生物医药、新能源、新材料、信息服务业共五只创投基金,是设立基金最多的一个省市。而这与2009年上海市明确了推进高新技术产业化的九个重点发展领域中的集成电路设计、生物医药、新能源、新材料、信息服务业五个领域吻合。

重庆市发改委高技术处表示,重庆在申报两个基金——分别是电子信息行业和新能源行业,重庆市政府的参股资金接近20%。吉林宣布,出资1亿元参股设立生物产业和汽车电子产业创业投资基金,两只基金总规模均设定为10亿元,一期规模均为 2.5 亿元，其中国家出资 5000 万元，吉林省出资 5000 万元，再分别募集社会资本 1.5 亿元。北京在新能源与环保、电子信息、生物医药和高技术服务业等领域设立 4 只基金，其中 1 只为天使基金。

而让地方政府感兴趣的，也正是这个资金的运作模式。政府不是通过现金拨款，而是通过股权投资的方式投资，国家资金的退出机制也可以很完善，可以通过三板、准三板、回购、产权交易等多种方式选择退出。这样的灵活方式很有吸引力。

在国家实施新兴战略产业的背景下，安徽借助各种科技力量谋求发展主动权。安徽省政府与中国电子科技集团经过闪电谈判，双方正式签署战略合作框架，未来几年双方将投入 25 亿元，在合肥市建设公共安全产业基地和皖北电子产业基地。

另据了解，武汉市国务院召开新兴战略性产业发展座谈会过后不到一周的时间，市政府就召开常务会议，原则性通过了 15 个新兴产业的《实施方案》。"武汉方案"被认为是首个系统性地方新兴战略性产业规划方案，规划制定了包括集成电、节能环保、新能源、新一代移动通信等 15 个新兴产业。

（三）国内各地前期经验

由政府组织的创业投资引导基金在地方早有实践。其定位是，由政府发起设立，通过资本市场上的市场手段，推动其扶持的产业或行业发展，从而促使经济结构转型。

目前，全国各省、市、自治区都已分别出台了适合本地发展的政府创业投资引导基金设立方案。除了北京、上海、深圳、天津等资本密集省市，一些民间企业和产业园区聚集的二线城市也先后跟进设立政府创业投资引导基金扶持当地经济发展。政府引导基金由此也大大促进了创业投资产业和中小企业的发展。

政府创业投资引导基金通过引导风险资本投向急需资金的早期、中期创新创业型企业，在条件成熟时引导基金优先退出，形成示范效应，增加企业获得创业风险投资的机会。

从统计中我们可以看出，各个省市对引导基金的接受程度的差异还是比较大的。资本化程度较高的区域成立的基金规模较大，对基金的管理要求不以历史业绩为标准，并且政府不参与基金管理和决策，市场化程度较高。

引导基金的运作模式包括基金投资作用、管理运作、收益分配等几个部分。政府引导基金帮助三方共赢。扶持创投机构发展，促进了高技术含量的中小企业发展，也在一定程度上增加了政府日后的潜在的税收，拓宽了现有的财政收入。

2006 年 3 月 1 日，国家十部委联合发布《创业投资企业管理暂行办法》，其中第 22 条规定："国家与地方政府可以设立创业投资引导基金，通过参股和提供融资担保等方式扶持创业投资企业的设立与发展。"此后，很快各地政府纷纷行动,苏州、北京、天津等地方都筹划设立创业投资引导基金。

2006年10月21日,浦东新区创业投资引导基金正式启动。基金总规模高达10亿元,这批资金全部来自浦东新区政府财政,是全国第一只由地方政府设立的政策性创业投资引导基金。

浦东创业投资引导基金称:"我们是投基金的基金,基金要和我们合作,不就自然而然地到浦东来了吗?其次,在投资协议中,我们会要求我们投资的基金,重点关注浦东的高科技企业和项目,由此又能达到推动浦东的高科技产业发展的目的。"

浦东新区创业风险投资引导基金有一支团队,包括财务、法律、科技等各个方向的人才。主要工作就是筛选出优质的VC管理团队进行合作。引导基金筛选的标准是:以创业风险投资为主营业务,具有较强管理团队和资金募集能力,具有在海外管理风险投资基金的成功经验,在相关产业领域取得过优良管理业绩,在国内外有一定的知名度和影响度,无任何不良记录。

按照这个标准,引导基金已经筛选出第一个合作伙伴——德丰杰龙脉基金。引导基金和龙脉基金合作,引导基金投资500万美元,共同在开曼群岛成立注册资本1亿美元的有限合伙制企业——DFJ Dragon Fund China, L.P.。

浦东新区创业风险投资引导基金选中德丰杰,因为这是一家在美国非常主流的风险投资基金,业绩良好,曾经投资过百度等项目,而此次浦东参与的基金是专门投资中国的风险投资基金,它的主要投资方向是早期的IT项目,这也符合引导基金的投资方向。浦东新区创业风险投资引导基金在创立之初,就确立了生物医药、集成电路、软件、新能源与新材料、科技农业5大业务板块为主要投资方向。

根据ChinaVenture数据库统计显示,截至2010年,国内已有15个省市设立了引导基金。其中,8只基金已经完成募集,募集规模达44亿元。

表3-1 部分政府主导的创业投资引导基金

地 区	背 景	已成立引导基金数量(只)	已成立基金规模(亿元)
天津滨海	国开行与天津滨海新区	15	100(承诺出资)
上海浦东	浦东新区	15	100(承诺出资)
重庆	重庆政府	5	50(承诺出资)
北京海淀区	海淀区政府	10	5
苏州	高新园区政府	10	50
深圳	深圳市政府	20	30

资料来源:综合整理。

表 3-2 政府引导基金运作模式

各地市引导基金	概要	对 GP 的要求	政府作用	投资方向
北京海淀区	海淀区政府出资 5 亿元	管理经验丰富；GP 最少出资 7000 万元	主要起监督作用，不参与管理	初创期的高新技术企业；不超过被投企业总股本 35%
天津滨海	天津滨海与国开行成立 20 亿元，存续期 15 年；单个基金 10 亿元以上	成熟、有历史业绩的 GP	参与母基金中	天津地区为主，高科技企业
重庆引导基金	政府出资 20%；存续期 10 年；规模 5 亿元以上	优秀的 GP，有实际管理经验	参与重大决策，包括设立、终止等；任命引导基金中心负责人	重庆为主，高科技企业
陕西	总规模 10 亿元；单个基金 5000 万元	至少 3 名五年以上创投经验的高级管理人，且有良好历史业绩	参与重大决策，包括设立、终止等；任命引导基金中心负责人	部分比例投资于省内；投资早期/高新企业
常州市	存续期 3~7 年；单个基金规模 5000 万元以上；不超过 30%，进行跟投	GP 具有良好的投资决策机制、内部激励机制、风控机制；团队中至少 3 名两年以上创业投资经验的管理人	基金重大事项决策和监管	市内投资 50% 以上；参股不超过 30%
浙江	规模 5 亿元；单个基金规模 1 亿元；不超过 25%，进行跟投	至少 3 名五年以上创投经验的高级管理人，且有 3 个以上成功案例（投资年平均收益率不低于 15%）	基金重大事项决策和监管；参与投资及退出	省内投资 80% 以上；参股不超过 30%；30%~50% 投资于高科技企业
杭州	2008 年投入 2 亿元，单一基金 1 亿元；存续期 5 年	至少 3 名五年以上创投经验的高级管理人，且有优良历史业绩（投资年平均收益率不低于 20%）	基金重大事项决策和监管	市内投资 80%；高科技初创企业 50% 以上
安徽	总规模 10 亿元；单个基金规模 1 亿元	至少 3 名五年以上创投经验的高级管理人	基金重大事项决策和监管	省内投资为主

资料来源：综合整理。

从表 3-2 的统计中我们可以看出，各个省市对引导基金的接受程度的差异还是比较大的。比如资本化程度较高的北京和天津，他们成立的基金规模较大，对 GP 的管理要求不以历史业绩为标准，并且政府不参与基金管理和决策，市场化程度较高。

而有些地市，地方政府参与基金管理的程度比较高，并且在筛选 GP 时，对其历史业绩有明确标准和要求，表明当地政府对股权投资的认识还不够深，没有抓住股权投资要义。

从投资区域来看，一般引导基金都要求主投自身省市内的高新技术企业。虽然引导基金在投资领域上有所限制，但这也无可厚非，毕竟政府引导基金设立的初衷就是改善当地经济发展结构，促进当地中小企业发展。

案例：

深圳市政府 2009 年成立 30 亿元规模创投政府引导基金，资金将在 3 年内全部到位，第一期预计为 10 亿元。深创投在该基金中扮演重要角色。

深创投是中国最早探索政府引导基金的本土创投企业之一，近期在各地地方政府创投引导基金中屡有斩获。2008 年 12 月 8 日，深创投成为北京创投引导基金选中的第一批合作机构之一。就在同一个月内，深创投还已经同重庆、西安地方引导基金签订了合作协议。

深创投有关人士称，目前深创投在全国的引导基金"连锁布点"，到 2009 年年底，深创投管理的政府引导基金将达 25 个。与此相应的是，在创投机构集体放缓投资步伐时，深创投却逆市而上。据统计，深创投 2008 年总共投资了 57 个项目。这一数字大大超过其他创投基金。

表 3-3 2008 年下半年深创投部分投资事件清单

时间	投资机构	被投机构	金融	所属行业	投资轮次	企业阶段
2008.9.3	深创投	百富餐饮	10 亿元人民币	餐饮业	Series A	扩张期
2008.8.5	深创投，深圳市同创伟业创业投资有限公司	北京乐视网	5200 万元人民币	网络视频	Series A	发展期
2008.9.18	深创投	好想你枣业	6000 万元人民币	农林牧渔	Series A	获利期
2008.10.17	中以基金、深创投，及以色列风投基金 Pitango	江西晶科能源有限公司	3500 万美元	太阳能业	Series B	获利期
2008.11	深创投、北京华汇通公司，以及小象投资	北京麒麟网信息科技有限公司	1500 万美元	网络游戏	Series A	发展期
2008.12.1	深创投	阎良航空基地	1 亿元人民币	航空	Series A	获利期

资料来源：作者自制。

（四）政府与机构利益诉求各有不同

为了能够找到有品牌、有业绩的好机构，"引导"来更多的资金，有的地方引导基金提出了优惠的条件，比如，引导基金只需要保本，如果合资基金公司赚钱了，那就将引导资金的本金还给政府即可；如果合资基金投资亏损，引导基金按照出资额先承担。有的政府引导基金还承担了信用担保的责任，也就是说，这个基金投资一个项目公司，如果公司快要上市的时候，政府资本则可以提前退出，将股份出让；如果项目亏损的话，则政府这一块资本就不回收了。有的地方引导基金的优惠条件更多，比如地税税收全额返还，政府相关金融机构资金配套。对于目前处境尴尬的投资机构来说，应具有很大的诱惑力。

如今不少投资机构对引导基金还处于观察期。因为，有些地方创投引导基金规定，政府引导基金出资20%、社会资本80%成立这个合资公司负责投资，但是这个公司资本必须70%~80%要投资在当地，这样势必会造成东部沿海地区成为投资人关注的优势地区。而中西部地区的引导基金对机构吸引力不大。另外，有的引导基金则希望投入到基础设施领域，则已经超出了创投的范畴。

一般来讲，很多VC不会投资很早期的项目，有些VC可能在策略上会安排15%或者20%投资于早期项目，60%则投资于成长期项目，剩下的20%投资于Pre-IPO项目，所以与创投引导基金合作，要考虑这个平衡问题。

另外，引导基金要"引导"，还有一个比例问题，10亿元是目前引导基金的普遍规模，如果分散到每个子基金，平均就在三四千万元，对于一个有品牌的大机构来说，资金量太少，对他们的吸引力也不是太大。

VC对引导基金选择的三个标准：第一是看有没有项目源，有没有机会和有没有可能做成是最重要的；第二要看跟当地的政府在投资理念上是否能达成一致；第三是在管理上是否可能提供便利之处，减少沟通环节。

（五）政府引导基金设计

目前国家层面上的引导基金试点，更多意义上起的是示范作用。所以，着眼于发展战略性新兴产业，带动我国创业投资的快速发展，各地可以借鉴国外创业投资引导基金的模式和经验，结合各地实际情况，积极探索区域性政府创业投资引导基金的创建模式。

1. 发展环境

（1）定位准确。由政府部门出资设立创业投资引导基金，以扶持创业投资行业以及中小型高科技创业企业成长壮大，是发达国家在新兴产业和创业投资行业发展初期的通行做法，美国、以色列和我国台湾等创业投资事业发达的国家和地区都有这方面的成功经验。

引导基金中，政府出资的目的不在于盈利，而是为了带动本国或本地区创业投资行业发展，从而调整产业结构，转变经济增长方式，培养新的经济增长点。因此，政府资金往往在确保安全性的前提下，只收取少量的固定回报（基本等同于国债利息），一旦本国或本地区创业投资行业发展成熟，政府资金即予退出，将其在基金中的权益以优惠的方式转让给其他专业创业投资机构。

（2）政策明确。2005年下半年以来，一直困扰中国创业投资的政策环境、退出通道等"瓶颈"性问题，正在逐步得到解决。特别是国家自主创新、建设创新型国家战略的实施，创业投资获得前所未有的重视，加快发展创业投资成为共识。中国创业投资面临的形势发生了根本性的转变，从低谷迈向高潮的重要转折时期已经到来。

近年来，国家出台了一系列的文件，鼓励加快发展创业投资：国家发改委牵头会同科技部等十个部委联合制定的《创业投资企业管理暂行办法》，对创业投资企业的设立与备案、投资运作、政策扶持、监管等进行了规范，国务院领导批示："同意。要抓紧制定配套政策"，为创业投资的规范发展打下了基础。

《创业投资企业管理暂行办法》规定，创业投资企业可以以股权和优先股、可转换优先股等准股权方式对未上市企业进行投资，使创业投资有了更多的投资手段。《合伙企业法》的修订草案增加了有限合伙的特殊规定，这将为按国际通行的有限合伙方式开展创业投资，提供法律基础。

创业投资企业的税收优惠政策：①《创业投资企业管理暂行办法》第23条规定：国家运用税收优惠政策，鼓励创业投资企业增加对中小企业特别是中小高新技术企业的投资。②《实施〈规划纲要〉若干配套政策》更是明确提出，对主要投资于中小高新技术企业的创业风险投资企业，实行投资收益税收减免或投资额按比例抵扣应纳税所得额等税收优惠政策。③上市公司股份的全流通，打通了创业投资退出的主通道。④国务院下发的《科技规划纲要》和《实施〈纲要〉的配套政策》，提出"积极发展支持中小企业的科技投融资体系和创业风险投资机制"，"积极推进创业板市场建设，建立加速科技产业化的多层次资本市场体系"，"制定《创业投资企业管理暂行办法》配套规章"等。

（3）法律完善。2005年10月27日，十届人大常委会第十八次会议通过了修订后的《证券法》和《公司法》。新《证券法》和《公司法》为创业投资企业的设立和运作及权益保障、创业投资退出等，提供了更多的便利和更好的法律保障。

上述情况表明，国家鼓励各级政府积极建立区域性创业投资引导基金，以促进各地创业投资的蓬勃发展。政府一方面出台优惠政策，鼓励更多资本进入创业投资行业，扩大其投资能力，加快发展创业投资；另一方面，不断完善法律环境，疏通创业投资退出渠道，让创业投资企业进入投资—增值退出—再投资的可持续良性发展轨道，加上经济高速增长催生大量高成长创业企业，创业投资将迎来大好发展机遇。

为了带动区域对战略性新兴产业的创业投资，各省市及地区政府、开发区、产业基地可以与有关专业投资机构共同设立创业投资引导基金，具体思路如下：

由当地政府、专业投资机构以及有意向参与的投资人作为出资人，采用承诺出资方式，即发起人与出资人在参与本方案之初期只签订出资承诺书，承诺在本方案中总的出资额，共同发起设立区域性创业投资引导基金（母基金）公司。母基金在直接投资的同时，可与下一级政府组建引导子基金；母基金成立后，作为实质性载体，申请国家引导基金的进一步支持。具体规模和出资额可酌情协商。

基金主要以企业股权投资为主，即通过充分的尽职调查，发掘出最有增长潜力的中小型企业，入股后提供全方位增值服务，助其迅速成长为行业领先的公司，然后再通过资本市场变现，实现本方案资本的最大增值。但是为了规避风险，也可适当考虑以债权、可转债等工具投入，并适当参与科技工业园开发、企业并购重组等相关业务。

投资方向以国家鼓励及资本市场认同的信息技术、新能源、新材料、先进制造业等战略性新兴产业领域为主,集中投资于成熟期和早期的项目。投资地域为本地区。

为发挥专业投资机构的行业管理优势和资本运作经验,可以由专业投资机构为主联合有关专业管理团队共同投资设立区域性投资管理有限公司作为基金管理人。基金管理人负责基金运作,包括项目选择、审查、评估、决策、投资、撤出变现、股权管理、资金财务管理等。

2. 处理好三大关系

从我国创业投资的发展历程,可以认识到当前政府设立引导基金时须着重考虑的三大关系和问题。

(1) 政府的定位与市场运作。引导基金的建立旨在吸引社会资本进入到那些商业性资金不愿进入的、具有高风险、高成长性的高新技术领域。过去政府对创投企业支持的方式是成立国有或国有控股的创业投资企业。但这种国有控股企业在公司治理结构方面往往会存在一些问题。因此,目前政府对创投的支持要重点考虑通过建立一个规范的引导基金,以参股或给予补偿的方式来吸引民间资金或者是一些外资的进入,政府并不干预创业投资的运作,创投项目还是要由创业投资家们自己选择。政府通过引导基金的运作,引导社会资本按照市场规律来进行风险投资。政府的责任是设计好引导基金的运作模式,落实好相关的财政金融优惠政策,并提供良好的市场环境。

(2) 创投公司投资方向和创投企业性质问题。当前政府参股或引导创投公司首先要考虑创投公司的投资定位问题,由此来决定相关的引导政策。如果创业投资基金作为完全商业性资金,它主要投资于处于扩张期的创业性企业,对于种子期和起步期的企业,由于存在很多风险,商业性资本不愿意进入,而这正是当前政府要介入并能充分引导社会资本进入的创投领域,这也符合政府进行风险投资的初衷。因此,当前各地引导基金应主要投资于新兴产业种子期和起步期的企业。

因此,政府建立的创业投资引导基金应主要具备以下特点:一是基金的主要资助对象是一般投资者或银行不愿提供资金的高科技、产品新、成长快、具有巨大的增长潜力的企业,中小企业是重点;二是创业投资引导基金是以引导社会资本进入创投领域为目的,而不是以控制被投资公司所有权为目的,要让创业投资者甘愿承担创业投资的风险,创投资本投资的着眼点不在于投资对象当前的盈亏,而在于创投资本的发展前景和资产增值,以便能通过上市或出售获得高额的资本利得回报;三是引导基金引导的创业投资者并不直接参与产品的研究与开发、生产与销售等经营活动,而是间接地扶持投资企业的发展,提供必要的财务监督与咨询,使所投资的公司能够健全经营、价值增强。

由此看来，创投公司的性质应是以追求长期（至少5~13年）的市场盈利为目的市场化主体，而不是追求短期盈利为目的的投资公司。这种长期性应体现在政府支持的高科技产品从发育、成长到基本成熟所需的必要时间，而这种盈利性是"一揽子"项目的盈利，不以单个项目的利得论创投企业的盈亏。

引导基金既不同于商业性创业投资母基金，也不同于政府直接支持技术创新的资助基金。与商业性创业投资母基金相比，引导基金有以下三点区别：①商业性创业投资母基金的宗旨是为投资者谋取最大收益，并最大限度地控制运作风险；引导基金的宗旨是引导民间资金设立各类商业性子基金，不仅不以营利为目的，反而要让利于民。②商业性创业投资母基金与子基金的关系是纯粹产权关系，母基金按出资份额享受投资人权益并承担相应责任；创业投资引导基金与子基金的关系则还含有公共政策内容，一方面母基金在不干预子基金市场化运作的前提下需要对子基金的投资方向进行引导，另一方面子基金在享受政策扶持的同时必须承担政策性义务。③商业性创业投资母基金为适应市场化运作需要，必须由商业性管理公司负责运作管理；引导基金为避免自身的营利倾向，通常由非营利机构负责运作管理。

与政府直接支持技术创新的资助基金相比，引导基金有以下五个方面的不同：

（1）从设立宗旨看，政府之所以设立直接支持技术创新的资助基金，是考虑到一些技术创新项目具有社会效应，却还没有体现商业前景，由于无法得到商业性资金支持，所以需要财政资金支持；政府之所以设立创业投资引导基金，则主要是考虑大量创业企业虽然已初步体现商业前景，但由于风险仍较大，商业性资金不敢较多介入，所以需要通过相应机制引导更多的商业性资金介入。

（2）从支持对象看，政府直接支持技术创新的资助基金直接以具有技术创新优势的创业企业作为支持对象；创业投资引导基金不直接支持创业企业，而是通过支持设立商业性创业投资企业，来引导民间资金进入创业投资领域，以便更好地支持创业企业。

（3）从支持性质看，政府直接支持技术创新的资助基金由于定位于还没有体现出商业前景，商业性资金不会对其投资的创新项目，故支持性质通常只能是无偿性的；创业投资引导基金所支持的创业投资子基金，由于通常只会投资于已经体现商业前景的创业企业，而且子基金本身即具有营利性，所以，为了建立起财务约束机制，支持性质更适合于有偿性。

（4）从支持方式看，政府直接支持技术创新的资助基金的支持方式主要是无偿拨款；创业投资引导基金的支持方式则主要是参股和提供融资担保支持等。

（5）从设立、管理和监管主体看，由于支持技术创新往往是多个行业主管部门的共同责任，故各个行业主管部门都可分别设立直接支持技术创新的资助基金；由于创业投资是一个专门行业，故创业投资引导基金通常由创业投资管理部门独家设立。

3. 运行模式选择

当前国内外创投引导基金运作模式大体上有五种：①是美国的中小企业创投基金（基金投资型），政府通过信用在社会上募集资金，以部分募集的资金吸引社会资金投资中小创投企业，并以投资公司的大部分利润按股份制给投资者，同时通过贷款来获得另外的资金，从而发挥政府的杠杆作用。②以色列基金和中国台湾的开发基金（苏州工业园区和国家开发银行成立的投资引导基金就类似此种类型），通过组建母基金，带动多个子基金，在基金成熟时，逐渐把政府投资的股权随着社会资本的进入出售给社会投资者，最终退出母基金。③上海模式，是把创投企业定位成一个母基金方式，通过支持一些中小企业管理团队发起一些小的投资公司。④深圳模式，是把大众基金集中在一个集团内，建立起一个航空母舰，来带动很多小的舰队。⑤现在的天津模式，是把深圳模式和上海模式结合起来。既设立一个母基金，支持一些独立小团队，又设立创投公司来自己投资，管理着一部分基金。

在综合以上创业投资引导基金的运作模式，以及各地实际情况，笔者设计目前投资于新兴产业的创业投资引导基金的三种运行模式。

（1）补偿基金加股权投资。可考虑依托现有的中小企业专项资金，每年将部分专项资金作为引导基金。将引导基金分成两部分，以一部分基金吸引部分社会资金共同投资或组建一家创业投资公司，另一部分作为创业投资的补偿基金。创业投资公司以股权投资的方式投资风险项目公司，并进行风险投资项目的筛选、辅助调查、后期跟踪等工作。

为解决创投公司融资问题，提高创投公司资本运作能力，创投公司可以用引导基金的补偿基金作为向银行申请贷款的信用担保，在公司正常经营下，如不能按时偿还部分贷款，由基金的补偿基金偿还。

（2）引导基金加担保机构。这种模式是在第一种模式的基础上，引入担保机构，并将创投公司作为风险项目公司的投融资平台。政府通过补偿基金放大担保公司给创投公司担保的贷款规模，并引导创投公司的贷款方向。创投公司可组建专管机构，负责创业资本的运营，承办项目公司信用管理的具体工作，综合协调管理全部项目公司的资金运作，并负责批量向贷款银行申请贷款，负责贷款的统借统还，对银行承担最终还本付息责任。

这种运作模式可以考虑引导基金只作担保公司的补偿基金，而对创投公司不进行投资。这样一方面减少了政府的初期投资，另一方面也利于创投公司的市场化运营。

（3）引导基金作为母基金吸引社会投资。这种模式是先由政府投资的公司吸收其他社会资金共同组建母基金。母基金可以采用有限责任公司形式或股份制公司形式。由母基金作为引导基金，和国内外具有优良管理能力和投资能力的创业投资基金管理机构或团队，以共同组建创业投资子基金的方式，建立支持创业投资发展。政府通过组建母基金的方式与企业资金按照一定的匹配和放贷来支持风险投资项目。母基金可在发起期（一般指前3年）、出资期（一般指4~10年）和回收期（一般指11~13年）内根据发起设立子基金的协议，逐步向子基金拨付资金，回收子基金收益和投资成本并对收益进行再分配。在回收期可对子基金进行清算，并最终将基金卖给社会投资者。

在最初设立母基金时，根据《配套政策》，公司型基金可以向国家开发银行申请软贷款，满足公司的资本金要求，从而较快组建母基金。目前，国家开发银行正在积极介入到创业投资中，与中新苏州工业园区创业投资有限公司按照这种模式建立了苏州工业园区创业投资引导基金。

笔者所设计的引导基金的三种模式，是综合考虑国内外各种模式的优缺点，结合中国各地现有的创投资源而设计的。其中第一种模式类似上海模式，又引入补偿基金来吸引银行贷款，放大基金。由于我国有关产业基金的法规并不完善，目前也只能以政府信用的形式来增强创投公司的融资能力。这种模式的优点是操作上能够较快启动，引导社会资金的示范作用会很快显现。不过，这种模式政府投资的风险较大，如果同创投企业相关的约定不完善的话，引导基金很难在长期投资中实现保值增值。

第二种模式在综合考虑第一种模式优点的基础上，做强创投公司，并将其打造成投融资平台。为减少政府引导基金的投资风险，引入担保公司作为政府投资风险防范的最后一道防火墙。同时，如果政府只设立补偿基金，而不进行投资的话，以补偿基金来放大担保公司的担保能力，从而增加创投企业融资能力，实现政府基金的杠杆作用。这种模式实际上是当前政府通过政策性担保解决中小企业融资问题最常用的做法。以这种运作模式，政府承担的风险较低，政府干预创投公司运作的程度也较低，也较易操作。

第三种模式类似以色列的模式。这种模式可以说市场化运作程度较高，是政府介入创投领域程度最低的一种模式，利于创投企业的独立发展。并且在基金成立时就设计了政府退出的渠道，在制度上保证了引导基金的保值增值。

笔者建议，各地可以结合本地实际情况，当前可考虑采用第一种模式较快启动引导基金，较小规模地引导社会资本投入创投领域，在创投企业有一定的实力且能够进行资本运营时，将其打造成投融资平台，再转向第二种模式。这是当前较为现实的一种选择。

尽管第三种模式相对投资公司而言有许多优势，但实际上由于目前我国产业投资基金相关的法律法规并不完善，基金运作模式实际上仍按投资公司的模式运作（区别在于创投公司自己运作投资，而公司型基金是由基金的管理人代为运

第三章 金融资本的力量

作）这种基金并不具有真正意义的基金（如免税等）。所以，如果以第一种、第二种模式运作投资公司较为成功的话，待条件成熟再组建母基金也为时不晚。

4. 风险防范

过去，在国有独资公司里边，是靠政府派自己的亲信去管理。但是，人往往是靠不住的。在引导基金里边，政府虽然不直接派人参与到子基金的经营决策过程，但是可以通过一系列的制度安排，来较好地防范前面所述的五个方面的风险。

（1）防范子基金偏离真正支持创投的政策性方向的风险。事前，你必须制定引导基金管理办法和引导基金章程，约定所扶持子基金的投资方向。这个投资方向是不能偏离真正扶持创业投资这个方向的。国家财税部门在制定关于促进创业投资发展的一系列扶持政策的时候，一再强调的原则就是"统一政策、统一标准、统一番号"。统一标准很好理解，统一按照《创业投资企业暂行办法》来制定相应的税收优惠政策、引导基金支持政策的标准。统一番号就是都必须叫创业投资才行，如果说叫 PE 了，甚至你搞房地产了，搞股票投资了，就偏离了创业投资大的方向。

国家财税部门认为，支持创业投资是符合国际惯例的，不管是英国、美国、以色列，都通过政府引导基金支持创业投资发展。但是对于 PE，国家财税部门认为，这是市场充分竞争的领域，你如果还给予特别扶持的话，就容易被国际社会抨击为"变相地对市场充分竞争的领域搞财政补贴"。所以，国家财税部门特别强调要统一番号。

我们在管理办法和引导基金的章程里面事先规定必须符合创业投资大的方向，这就能事先预防偏离创业投资这个政策性方向。在事中的时候，引导基金扶持一个子基金了，还可以派董事把握大的方向，也就是说把握子基金就只能做创业投资，如果你搞房地产或者炒股市了，就可以对你行使否决权。需要强调的是，政府引导基金也只有当子基金偏离创业投资大方向的时候，才有这个否决权。如果在创业投资大方向之内，引导基金所派董事就没有权力干预具体的运作了。在事后，如果你发现子基金偏离了方向，还可以及时采取措施纠正。

（2）防范引导基金管理人员的寻租风险。事先，引导基金管理办法、章程都要事先规定，你这个引导基金只能支持哪种类型的创业投资管理公司，哪些条件下才能支持，是不能胡乱支持的。事中，要通过"专家独立评审，理事会决策，管理中心具体执行"这种三权分立的机制来避免引导基金管理人员的寻租风险。在确定将要支持某个子基金后，你还要通过向社会公示，证实社会公众对所支持子基金确实没有问题的时候，你才能实施扶持。这可以比较好地发挥社会监督作用。

（3）防范所扶持子基金的委托代理风险。事先，你要规定引导基金对子基金行使最终法人财产权的权利，尤其是在新的公司法的框架下，你还可以设置优先分配和清偿权的方式来更好地防范这个委托代理的风险。因为，我们的引导基金去扶持子基金的时候，一方面要让利于民，不管子基金获得多高的收益，引导基金都可以只分享发行国债的利息成本收益（每年才3%左右）；另一方面，按照权利义务对等原则，引导基金可以获取优先分配权，即假如子基金投了5个项目，这5个项目退出来之后首先要偿付引导基金的本金和3%的利息。如果子基金管得不太好的话，风险则主要是由民间股东来承担。这样，民间股东就更有动力要求管理人员更好地控制风险，有利于强化子基金的风险约束。在事中的时候，引导基金可以派驻董事来参与重大决策。当然，这个重大决策要以不干预子基金的投资运作为原则。在具体投资运作上，引导基金所派董事不能有任何发言权，当出现一些重大违规行为的时候，就可以行使发言权了。事后，引导基金可以派驻董事对子基金的投资运作加以最后的监督，通过这一系列制度安排，也能够比较好地防范委托代理风险。

（4）防范所扶持子基金的管理风险。事先，可以规定子基金管理团队的资质，来保证管理团队质量，这样就能够保证子基金的投资运作效率有良好的管理基础。在事中，还可以通过激励机制来鼓励子基金管理团队勤奋敬业，一般来讲，不管你是合伙制，还是公司制，都可以实行二八分成的激励机制。对于引导基金的子基金，还可以进一步强化激励机制。因为，子基金如果有了超额收益，引导基金始终只拿3%的基准收益，超额部分的20%又可以进一步给管理团队，所以有更多的业绩报酬了。事后，也可以通过对子基金管理业绩加以最终评估的方式，鞭策管理团队勤奋敬业。

（5）防范引导基金的财务风险。事前，通过制定公共财政预算管理制度来约束基金的财务管理。《指导意见》规定，引导基金都要符合公共财政预算管理制度。在事中的时候，还可以将引导基金参股后所形成的产权及时纳入管理考核体系，来防范资产流失风险。事后，可以通过考核引导基金是否实现了"保本微利运营"，来评估你的管理团队的业绩。引导基金不以盈利为目的，反而要让利于民。

还有，政府出资设立创业投资引导基金的主要目的不是获取收益，而是为了扶持高科技中小企业成长、构建市场化的创业投资体系。因此，政府应区别于其他投资方，不能以普通股入资，而是以类似优先股的方式入资，收取与国债收益相当的固定回报。同时，为保证政府资金的安全性，也需要设计一些特殊的条款：①基金运作期限结束后，优先偿还当地政府资金及固定收益，剩余的收益由参与基金的其他各方按比例分配。②基金设立可以采取承诺制，逐步、分批到位，如果前期投资状况低于预期，则引导基金可以停止出资并优先撤出政府已有的投资。③政府为其出资可以设立专门的管委会或委托企业派人参与基金管理公司的经营决策。

二、激发 PE 与 VC 投资热情

对于直接投资战略型新兴产业的基金，以投资目标和投资阶段区分，投资基金总体上有两大类，创投基金和股权投资基金。PE 与 VC 虽然都是对上市前企业的投资，但是两者在投资阶段、投资规模、投资理念和投资特点等方面有很大的不同。

两者的主要区别在于，投资目标不同：PE 主要是指定向募集、投资于未公开上市公司股权的投资基金，也有少部分 PE 投资于上市公司股权。VC 一般指对高新技术产业的投资。

投资阶段不同：在中国，PE 投资主要指对已经形成一定规模的，并产生稳定现金流的成熟企业的私募股权投资部分，主要是指创业投资后期的私募股权投资部分。而 VC 主要是对刚刚起步或还没有起步的没有固定资产或资金作为抵押或担保的中小型高新技术企业的投资，属于创业初期阶段的投资。

投资目的不同：VC 一般是为了追求高风险带来的高收益，一般投资期限较长。而 PE 不存在很明显的追求高风险、高收益的目的。

（一）资本加速投资新兴产业

自 2008 年金融危机全面爆发后，中国显著加大了产业结构调整力度，而具有技术领先、能耗低、投入少、产额高等特征的战略性新兴产业由此成为经济增长方式转变和产业结构升级的最佳"代言人"。加之创业板新政明确鼓励新兴产业，这激发了一级市场对新兴产业的投资热情。

自 2009 年始，对活跃在产业前沿的创投及私募股权投资机构来说，其投资触角已延伸至低能耗、高成长的战略性新兴产业领域。而随着国家对新兴产业战略定位的确立，风投在该领域的投入逐渐加码。

综合多家机构的数据，2009 年创投及私募股权投资机构在信息产业、新能源产业、新材料产业、医药/保健品、生物工程等战略性新兴产业的投资案例数量达 307 个，投资金额 18.8 亿美元。而从各季节的投资进度来看，这些机构在战略性新兴产业领域的布局有加速趋势。尤其是 2008 年三季度三次战略性新兴产业发展座谈会后，第四季度发生了 105 起战略性新兴产业投资，涉及金额 6.99 亿美元，占全年总投资案例 34.2%和投资总额的 37.2%，投资案例较第三季度增加 21 起，投资额增长了 85.6%。

有关专家预计，在国家各种政策的支持下，将会有更多的投资机构涌入该领域。但战略性新兴产业发展是个长期过程，创投和私募股权投资机构投资热情高涨的同时，也需冷静思考，在憧憬新产业无限前景的同时，也要理性对待产业发展初期所需要面临的各种风险。

由于投资偏好不同，且受退出机制影响，中外投资机构在战略性新兴产业的

投资布局特征有所不同。总体来看，2009年本土创投及私募股权投资机构投资企业在战略性新兴产业中的投资数量及金额均超过外资创投及私募股权投资机构。其中，前者的投资案例达185个，占总体比重的60.3%；投资金额9.63亿美元，占总体比重的51.3%；后者的投资案例114个，占总体比重的37.1%；投资金额8.88亿美元，占总体比重的47.3%。

在几大战略性新兴产业中，新能源无疑是受关注度最高，同时也是最早有风投介入的产业之一。统计显示，2009年新能源产业共获得创投及私募股权投资机构投资4.48亿美元，投资案例28个，其中太阳能领域的投资活动最为活跃，投资案例13个，投资额2.38亿美元；风能领域投资案例9个，投资额1.76亿美元。其中，本土机构去年在新能源的投资个数为19个，占比达到67.9%；投资金额2.46亿美元，占比54.9%。外资机构投资案例个数为8个，占比达到28.6%；投资金额1.95亿美元，占比43.5%。

值得注意的是，在新能源的投资分布上，本土与外资风投的选择也出现一定差异。其中，本土机构在风能与太阳能领域各发生了8起投资案例，但风能领域投资额为太阳能领域的2倍；外资机构在新能源领域的投资仍以太阳能为主，投资案例4个，投资金额1.53亿美元，风能领域的投资案例较少，仅有1起。

本土企业对风能投资更大可能是由于国内对风电的扶持力度比光伏大得多。目前，风电成本相对更接近于火电，而光伏发电要在国内普及的路还较远。

2010年，弘毅和高盛投资了江苏一家风电设备企业，且规模很大。其实，风电和光伏都很重要，都存在投资机会，关键是这家企业在产业链中是否掌握核心价值和定价权。如果仅仅是依靠大的行业环境来生存的话，可能未来的投资风险就很大。更何况，有关部门还对新能源的产能过剩作出警示。在这种情况下，需要对行业做进一步的细分。

事实上，国内的风能、光伏企业中，真正有核心竞争力的企业并不多，大部分还是集中在低水平制造领域，而且有些还是面子工程。目前，太阳能领域尤其是多晶硅领域中创投和私募股权资本涌入已较多，投资机构在新能源产业跑马圈地时需要注意细分领域产能是否出现过剩。

与新能源的情况类似，在其他战略性新兴产业的布局上，本土和外资创投及私募股权投资机构投资也呈现出不同的特征。其中，互联网产业领域的外资创投及私募股权投资机构比重最大。2009年，互联网产业发生的63个投资案例中，外资机构投资案例个数为42个，占比66.67%；投资金额2.41亿美元，占比72.5%，远远高于本土投资机构的投资数量和金额。

对此，专业机构认为，国外互联网发展较早，为外资创投和私募股权投资机构提供了更多的经验；而中国的互联网发展较晚，诸多互联网公司商业模式尚不清晰，从而导致本土机构涉足该领域相对较少。但随着我国网民数量的进一步增长、互联网公司的发展和成熟以及创业板市场对互联网公司的认可,本土机构在互联网产业的投资比重将会增加。

事实上,统计可看出,2009年3月中国VC/PE市场的披露投资案例与披露投资金额均出现环比猛增,其中,广义IT行业投资比重近半,显示这一领域的受关注度正急速升温。

这份统计显示,2009年3月在广义IT行业共发生20起案例,占案例总数的43.5%;投资金额1.92亿美元,占总金额的46.0%。其细分行业中最受追捧的当属互联网业,共获得9笔投资,占广义IT行业总案例数的45.0%。通信、电信行业紧随其后。

此外,在方兴未艾的物联网产业领域,本土创投及私募股权投资机构无论在投资企业个数还是金额上均占比达80%以上。但目前投资较多集中在中后期项目,在早期项目的投资上略为保守。

而环保产业2008年共发生19起投资案例,涉及金额达8576.49万美元。就具体的领域而言,环保领域目前的投资集中于水务及固体垃圾处理,投资领域有待进一步扩展。

最后,在新材料产业领域,目前风投数量和金额均较少,从一定程度上反映了该领域目前还较"低调",投资估值水平也相对较低;而随着战略性新兴产业各项政策的陆续到位,该行业未来发展空间宽广,值得创投和私募股权关注和择机进入。此外,2009年创投和私募股权投资机构投资了大量的医药、生物工程企业。

Incenture公司CEOSamiLampinen表示:"未来几年通信技术与物联网结合,将成主流趋势,目前全世界的物联网还处于起步阶段。"SamiLampinen看中的正是与中国新兴产业一起成长、从中掘金。一场本土与外资VC/PE机构在新兴产业中的投资较量,已悄然拉开帷幕。

相关数据显示,本土PE/VC在战略性新兴产业中的投资数量及金额均超过外资。2009年本土机构投资案例达185个,占总体比重的60.3%,涉及投资金额9.63亿美元。外资PE/VC机构投资案例114个,投资金额为8.88亿美元。

(二)新兴产业股权基金渐成投资主力

2010年4月28日国务院召开常务会议,确定了我国2010年重点改革任务,其中明确指出消除制约民间投资的制度障碍,完善对中小企业的支持政策,深化金融体制改革,加快股权投资基金制度建设,这一明确的改革导向,为股权投资和新兴产业发展提供了更大发展空间。

本书把2011年10月作为一个时点对股权基金及产业投资状态做一分析。2011年10月国内基金募资规模略有回落,根据统计显示,10月中外创业投资暨私募股权投资机构新募集基金数共计24只,新增可投资中国大陆资金额为24.63

亿美元。新设立基金数共计27只，目标规模250.43亿美元，战略性新兴产业基金成为焦点。

2011年10月新增资本量24.63亿美元规模环比略有回落。近期二级市场表现冷清，市盈率大幅下降，10月境内资本市场IPO数量跌至2010年以来最低水平，境外资本市场全部封闭。受此影响，10月基金募资规模也略有回落。根据统计显示，10月中外创业投资暨私募股权投资机构新募集基金数共计24只，新增可投资中国大陆资金额为24.63亿美元，基金数量和规模分别环比下降了40.0%和25.7%。其中20只为人民币基金，募集金额为16.06亿美元，占10月募资总额的65.2%，平均规模为0.89亿美元；另外4只为美元基金，募集金额为8.57亿美元，占10月募资总额的34.8%，平均规模为2.86亿美元。

表3-4 2011年10月新募集基金募资币种统计

币种	新募基金数（总）	比例（%）	新募基金数（金）	新增资本量（US$M）	比例（%）	平均新增资本量（US$M）
人民币	20	83.3	18	1606.41	65.2	89.24
外币	4	16.7	3	857.00	34.8	285.67
合计	24	100.0	21	2463.41	100.0	117.31

资料来源：清科数据库。

从基金类型来看，新募集的24只基金中创业型基金占多数，共有15只，其中披露金额的13只募集金额为9.91亿美元；成长型基金有6只，募集金额为14.01亿美元；另有2只政府引导基金和1只夹层基金。其中，募资完成规模最大的创业型基金是北极光创业投资基金Ⅲ，这是北极光创投的第三只美元基金，总规模为4亿元美元，主要关注信息技术、消费服务、清洁技术和医疗保健领域的投资机会；募资完成规模最大的成长型基金是由广东广电网络联手广东中广投资管理有限公司组建的广东广电产业投资基金，一期规模为50亿元人民币（折合约7.87亿美元），重点投资广东广电网络上下游相关行业乃至省内文化产业拟上市企业。

表3-5 2011年10月新募集基金类型分布统计

基金类型	新募基金数（总）	比例（%）	新募基金数（总）	新增资本量（US$M）	比例（%）	平均新增资本量（US$M）
创业基金	15	62.5	13	991.33	40.2	76.26
成长基金	6	25.0	6	1401.29	56.9	233.55
政府引导基金	2	8.3	1	39.33	1.6	39.33
夹层基金	1	4.2	1	31.46	1.3	31.46
合计	24	100.0	21	2463.41	100.0	117.31

资料来源：清科数据库。

表 3-6 2011 年 10 月新设立基金募资币种统计

币种	新募基金数（总）	比例（%）	新募基金数（金）	新增资本量（US$M）	比例（%）	平均新增资本量（US$M）
人民币	23	85.2	21	16542.62	66.1	787.74
美元	4	14.8	4	8500.00	33.9	2125.00
合计	27	100.0	25	25042.62	100.0	1001.70

资料来源：清科数据库。

10月新设立的基金中，规模最大的是西咸发展基金，该基金是西咸新区管委会联合机构投资者面向社会资本和国内外机构投资者发起募集的综合性私募股权投资基金，基金总规模为800亿元人民币（折合约125.86亿美元），首期为人民币基金100亿元和美元基金20亿美元。该基金分设若干专业性子基金，募集资金主要用于西咸新区基础设施和市政设施建设、战略性新兴产业的集群化发展、产业投资以及高新技术企业风险投资等。

新兴产业基金是10月新设立基金中当之无愧的焦点：上海嘉定创业投资引导基金于10月成立，主要发挥财政资金的杠杆放大效应，引导社会资本投向嘉定区重点发展的产业领域，特别是着力培育的六大战略性新兴产业；黄河创业投资基金有限公司、山东乐赛新能源创业投资基金有限合伙企业2只新兴产业创投基金于10月获得国家发改委和财政部批复，各获得国家参股资金5000万元人民币及省级地方政府参股资金不少于5000万元人民币；10月召开的第三届中国金融外包峰会上，民生开元基金、泓华珊基金、花桥富丽基金等10家基金签约落户昆山花桥，主要投资国家战略性新兴产业、医疗保健以及文化创意产业等高成长性领域。另外，10月新设立基金中目标规模最大的西咸发展基金的募集资金主要投资方向之一也是战略性新兴产业。

表 3-7 2011 年 10 月新设立新兴产业基金

基金名称	基金类型	地区	目标募集资本量（亿元人民币）
上海嘉定创业投资引导基金	政府引导基金	上海	N/A
黄河创业投资基金有限公司	创业基金	山东	2.60
山东乐赛新能源创业投资基金有限合伙企业	创业基金	山东	2.50
民生开元基金	成长基金	江苏	10.00
泓华珊基金	成长基金	江苏	5.00
花桥富丽基金	创业基金	江苏	5.00
西咸发展基金	成长基金	陕西	800.00

资料来源：清科数据库。

2011年10月20日,国家发改委公布的第四批备案私募股权投资企业名单,包括中银投资浙商产业基金、建银城投环保基金、天津燕山航空租赁产业基金、中金佳泰和上海黑石股权投资合伙企业五家PE成功备案,不仅备案监管地区扩大到了上海和浙江,备案PE类型也不再局限于私募股权企业,首次纳入了产业基金和直投基金,呈现出多元化的特点。在当前募资难的问题日益凸显的背景下,PE备案监管范围的扩大透露了政策支持行业发展的态度,成功备案对于PE机构而言是一种无形资产,在募资时具有比较优势,相对地可帮助PE机构缓解募资压力。

从清洁能源行业观察,战略性新兴产业的投融资规模逐年扩大。根据China Venture 投中集团金融数据产品CVSource统计显示,2006年我国清洁能源行业融资案例为36起,融资金额7.04亿美元;2010年,清洁能源行业融资案例达到85起,融资金额11.20亿美元。4年间融资案例数量除2009年外一直呈现逐年增长势头,年复合增长率为23.96%;融资金额年总量增加4.16亿美元,年复合增长率为12.30%。2011年10月,我国清洁能源行业披露融资案例51起,融资金额13.99亿美元,分别占2010年全年总量的60.00%以及124.95%。以单笔投资规模来看,2011年我国清洁能源行业平均单笔投资金额为2743.43万美元,比2010年的1317.42万美元高出108.24%。

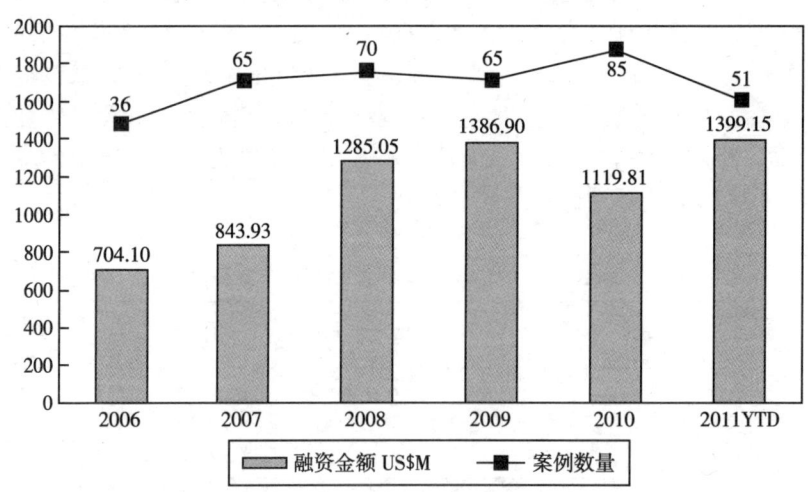

图3-1 2006~2011年中国清洁能源行业私募投资规模

资料来源:清科集团。

以融资企业的细分领域来看,当年对于清洁能源行业的投资,已从过去风能、太阳能为主转为以污染监测与治理领域为主。

2010年我国清洁能源行业前三投资资金流入领域为风能、电池与储能技术和环保节能，融资金额分别为 2.81 亿美元、2.24 亿美元和 2.19 亿美元，其中对于风能领域的投入占比高达 25.12%；到 2011 年，目前我国清洁能源行业前三投资资金流入领域已经变为污染监测与治理、太阳能以及电池与储能技术，其融资金额分别为 5.03 亿美元、4.09 亿美元和 2.35 亿美元，污染监测与治理领域以 35.94% 的总融资金额比例暂时排名第一。

2011 年 7 月召开的国家应对气候变化及节能减排工作领导小组会议，审议并原则同意"十二五"节能减排综合性工作方案，以及节能目标分解方案、主要污染物排放总量控制计划，研究部署相关工作。之后 9 月，《"十二五"节能减排综合性工作方案》正式出台，明确"十二五"期间节能减排总体要求和主要目标，该方案的出台再次为清洁能源，特别是污染监测与治理领域的发展提供了政策面的利好支持。

相比于清洁能源行业融资规模出现的逐年增长趋势，该行业企业在资本市场的表现则相对起伏较大。

统计显示，2010 年清洁能源企业上市数量和金额出现则呈现大幅增长趋势，上市数量和融资规模分别较 2009 年增长 255.56% 和 985.60%，均达到历史最高水平。2011 年至今，该行业已有 17 家企业实现 IPO，融资规模达 39.36 亿美元，分别为 2010 年全年总量的 53.13% 以及 63.49%。

在 2011 年实现 IPO 的 17 家清洁能源企业在细分领域上分布较为平均，电池与储能技术领域上市企业较多，共有 5 家，合计融资 6.03 亿美元；风能领域尽管只有 2 家企业上市，但合计融资规模却高达 21.97 亿美元，其中华锐风电以 94.59 亿元（约 13.97 亿美元）的首发融资规模成为 2006 年至今清洁能源行业最大的 IPO 案例。

回报方面，受益华锐风电与亚玛顿超高账面回报的影响，2011 年我国清洁能源行业 IPO 退出回报相比往年有较大幅度的提高。

2011 年前 10 月清洁能源行业 IPO 平均账面退出回报高达 15.17 倍，较 2010 年的 5.77 倍高出近 10 倍；如果剔除华锐风电与亚玛顿 2 起案例，2011 年至今清洁能源行业 IPO 平均账面退出回报仅为 4.35 倍。2006~2010 年我国清洁能源行业 IPO 平均账面退出回报在 4~5 倍，2008 年、2009 年由于整体经济状况不佳出现回落。

三、设立七大产业基金：专注单一产业投资

战略性新兴产业的发展，还需要专门的产业投资基金的推动。有别于一般的股权投资基金，产业投资基金注重行业性和专业性，对特定新兴产业的推动和提升效应更加明显。

(一) 定位：专注于行业与产业链

笔者以为，专注目于战略性新兴产业，国家和社会可以通过各种股权形式设立新能源投资基金、新材料投资基金等七大产业基金。

定义产业投资基金应多注重"产业"而非"创业"。在已往我们的认知之中，产业投资基金是一大类概念，国外通常将其划分为风险投资基金和私募股权投资基金，而在中国 VC 的发展里程中，VC 和 PE 一般更多被理解为创业投资。笔者对于产业投资基金的界定，和一般意义上我们所认知的和 PE 股权投资基金有相同之处，也有不同之处。

为了避免概念的混淆，本书中产业投资基金应以 Industrial Investment Fund (IIF) 作为表述，以区别一般意义上的 VC 和 PE。我们定义的产业投资基金应用范围与创业投资领域和时点不同，比如投资范围上，创业投资基金可以投不同行业，而产业投资基金则重在某一行业，寻找产业链上的机会；投资时点上，风险投资可能注重于初创企业和项目，而产业基金则可能是企业发展的任何阶段。

从目的上看，产业投资基金 (IIF) 应立足支持重点产业发展为目标。从中国之前批核的天津渤海产业投资基金和最新批核的船舶工业投资基金可以看到，这种产业投资基金的目标可以是支撑区域性产业链的发展，也可以是支撑单一产业的发展。无论是哪一种，明确的产业导向应该是肯定的。

从支持产业出发，产业投资基金的投资行为应该和以最终以持股上市退出获得利润为目的的 VC 和 PE 有一定的差异性。简单来说，产业投资基金的投资行为应该是有更强的目的性，还有更强的"纪律性"。从参股数量来说，产业投资资金对单一企业的投资数额和参股份额应有严格的上下限限定，如对单一企业的投资不得超过 1 亿元，或不得超过其注册资本的 20%或者更低；如果参股数量过低，对企业难以起到支持作用，参股比例过高则不利于企业的独立经营，同时也对基金的风险控制造成不利影响。

从投资的目标企业来说，这一点和 VC 有根本性的差异，VC 一般要找就找行业的龙头，单一 VC 对单一行业往往只支持一家企业；而 PE 一般寻找即将进入上市阶段的企业；而产业投资基金从推动产业整体发展的角度出发，应该避免对行业内部竞争造成决定性的影响，特别应该警惕产业投资基金沦为地方政府扶持嫡系企业的一张牌。

本书作者认为，这就要求产业投资基金在投资某一战略性新兴产业和行业的时候，应投资不少于一定数量的企业，对于行业前列的企业，应尽量采取相对差别不大的投资策略。如投资某行业内有 3 个龙头企业 A、B、C，则产业投资基金对 A、B、C 的投资额度和投资股权比例，应该有一个非常明确的投资限额，如资金差别不多于 5000 万元，投资股权比例差别不高于 5%。设立这类限制，应是相对必要的。

从投资的方式来看，产业投资基金和 VC 及 PE 也应有所区别。VC 和 PE 偏重股权投资，注重持股权，但产业投资基金可以通过但绝不仅限于股权投资进行投资。笔者认为，更多样化的投资路径应该是产业投资基金的特色所在。比如，对行业内的上市公司龙头企业，产业投资基金可以通过购买企业债对其进行支持，但严格限制产业投资基金涉足二级市场，禁止其通过二级市场买卖套利。这一设想一方面是杜绝 IIF 成为新的"大小非"（股份公司中占不同比例的非流通股），另一方面也是从风险比率上对产业投资基金做出了风险控制的限制。

产业投资基金立足行业发展的定位，也决定它的退出渠道和 VC、PE 等有一定的差异。从产业投资基金的长期性来看，除了和 VC、PE 一样，均可通过股权交易市场如 OTC、沪深 A 股、中小板等退出之外，其回报机制还应该有长期性的分红和可转换债券等相对低风险的退出模式。

从产业投资基金管理办法的投资人资格认定，募集方法等方面入手，阐述《产业投资基金管理办法》应立足在市场化运作的制度下，从投资人资格上广纳民间资本，进而提出产业投资基金在募集方式上应接纳公募方式，并在长期运作中，以公募模式为主。

产业投资基金是 20 世纪中期在美国出现的一种特殊投资基金。它以特殊产业为投资对象，以追求长期稳定收益为目的，吸引对特定产业有兴趣的投资者来投资，用以扶持这些产业的发展。投资基金作为金融创新的一种融资方式和融资工具，决定了产业投资基金不同于国库券、财务券、银行贷款等债务性融资，这不仅有利于降低项目融资的成本，并且可以充实建设项目资本金，减低债务比率，减轻债务负担，使项目正常运转。产业投资基金一般是以战略投资者的身份出现在资本市场，其投资着眼点在于长期的资本收益和基金资产增值。

（二）投资注重社会化

对于目前中国致力规划的产业投资基金软环境来说，从立法层面在投资人资格方面做出规范，是有效设计出一个全新的资本运作市场的关键。对"谁符合投资者资格"这一问题做出明确界定，可谓是为未来的产业投资基金市场奠定稳妥的基石。原则上，产业投资基金应尽可能在控制基金运作风险的条件下，拓宽基金的融资来源渠道。这一点不仅有利于提高基金的运作效率，同时也决定了未来这个市场的规模和增长的速度。

在境内以产业投资基金名义，通过私募形式主要向特定机构投资者筹集资金设立的产业投资基金，由基金管理人管理，在境内主要从事未上市企业股权投资活动。其中"特定机构投资者"包括国有企业、国家控股的商业银行、保险公司、信托投资公司、证券公司等金融机构，全国社保基金理事会等机构投资者。以上草稿对基金的定义中有两点值得探讨，一是私募形式；二是限定了"特定机构投资者"。这两点基本将产业投资基金定义为"机构关起门的游戏"。

机构投资者是产业投资基金的主要资金来源，这一点可以肯定。从目前已有的渤海产业投资基金的情况来看，包括中国人寿、国家开发银行、全国社保基金理事会、中银集团以及泰达控股等以金融机构为主的投资人结构已经成型。

其中，除养老基金未明确入市之外，社保基金和包括银行、保险公司、信托、金融控股集团、证券公司在内多种金融机构都已经明确参与其中。从长远来说，中国社保基金和养老基金均为数额庞大的基金，迫切需要寻找一个长期收益稳定的投资途径，目前除银行存款、国债、基金外，其他路径还很欠缺。产业投资基金若能设立稳定的分红比率，则有望为养老金打开一条新的保值增值方式。

但若如果投资人资格局限于机构投资者，将大量的民间资本拒之门外，那么这也就决定了产业投资基金将以私募为主的募集方式，成为"机构关起门的游戏"。这一做法，利弊都极为明显。优点是在基金筹备过程中，由政府牵头，金融机构和政府主导资金筹集过程，相对而言资金的筹备速度快。缺点方面，产业投资基金从创立开始就背负上过于浓重的政府色彩，会让产业投资基金在运作上受到很多无形的影响，产业投资基金有被异化成为另一个形式的政府借贷的隐患；也就背离了产业投资基金作为市场创新金融工具的初衷。

从目前赞誉度最高的渤海产业投资基金来看，规模 200 亿元的该基金自从首期募资 60 亿元后，无论是后续融资还是资金运用，均鲜见报道；这一方面暴露出目前中国产业投资基金的软肋：名义上为产业投资，实质上缺乏战略布局，对投资项目和思路亦不能规划得见；另一方面也显示出基金采用私募方式后对资金运用的另一弊端，即投资透明度不高，不容易得到场外资金的认可，这对于后期产业投资基金市场的快速成型是非常不利的。

从资金来源上看，拓宽资金来源，增加投资人，在募资源头上引入民间资本很重要。新兴产业的产业基金将一部分民间资本、产业资本引入产业投资基金之中，那么对于基金投资运作的透明程度和基金管理的开放性都会有正面的帮助。

事实上，对于目标制定为支持行业发展或区域经济发展，投资周期长，目标为长远高收益率的新兴产业投资基金，从投资人资格和募集方向上，均应留下足够的空间和通道，让数额庞大的产业资本和民间资本进入。比如，某产业投资基金可以首期以私募方式成立，封闭运行，在之后的三年内每年定期转为公开募资方式进行再募资。这其中有很多现有法规的障碍，比如《证券法》规定，累计向超过 200 人的特定对象发行证券属于公募发行，必须向中国证监会或者国务院授权的部门申请核准。但也可以有很多方法，如公开发行定向投资该产业投资基金的子基金；或通过再次私募的方式，为产业投资基金引入一定的产业资本。

在投资人资格上对产业资本敞开产业投资基金的大门还有一个积极作用，那就是可以充分发挥产业资本对产业本身发展路径的熟悉程度。事实上，产业投资和股权投资、证券投资大为不同的是，产业本身的发展机理和单一企业有非常大

的不同,产业的规模效应属于典型的先慢后快型,在一个产业的发展中,常常可以观察到非常庞大的技术协作,交流与整合,其规模效应和边际报酬递增效应均不是单一企业的股权投资可以比拟。以中国汽车产业为例,20年的发展,产值翻了无数番。要驾驭产业投资基金,必然需要有产业资本指导该基金的投资运作。

第三节 建立七家产业银行

在我国,中小企业债权融资主要是依靠金融机构的贷款来完成。

新兴产业中小企业面临的融资形势严峻。新兴产业内的绝大部分企业都以民营中小企业为主,并不具备早期国有资本高投入的基础。中国新兴产业企业还基本处于产业链的下游,很多企业虽然具有高技术含量和广阔的市场前景,但其资产规模小、融资能力弱,生存压力极大。自身发展的资本压力和外部环境,使中小企业面临重重困难。而其中最为急迫的莫过于他们的融资难题。"融资难"已经成为制约新兴产业中小企业发展的严重"瓶颈"。

本书作者以为,国家应该成立七大战略性新兴产业银行,即中国节能环保产业银行、中国新能源产业银行等七大银行以解决新兴产业中小企业的融资难题。以产业与金融结合为出发点,建立基于行业的、由政府支持的商业化运营法人主体,创建产业银行,打通社会资金流通渠道;实现核心企业与金融体系的战略性合作,是解决新兴中小企业融资难题的另一个思路。

一、新兴产业银行模式设计

本书作者经过近两年在企业和银行中的调查,对设立新兴产业银行得出有关思路和方案。鼓励和吸引新兴产业龙头企业和核心企业成为产业银行的重要参与者。核心企业通过对本行业企业融资的多年探索,已经寻找到平衡收益、成本、风险的商业运营模式。实践证明,只有真正发挥核心企业与金融市场的协作效应,才能解决新兴产业链上的企业融资难的深层次矛盾。

(1)以产融结合为出发点,建立基于行业的、由政府支持的商业化运营法人主体,创建产业银行,打通社会资金流通渠道。产业银行作为独立的运营主体,是产业资本与金融资本有机融合的产物。它通过科学的管理标准与管理机制,建立起有效的风险补偿机制与商业运营模式,因此它是解决七大战略性新兴产业融资问题的重要路径。只要赋予产业银行充分的金融职能,放宽产业银行对外融资渠道,让其充分发挥行业内特有的把控能力,产业银行就一定能焕发出特有的生机和活力,为国民经济健康、稳定、和谐的发展提供有力的保障。

产业银行作为独立的融资平台，具有清晰的主体形态。产业银行所要建立的是一种专注于产业链模式的新型银行，是一个"政府支持，商业运作"的独立借贷责任主体，其职责是最大限度地向行业内中小企业提供融资支持服务。这样一个金融平台的建立，能够有效地落实政府产业振兴大计，有效地完善我国金融体系结构，有效地满足产业内的融资需求，从而促进中小企业的发展。

产业银行能够建立起针对新兴产业中小企业融资需求的商业模式。产业银行把处于产业链上下游的企业紧密结合，实现行业核心企业与金融资本优势互补，能够彻底摆脱目前企业主导的融资模式中融资规模和融资成本"瓶颈"，同时有效地解决中小企业融资成本高、收益低、风险大的难题。

在产业银行平台之上，企业可以充分发挥产业链信息优势，根据多年积累的数据量化分析系统，结合中小企业信贷评级体系的建设，低成本的发掘客户，从而极大地降低银行现有的中小企业客户筛选和评价成本。同时，在贷后客户管理方面，中小企业的经营动态能够在与核心企业的业务合作中实时反映，使产业银行能够非常及时地掌握相关企业的经营变化，既提高了贷后管理的效率，又极大地降低了贷后管理成本。

（2）实现核心企业与金融体系的战略性合作。基于核心企业与银行充分合作的成本、收益、风险优势，构建双方战略性合作关系也是解决当前新兴产业中小企业融资难题的又一种有效选择。

在这一模式下，行业核心企业可与金融机构达成战略合作关系，双方互通资源、共享信息。具体实践中，金融机构可尝试向核心企业专项投入用于解决行业中小企业融资的低息贷款，借助核心企业多年积累的行业资源优势，实现资金投放的最大社会效益。同时，核心企业向金融机构共享信用客户评价系统并及时更新行业中小企业经营变化情况，能使得银行主动构建出适用于中小企业的新型信用评价体系。

（3）依靠核心企业建立针对新兴产业中小企业的风险管理模式。一般来说，核心企业多年实践总结，创立了基于产业布局的风险管理体系，依托于核心企业绩效管理体系，通过宏观目标控制、过程实施监控、事后业绩评估的方法，进行全方位的风险管控。为了降低经营风险，核心企业都会构建信用管理体系，对自己的客户进行信用认证和评估，从中锁定优质客户。

笔者在北京调查许多家知名的制造业和IT类公司，它们多数实现以IT业务流程为前提，信用评估为主、资产评估为辅的行业特有的风险评级体系，实时监控客户的货物流、资金流、信息流，防范了经营的风险。

依靠核心企业成熟的产业链结构，有效地降低筛选客户、管理客户的成本。多年的经营，使核心企业和下游中小企业成为密不可分的利益共同体，形成了环绕于核心企业周边的忠诚度很高的客户群体。核心企业所拥有的强大的客户群，

第三章 金融资本的力量

是以其为中心的产业链条上最优质的中小企业资源,也是核心企业长时期实践的积累,并付出巨大的成本代价换来的。

依靠核心企业为产业链提供多种融资服务。核心企业充分利用自身信用风险管理系统,依托多年客户管理带来的成本优势,在向产业链条中小企业融资方面,构建了客户信用账期、"分销卡"、"信保通"等针对行业中小企业客户的金融产品,实践了以核心企业为中心经营行业内融资的收益模式。

从风险角度看,核心企业在风险控制上完成了三个转变:完成了风险管理从简单资产评估到信用评估的转变;完成了从与众多客户交易到有效筛选优质客户的转变;完成了客户管控从静态向动态的转变,能够实现每一天、每一单交易的实时监控。

从成本角度看,基于多年的成功实践,并在管理和筛选客户的过程中支付了高额成本,使核心企业创立了一套筛选和管理优质客户的体系。行业客户风险的可识别可量化使坏账水平保持稳定,后续的客户开发和管理成本相对较低。

从收益角度看,由于核心企业从银行获取的是企业贷款,通过自身信用管理体系,向下游企业二次分流融资,因此,处于高成本融资,低价格分流的状态。如果与金融机构能够紧密合作,恰恰可以重新构造这一收益模式。但是,核心企业在企业融资实践中遇到了难以突破的"瓶颈":统贷分流模式受制于规模限制。目前核心企业获得资金融通的主要渠道仍然是银行,银行评估体系也只能依据企业的资信状况给予资金支持,只能解决核心企业自身的资金需求,其资金规模根本无法满足整个行业中小企业融资需求。

核心企业的实践证明,行业核心企业能够很好地解决银行在中小企业融资中面临的风险、成本、收益的矛盾,而银行资本优势又能够突破企业融资模式的"瓶颈"。只有通过双方的专业协作,利用企业信用管理系统筛选优质客户,利用银行资本向企业提供充足资金,才能够打通银行资本投向中小企业的通道,这才能彻底解决新兴产业中小企业融资难问题。无论搭建产业银行平台,还是采用银企战略合作方式,都必须在政府、企业和金融机构三方达成共识。只有确立一个明确的责任主体,搭建一个新型的商业运行模式,找到一个有效的风险共担机制,在金融监管体制取得突破的前提下,充分发挥三方优势,整合社会各方面资源,才能真正破解IT中小企业融资难题。

案例:海外借鉴:韩国产业银行

韩国产业银行为了产业开发和发展国民经济,1954年由政府批准成立,过去50年作为国家政策性银行,扩充增长动力产业,克服经济危机等,主导产业及国民经济发展。随着重要产业概念的变化,在20世纪60~70年代重视开发金融作用而培养支柱产业,1990年以后担任企业金融作用以培养高新技术产业。

发生经济危机时，为了解决企业的流动性问题，它主导企业结构调整和筹集外资。

为了市场的良好运转，产业银行在完善市场和造成良好的市场环境方面发挥了积极作用，以克服外汇危机和扩大经济增长的潜力。为了解决流动性问题，加强企业金融业务。为了促进企业的设备投资及其解决临时性资金流动性问题，扩大设备资金和营运资金贷款规模，扩大对于缺乏担保能力的优良中小企业的信用贷款，牵头发行企业债以积极参与直接金融，以开立进口信用证及接受远期信用证的方式扩大进出口金融业务，为了经济再次腾飞，扩大经济增长潜力。

主导培养6T，知识基础产业等未来带动经济增长的产业。6T：信息技术（IT）、生命技术（BT）、纳米技术（NT）、航太空技术（ST）、环境技术（ET）、文化技术（CT）。为了地方经济的均衡发展，大力支援有发展前途的中小企业、风险投资企业的创业、转向地方的企业和地方战略性产业。

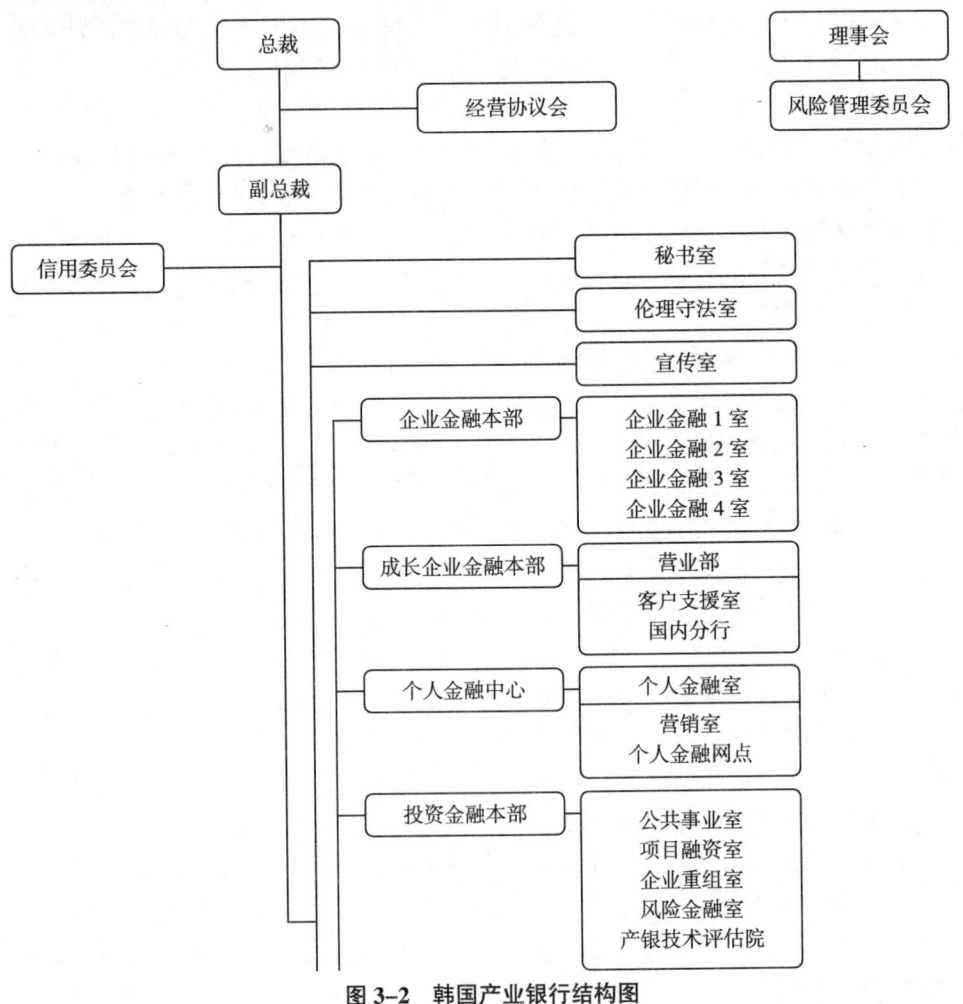

图3-2 韩国产业银行结构图

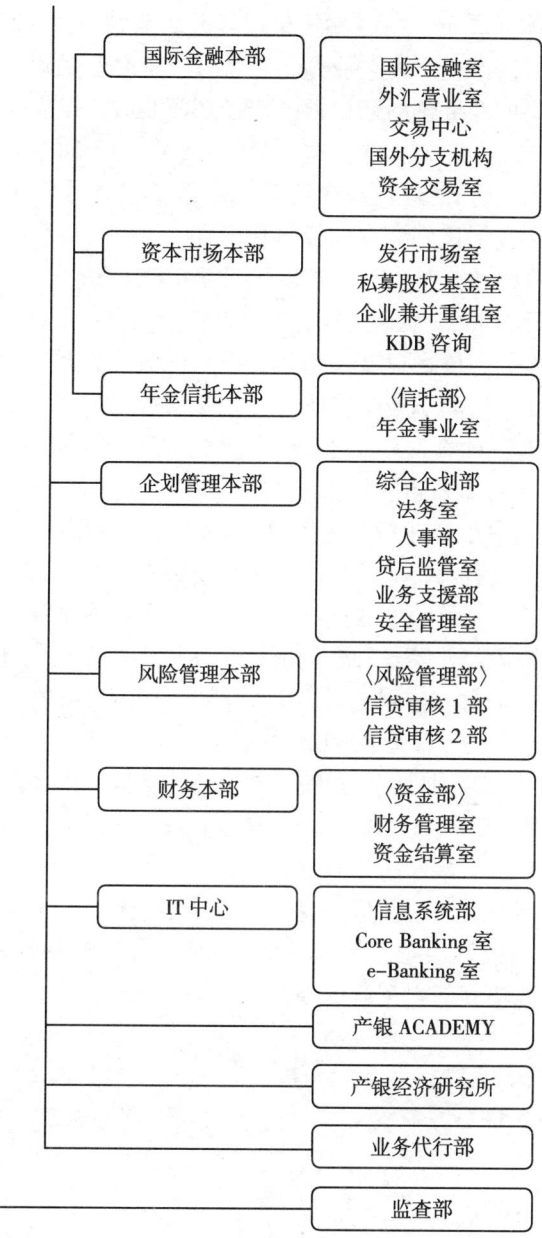

图 3-2　韩国产业银行结构图（续图）

二、设立新兴产业信贷中心

除了设立专业银行外，传统大型商业银行需要在服务和支持战略性新兴产业方面作出更多的探索和行动。

在国家整体部署下，各金融机构已经开始重视新兴产业中小企业信贷工作，信贷资源正向新兴产业中小企业倾斜。就"中小企业融资"课题，国内各银行已经开展了一系列的业务创新和探索：比如在商业银行设立了小企业信贷中心、筹划试点运作科技支行、推出银行打包贷款产品，各地还纷纷建立了贷款担保机构。除此之外，央行和银监会联合发布《小额贷款公司试点指导意见》，希望以市场化机制催生和盘活民间资本借贷力量。

近年来，全国很多地方为此出台了鼓励措施。其一，为"银企合作"搭建平台，组织各种形式的"银企见面会"。其二，为银行小企业贷款提供风险补偿：像浙江省于 2005 年开始实施小企业贷款风险补偿制度。目前，各地多有实践。其三，为银行小企业贷款提供奖励：如温州市每年拿出 500 万元，按万分之一到万分之五的比例，对商业银行增加中小企业贷款进行奖励。其四，设立中小企业专项贷款基金：成都高新区贷款平台公司首期自筹资金 2000 万元建立贷款周转金。其五，建立中小企业贷款"统借统还平台"，政府间接或直接发挥了增信作用：如青岛就以政府出资增信、组团担保、统一借款、统一还款为手段，重点解决信贷条件不足、贷款额度在 200 万元以下的中小企业融资问题。其六，鼓励股权、商标权、知识产权等各种融资形式。各地不断出现创新的融资方式，包括非上市公司股权、商标权、林权、生产资料等各种类别的资产可作为贷款抵押物，进一步拓宽了众多中小企业的融资渠道。

"一行三会"提出加大信贷和资本市场的支持。但我想，政策是需要金融多元化支持的，跟资本市场上要大力发展创业板、创业投资基金和债权以及创业融资体系一样。

从银行层面看，未来要建立起一些科技型银行和产业发展银行，这是必须要走的道路。现有的四大银行和其他银行应建立诸如"新兴产业信贷中心"的部门，提升服务战略性新兴产业的规模和效率。

第四节　中小企业集合债券和集合票据

近年国务院政府工作报告都提出，要积极扩大直接融资，完善多层次资本市场体系，扩大股权和债券融资规模，更好地满足多样化投融资需求。这让业内人士对战略性新兴产业债券市场融资充满期待，尤其是旨在解决中小企业融资难题的集合债券与集合票据成为市场关注的焦点。可以借鉴前期做法，设计和发行"新兴产业中小企业集合债券和集合票据"。

第三章 金融资本的力量

一、发达地区积极尝试

2011年，中小企业面临融资困境，湖北、四川、黑龙江、重庆以及上海市的徐汇区与杨浦区等积极筹备发行中小企业集合债券或集合票据。湖北省发改委表示，湖北省将积极推动企业债券融资工作，逐步构建由中小企业集合债券、城区融资平台、省市融资平台组成的立体化的债券融资格局。

据统计，湖北省2010年共有9只合计61.2亿元的企业债在国家发改委排队等待核准，包括大冶有色、襄樊城投、清江水电、凯迪控股、武汉高科、武汉国资、武汉经发投、武汉东湖高新区中小企业集合债券、沌口开发区中小企业集合债券。

截至2009年，我国已成功发行3只中小企业集合债券，分别是2007年深圳中小企业集合债券，发行总额为10亿元；2007年中关村高新技术中小企业集合债券，发行总额为3.05亿元；2009年大连市中小企业集合债券，发行总额为5.15亿元。这3只中小企业集合债券的成功发行吸引了众多追随者。

中小企业集合票据发行作为中小企业直接债务融资的一种创新形式受到市场热捧。新兴产业中小企业也可更多地借鉴现有做法，创新融资方式。

2009年年底我国首批发行了北京市顺义区中小企业集合票据、山东省诸城市中小企业集合票据和山东省寿光市"三农"中小企业集合票据，共集合23家中小企业，合计发行规模12.65亿元。中小企业集合票据的成功发行是银行间债券市场为缓解中小企业融资难题，支持中小企业进行直接债务融资的又一创新。相比银行间市场短期融资券和中期票据等其他信用债券产品，中小企业集合票据在产品结构、信用增进以及投资者保护机制等方面都有比较大的创新。

2010年2月26日，中关村高科技中小企业2010年度集合票据发行。该集合票据联合发行人为北京国电清新环保技术股份有限公司、北京嘉寓门窗幕墙股份有限公司、北京奥宇模板有限公司，债券起息日和缴款日均为2010年3月1日，上市流通日为3月2日。

此前的2月25日，上海闵行中小企业2010年度第一期集合票据成功发行。该期集合票据的联合发行人为上海市闵行区7家优质中小企业，3月1日在银行间市场上市交易，发行集合票据募集的5亿元资金已划入联合发行人各自的账户。

债券的信用等级对发行企业和债券的购买者都具有重要影响，企业债券的信用等级高，可以增加对投资者的吸引力，降低发行企业的筹资费用，方便债券发行。由于中小企业信用等级低、集合债风险高，如果没有进行增信担保，即使利率较高也很难发行。相关部门能否安排有效的担保，提高债券的信用级别，成为中小企业集合债券能否顺利发行的关键。

2007年深圳中小企业集合债券、2007年中关村高新技术中小企业集合债券均有国家开发银行的担保，前者由国家开发银行提供全额无条件不可撤销的连带责任保证担保，后者由北京中关村科技担保公司和国家开发银行分别提供担保和再担保服务。两只债券均获得了 AAA 评级，这被市场人士看作其成功发行的主要因素。然而，2007 年 7 月，中国银监会叫停了银行对企业债的担保，此后各地政府能否成功组织中小企业集合发债的关键在于寻找新的担保模式，这也是集合债券发行的难点。

2009 年大连市中小企业集合债券是银行停止为企业债担保后成功发行的第一只中小企业集合债券。该集合债突出的特点是创新的两级担保模式，一级担保由大连港集团有限公司提供，二级担保由大连市企业信用担保有限公司、联合创业集团有限公司提供，二级担保人为一级担保人提供反担保。

一个不容忽视的事实是，以往由国家开发银行提供担保的中小企业集合债券发行模式不能持续，我国能有效提高中小企业集合债券信用等级的担保公司缺乏，这导致集合债券信用等级不高，发债成本大幅提高，发债困难增加。尽管 2009 年 9 月旨在为中小企业直接融资提供信用增进服务的中债信用增进投资公司成立，使更多中小企业进入银行间债券市场利用直接债务融资工具融资成为可能，但这与中小企业债券融资的巨大需求相比显然差距太远。

新兴产业中小企业集合债券与集合票据的发行受到众多企业追捧，应尽快完善新兴产业中小企业债券融资的社会配套体系，加强对信用评级机构的管理，提高债券的安全性，简化企业债券的审批、发行手续，提高发行效率，降低融资成本，让它们成为继创业板推出后中小企业直接融资的一种常态工具，更好地为中小企业服务。

二、健全信用担保体系

相对银行信贷的间接融资和股权融资，我国债券市场规模相对较小，尤其是中小企业债券发展缓慢，这与我国缺乏为中小企业债券发行服务的信用担保机构和独立公正的企业资信评估机构密切相关。

本书作者在调研中发现，发展中小企业集合债券，健全中小企业信用担保体系，关键在于降低担保机构的担保风险。近年的政府工作报告提出，鼓励建立小企业贷款风险补偿基金。发展多层次中小企业信用担保体系，落实好对符合条件的中小企业信用担保机构免征营业税、准备金提取和代偿损失在税前扣除的政策。

这些都是实实在在的扶持措施，对于提高担保机构对发债企业的选择、组织、策划等方面的积极性意义重大。无论如何都要把中小企业的信用担保体系和经常性的征信体系建立起来，而且这种信用体系要真实有效，这是很关键的问题。

要完善中小企业信用担保制度，首先，应该大力发展商业性担保机构，鼓励建立服务新兴产业中小企业直接融资的信用增进机构；其次，发挥政策性担保机

构在中小企业信用担保体系建设中的特殊作用,政府在财政中增加对中小企业信用担保资金的投入,以此弥补市场失灵;最后,建立中小企业互助联保机制,由中小企业联合组建会员制的担保机构,资金共同承担,自担风险,自我服务,发挥联保、互保的作用。

此外,由于目前国内的主要投资机构为银行和保险公司,这两类机构出于风险规避的考虑基本不会投资中小企业债券。因此,中小企业债券只能寻找投机性较强的基金等机构来投资,从而被迫用高票息来吸引这类机构,导致一方面提高了融资成本,降低了融资效率;另一方面,容易造成市场定价不准确,市场秩序混乱的现象出现。

因此,有业内人士表示,应打破投资限制,进一步推进企业债券利率市场化。监管机构应逐步放松和取消对投资的限制,从而使中小企业可以根据自身的偿债能力和信誉状况对债券利率作相应的调整,让更多的中小企业在可以承受的利率范围内融到急需的资金,同时也满足了我国投资者的多种需求,促进我国企业债券市场的发展和完善。

发展中小企业信用担保体系,完善中小企业征信制度,是深化我国中小企业金融支持体系建设的两项基础性工作,有待继续完善和加快发展。我们可以尝试依托国家高新区和特色产业基地,从局部突破,构建中小企业征信管理制度以及风险分担机制明确的多层次中小企业信用担保体系。

要解决新兴产业中小企业债券融资问题,关键要弄清楚筹资人的身份和能力,这样才能做到风险可控。要建设好中小企业征信管理体系,如果能把好这一关,其他各种融资工具和技术都是很成熟的。

解决中小企业的融资问题,要充分考虑投资人的风险。我们现在常常是站在筹资人的角度看问题,很少为投资人考虑。事实上,投资人是个弱势群体,只有把中小企业经常性的征信体系和信用担保体系建立起来,保护好投资人的利益,整个的中小企业投融资市场才能真正实现良性发展。

我国不仅企业类型多,而且区域差异大,发展不平衡,所以要想短期内全国范围构建一个征信体系,特别是针对中小企业的征信体系非常困难。不过,我国在经济发展过程中形成了一个优势,那就是发展了若干国家高新区、特色产业基地以及经济技术开发区。以国家高新区为例,56个国家高新区大体上形成了56个相对安全的金融区域。无论是对入驻的企业,还是对企业的经常性管理,园区管委会及其相关管理机构都比较了解,这就是征信体系建设的基础。

因此,可以从局部入手推进中小企业征信体系建设。具体来说,可以首先依托国家高新区管理机构的组织力量及其清晰的历史记录,形成某一类企业群体,然后利用其中的技术联盟或产业联盟等进行信用征集和筛选,然后再在这个层面上对企业家的信用进行管理。类似的方式可以推而广之。这种方法的不足之处是没有形成全国性的中小企业征信管理体系，但好处是彼此之间的信用管理风险是可控的，而且方便管理。这样一来，中小企业集合债券的发行就可以以园区为载体，以园区企业为标的物进行操作。

所谓多层次的中小企业信用担保体系，关键在于不同层次的担保公司要承担不同的责任，化解不同的风险。他们的出发点不同，但最终的目的是让更多的中小企业获得担保机会。大体可以从四个层面进行构建。

（1）越靠近企业层面的担保公司的建设和运作，越要遵循市场规律。这类担保公司在市场化的运作过程中，可以通过创新担保方式分散很多风险，实现担保公司与企业共担风险、共享收益的目标。比如可以将知识产权、股权抵押给担保公司，或者一旦发生担保公司代偿，担保资金可以转化成优先股等，这是最核心的内容。

（2）设立一定的风险补偿基金对担保公司进行风险代偿，激励担保公司开展一些更具冒险性的业务，这样有可能扩大中小企业的受益范围。

（3）设立带有公共服务性质的政策性担保公司。这类担保公司是财政资金的运用，一定要发挥公共性或公益性的作用，惠及更多的中小企业。

（4）无论是政策性的担保公司，还是市场性的担保公司都可能存在风险，这就需要再担保。可以通过担保公司缴存一定比例的再担保费用形成公共储备，一旦某些担保公司遭遇风险，就可以以此进行救助。

第五节　新兴产业财税支持体系

战略性新兴产业在我国将发挥重要作用，政府创造有利于提升高技术产业创新能力、促进战略性新兴产业发展的政策环境，显得尤为必要。政府发挥作用的手段包括财政支持、税收优惠、直接增加投入、创造多元化的投融资体系等，而财政、税收优惠是各国普遍运用且较为有效的手段之一。我国当前财政政策、税收制度以及相关的税收政策，存在制约高技术产业发展的诸多因素。新一轮税制改革在即，如何使新的税制在设计上更有利于战略性新兴产业发展是一个重大现实问题。

战略性新兴产业发展的一些特殊性也决定了政府支持（包括财政税收支持）的必要性。尽管改革开放后特别是90年代以来，我国高技术产业发展迅速且其在国民经济中的地位越来越重要，经济全球化对我国经济带来机遇与挑战是并存的，考虑到我国战略性新兴产业的发展现状，可以说挑战大于机遇。其原因在于，与国外发达国家相比，我国战略性新兴产业发展仍处于初创阶段，发展差距较为明显。具体表现为：第一，企业规模普遍偏小，研究开发能力尤其是对核心技术的开发能力较差，难以为国内企业自身发展提供足够的技术支持。第二，相较于国外，我国战略性新兴产品的附加值低，产品竞争力在国际产业分工中处于较低层次。这些因素也决定了政府在对战略性新兴产业提供税收优惠过程中应体现中国的特色。

税收体系对战略性新兴产业的影响主要体现在税制结构上，良好的税收体系对于高新技术产业发展起到积极的促进作用。从世界范围看，主要有以所得税为主体的直接税和以增值税为主体的间接税两种税收制度被广泛运用，其中很多国家综合运用了两种税收制度即实行混合税制，但其侧重点各有不同。

针对战略性新兴产业而言，很多国家为了鼓励本国的科技发展与创新，都给予所得税优惠，而难以在增值税上有所表现，这基本上是与所在国以所得税为主体的税收体系紧密相连的。而在实行增值税的国家中，难以直接给予企业增值税优惠，因为增值税是一个中性税种，它的征收和抵扣是一个紧密相连的链条，如果从中间环节给予优惠，那么就会割断整个链条，引起税收的不公平。而事实上，消费型增值税与生产型增值税相比，税制本身已经包含了很大程度的鼓励投资的因素，所以从世界范围看，虽然各国的税收体系不尽一致，但是除了生产型增值税这一税种对高新技术产业的发展有一些抑制作用外，整个税制体系对高新技术企业的发展还是具有一定的促进作用的。

税种的设计将直接影响战略性新兴产业的发展。税收政策是一国宏观经济政策的重要体现，它是一国对经济结构和产业政策进行调整的重要杠杆。针对某一产业进行的税种设计将直接影响该产业的发展。如美国资本收益税的高低直接影响着美国风险投资资本的数量。在欧盟，意大利的高技术产业比较薄弱，可以说与其税收政策也有一定的关系。意大利在发展高技术产业方面不仅缺乏相应的优惠政策措施支持，而且有些税收政策不利于高技术产业的发展。例如意大利的研究投资税，是对研究投资征收的税种，其对制药、精密机械、精细化工和新材料、电气部门的税率分别为20%、15%、10%~15%、12%，研究投资税的征收虽然一定程度上能增加财政收入，但是其增加了研究投资的成本，直接阻碍了这些产业的发展。所以说，要正确处理税收与经济增长的关系，就必须保证税收收入的增长与产业发展相结合。

对高技术企业提供税收优惠方式主要包括：税收豁免、优惠税率或低税率、免税期、纳税扣除、盈亏互抵、准备金制度、税收抵免、优惠退税、延期纳税、加速折旧等。它们各自具有不同的特点及影响。税收优惠工具不同，产生的效果也不同。根据税收减免的性质划分，大体包括税额式减免和税基式减免两种方式。税额式减免主要包括直接税收减免、优惠税率等形式，税基式优惠主要包括加速折旧、投资抵免、投资扣除等方式，二者的区别在于税基式减免更偏重于引导,强调事先优惠,与企业直接行为无关,控制能力差。而税额式减免则偏重于利益的直接让渡,它强调的是事后优惠,只有符合政府要求,才能享受此种优惠,税收引导和控制能力强。

一、慎重梳理前期政策

我国现行科技税收优惠政策共有9类37项,这些税收优惠政策对促进企业特别是外资企业、民营企业的科技创新,推动高科技产业化,发挥了一定的积极作用。但是从整个税制结构和我国的科技税收政策看,存在着主体税种制约高技术产业发展,而现行的有关科技的税收优惠政策存在着功能缺陷,除此以外,从高技术产业的发展需要看,在一些领域又存在着政策真空等问题。总体来说,现行的税收政策设计没有很好地针对高新技术产业发展中面临的主要问题和困难,因而难以取得最佳的政策效果。

增值税加重了高技术产业发展的负担。我国目前实行的是以流转税和所得税为主体的双主体税制结构模式,其中流转税收入居于绝对优势地位(2003年流转税占国家税收总量的69%)。在流转税的具体设计中,并没有考虑高技术产业的特点,加重了高技术产业发展的负担。这样虽然我国的高新技术产业在所得税上享受了一定的优惠,但是在一定程度上抵消了所得税优惠对高新技术产业发展的促进作用,使整个高新技术产业税收倾斜政策难以最大限度地发挥效力。

现行增值税加重了高技术产业的税收负担,从一定程度上制约了高技术产业的发展。这主要因为我国目前实行的是生产型增值税,而高技术产业由于资本有机构成普遍较高,固定资产所含税款不能抵扣,高技术产业比一般工业加工产业不能抵扣的固定资产所含税款部分多,负担也相对重一些,因此,生产型增值税不利于高新技术产业适时进行设备更新改造,妨碍企业技术装备进步。更重要的是,它还在一定程度上形成了对高新技术产品的重复征税。高新技术产品出口时,不能实现彻底退税,从而削弱了我国高新技术产品的国际竞争能力。此外,与其他产业相比,高技术产业无形资产和开发过程中的智力投入往往占高新技术产品成本的绝大部分,但这些投入并不能抵扣。这也导致了高技术产业增值税负担偏重,增加了科技投入的负担,在一定程度上挫伤企业技术创新投入的积极性。

高技术产业的企业所得税优惠政策存在着功能缺陷。我国企业所得税对内外资企业执行了不同的税率,外资企业所得税税率为15%,内资企业所得税税率为33%,内资企业所得税税负重于外资企业。具体到高技术产业,内外资企业也存在着不平等现象,如生产型外资企业自盈利之日起,两年免征企业所得税,后3年减半征收企业所得税。购买国产设备投资,还可以抵免企业所得税。但对新办内资高科技企业,自投产之日起,只能2年内减免企业所得税。事实上,很多高科技企业很难真正享受到这一优惠,因为高科技项目从研究开发到批量生产,再到开辟市场，其周期一般较长，大多要超过 2 年。

除了内外资企业所得税的差别外，我国执行的区域性税收优惠政策也存在着一定的功能缺陷。具体表现在高新技术产业开发区、经济技术开发区和经济特区，区内企业和区外企业科技税收优惠政策不一样，弊病越来越明显。在区内的企业，有些企业并不是高新技术企业，也享受所得税的税收优惠。此外，国家科技税收优惠政策规范性差，同样是国务院批准设立的高新技术产业开发区，各地确定的具体的科技税收优惠办法和措施不一样，政策规定既散且乱。

税收优惠不能充分发挥效果。现行科技税收优惠政策缺乏针对性，优惠政策重点不明确，重产品、轻投入，重成果、轻转化的现象较为严重。税收优惠方式选择不科学。我国现行的科技税收优惠主要手段是税收直接减免，优惠方式单一。税收直接减免虽然有操作简便、易为征纳双方把握等优点，但其缺点也是明显的：一是税收直接减免只能在一段时期内使用，因而，对于高新技术企业发展中持续的创新行为缺乏有效的激励；二是税收直接减免一般在高新技术企业成立初期使用，而由高新技术企业成长特点所决定，该阶段企业很难或很少获利，该项政策难以给企业带来实际利益；三是税收直接减免，属于投资后的鼓励，引导企业的作用不显著，且容易导致税收流失。

税收优惠对象针对性不强。以企业为主而不是以具体的项目为对象，一方面使得一些企业的非技术性收入也享受了优惠待遇，造成税收优惠泛滥；另一方面使得一些经济主体的有利于技术进步的项目或行为难以享受税收优惠，造成政策缺位，最终降低了税收优惠政策的效果。此外，以企业为优惠对象还导致许多企业不是在科技创新上下工夫，而是在"新产品"、"高科技企业"、"先进企业"等认定方面下工夫，钻政策的空子。

优惠力度偏小。特别是鼓励企业加大科技投入，促进企业科技创新和高科技产业化，支持力度不够。例如，我国为了鼓励企业加强研究开发活动，允许企业研究开发费用按 150% 的比例扣除，但其适用范围仅限于研究开发费用比上年实际增长 10% 以上的盈利企业，且其 50% 的超额扣除限制为不应超过其应税所得额。为了鼓励企业加大科技投入，规定研究开发费用的增长幅度是必要的，这也符合多数国家的做法，但优惠只限于盈利在一定规模的企业，大大缩小了优惠范围。此外超额扣除部分受盈利水平的限制，对于研究开发需不断进行，且投入巨大的正处于成长期的高新技术群体来说，这项政策自然难以发挥更大的促进作用。

高技术产业所属行业内部税负存在畸重畸轻的情况。从高技术产业所属的行业看，按照国家统计局的统计目录，高技术产业分类如下：①核燃料加工；②信息化学品制造；③医药制造业；④航空航天器制造；⑤电子及通信设备制造；⑥电子计算机及办公设备制造；⑦医疗设备及仪器仪表制造业；⑧公共软件服务。

根据国家统计局公布的第 3~7 项的统计信息，笔者进行了测算，从测算结果看，电子计算机及办公设备制造、电子及通信设备制造等增加值行业税负低于高技术产业平均水平，其中的电子计算机及办公设备制造业的增加值行业税负最轻，远远低于行业平均水平；而医疗设备及仪器仪表制造业、医药制造业增加值行业税负在高技术企业中最重，高于高技术产业平均水平，其中的医药制造业的流转税负在个别年份甚至已经高于制造业平均水平；航空航天器制造增加值行业税负波动较大。这说明高技术企业的税负状况具有明显的行业特征，税负在整个高技术领域的不同行业之间相差太大，存在畸重畸轻现象。分析其原因，这可能与我国较为重视电子计算机及办公设备制造、电子及通信设备制造等，对其给予了较多的税收优惠政策有关；但忽视了发展医疗设备及仪器仪表制造业、医药制造业产业，对其优惠政策扶持力度较弱。

为了增强针对性，进一步分析增加值行业税负最高的医药制造业和增加值税负最轻的电子计算机及办公设备制造业的情况。中药材及中成药加工、化学药品制造的增加值行业税负明显偏重，远远高于高技术产业的税负平均水平，部分年份甚至超过了制造业的税负平均水平，而在这一点上中药材及中成药加工表现尤其突出。这说明，我国对中药材及中成药的税收优惠政策没有落到实处，或处于空白状态。

从企业的规模看，小企业的税负明显低于大中型企业。从对企业规模税负状况的分析结果看，小型企业增加值税负水平一般保持在13%~15%波动，而大型企业的增加值税负水平则基本在19%~17%波动，小型企业增加值税负略低于行业平均水平，大型企业税负略高于行业平均水平。其原因在于一方面小型企业与大型企业相比，享受了更多的税收优惠政策；另一方面这可能与小型企业财务核算不如大型企业完整有关。

从地区分布看，东部地区和西部地区的增加值行业税负比较接近于行业平均水平，而中部地区税负一般高于平均水平。

从高技术企业的地区分布看，东部地区和西部地区的增加值行业税负比较接近于行业平均水平，而中部地区税负一般高于平均水平。相对而言，东部地区税负略微低一点。具体来说，1996~2001年东、西部地区的增加值行业税负水平为16%左右，而中部地区这一比率达18.06%，西部地区的增加值行业税负水平在14%~17%波动。分析其中的原因，东部地区已经完成了资本的原始积累，落实国家有关优惠政策的力度比较到位，同时也有能力自行出台一些税收优惠政策。西部地区尽管存在较大的财政收支压力，但在国家"西部大开发"政策的鼓励下，纷纷出台一些优惠政策或较好地落实国家已出台的优惠政策以吸引高技术产业投资，也表现为税负水平较低。

表 3-8　现行支持战略性新兴产业的一般财税政策

政策类型	政策内容	法律依据
营业税政策	对单位和个人从事技术转让、技术开发业务和与之相关的技术咨询、技术服务业务取得的收入，免征营业税	《财政部国家税务总局关于贯彻落实中共中央国务院关于加强技术创新，发展〈高科技，实现产业化的决定〉有关税收问题的通知》（财税字〔1999〕273号）
	自2009年7月1日起至2013年12月31日止，对北京、天津、上海、重庆、大连、深圳、广州、武汉、哈尔滨、成都、南京、西安、济南、杭州、合肥、南昌、长沙、大庆、苏州、无锡20个中国服务外包示范城市经认定的技术先进型服务企业从事离岸服务外包业务取得的收入免征营业税	《财政部、国家税务总局、商务部、科技部国家发展改革委关于技术先进型服务企业有关税收政策问题的通知》（财税〔2009〕63号）
	自2008年1月1日至2010年12月31日，对符合条件的科技企业孵化器向孵化企业出租场地、房屋以及提供孵化服务的收入，免征营业税	《财政部、国家税务总局关于国家大学科技园有关税收政策问题的通知》（财税〔2007〕121号）
	自2008年1月1日至2010年12月31日，对符合条件的科技企业孵化器向孵化企业出租场地、房屋以及提供孵化服务的收入，免征营业税	《财政部国家税务总局关于科技企业孵化器有关税收政策问题的通知》（财税〔2007〕121号）
企业所得税	企业为开发新技术、新产品、新工艺发生的研究开发费用，未形成无形资产计入当期损益的，在按照规定据实扣除的基础上，按照研究开发费用的50%加计扣除；形成无形资产的，按照无形资产成本的150%摊销	《企业所得税法》、《企业所得税法实施条例》
	对国家重点扶持的高新技术企业，减按15%的税率缴纳企业所得税。产品（服务）属于《国家重点支持的高新技术领域》规定的范围是被认定为高新技术企业的重要条件之一。战略性新兴产业大多属于《国家重点支持的高新技术领域》范围，因此符合条件并被认定为高新技术企业的战略性新兴产业企业，可以享受15%的低税率优惠	《企业所得税法》、《企业所得税法实施条例》
	一个纳税年度内，居民企业技术转让所得不超过500万元的部分，免征企业所得税；超过500万元的部分，减半征收企业所得税	《企业所得税法》、《企业所得税法实施条例》
企业所得税政策	创业投资企业采取股权投资方式投资于未上市的中小高新技术企业2年以上的，可以按照其投资额的70%在股权持有满2年的当年抵扣该创业投资企业的应纳税所得额；当年不足抵扣的，可以在以后纳税年度结转抵扣	《企业所得税法》、《企业所得税法实施条例》
	企业由于技术进步，产品更新换代较快的固定资产，以及常年处于强震动、高腐蚀状态的固定资产，确需加速折旧的，可以缩短折旧年限或者采取加速折旧的方法	《企业所得税法》、《企业所得税法实施条例》
	自2009年7月1日起至2013年12月31日止，对北京、天津、上海、重庆、大连、深圳、广州、武汉、哈尔滨、成都、南京、西安、济南、杭州、合肥、南昌、长沙、大庆、苏州、无锡20个中国服务外包示范城市，对在上述20个城市经认定的技术先进型服务企业实行以下政策：	《财政部、国家税务总局、商务部、科技部国家发展改革委关于技术先进型服务企业有关税收政策问题的通知》（财税〔2009〕63号）

续表

政策类型	政策内容	法律依据
企业所得税政策	（1）减按15%的税率征收企业所得税； （2）发生的职工教育经费按不超过企业工资总额8%的比例据实在企业所得税税前扣除；超过部分，准予在以后纳税年度结转扣除	
	个人取得的省级人民政府、国务院部委和中国人民解放军军以上单位，以及外国组织、国际组织颁发的科学、教育、技术、文化、卫生、体育、环境保护等方面的奖金，免纳个人所得税	
个人所得税政策	科研机构、高等学校转化职务科技成果以股份或出资比例等股权形式给予个人奖励，获奖人在取得股份、出资比例时，暂不缴纳个人所得税；取得按股份、出资比例分红或转让股权、出资比例所得时，应依法缴纳个人所得税	《财政部、国家税务总局关于促进科技成果转化有关税收政策的通知》（财税字［1999］45号）
城镇土地使用税和房产税政策	经国家认定的高新技术创业服务中心、大学科技园、软件园、留学生创业园等科技企业孵化器，自认定之日起，暂免征房产税和城镇土地实验室使用税	《财政部、国家税务总局关于国家大学科技园有关税收政策问题的通知》（财税［2007］120号）；《财政部、国家税务总局关于科技企业孵化器有关税收政策问题的通知》（财税［2007］121号）
契税政策	对事业单位、社会团体承受土地、房屋用于科研的，免征契税；国家机关、事业单位、社会团体、军事单位承受土地、房屋用于办公、教学、医疗、科研和军事设施的，免征契税	《契税暂行条例》

资料来源：综合整理。

表3-9 现行支持战略性新兴产业发展的专门税收政策

行业	政策内容	法律依据
节能环保产业	对节能服务公司实施合同能源管理项目，其无偿转让给用能单位的因实施合同能源管理项目形成的资产，免征增值税	《加快推进合同能源管理 促进节能服务产业发展的意见》（国办发［2010］25号）
	对节能服务公司实施合同能源管理项目，取得的营业税收入，暂免征收营业税	《加快推行合同能源管理 促进节能服务产业发展的意见》（国办发［2010］25号）
	企业购置并实际使用《节能节水专用设备企业所得税优惠目录》规定的节能节水专用设备的，该专用设备的投资额的10%可以从企业当年的应纳税额中抵免，当年不足抵免的，可以在以后5个纳税年度结转抵免；企业从事节能减排技术改造等符合条件的节能节水项目的所得，自项目取得第一笔生产经营收入所属纳税年度起，享受企业所得税"三免三减半"优惠	《企业所得税法》、《企业所得税法实施条例》

续表

行业	政策内容	法律依据
节能环保产业	(1) 中国清洁发展机制基金（以下简称清洁基金）取得的下列收入免征企业所得税：清洁发展机制项目（以下简称 CDM 项目）温室气体减排量转让收入上缴国家的部分，国际金融组织赠款收入，清洁基金资金存款利息收入，购买国债利息收入，国内外机构、组织好个人的捐赠收入； (2) CDM 项目实施企业按照国家发展和改革委员会等部门制定的《清洁发展机制项目运行管理办法》将温室气体减排量的转让收入按照以下比例上缴国家的部分，可以在计算应纳税所得额的时候扣除：氢氟碳化物（HFC）和全氟碳化物（PFC）类项目，为温室气体减排量转让收入的 65%；氧化亚氮（N20）项目，为温室气体减排量转让收入的 30%；《清洁发展机制项目运行管理办法》第四条规定的重点领域和植树造林项目等类清洁发展机制项目，为温室气体减排量转让收入的 2%； (3) 企业实施的将温室气体减排量转让收入的 65% 上缴国家的 HFC 和 PFc 类 CDM 项目，将温室气体减排量转让收入的 30% 上缴国家的 N20 类 CDM 项目，其实施该类 CDM 项目的所得，自项目取得第一笔减排量转让收入所属纳税年度起，第一年至第三年免征企业所得税，第四年至第六年减半征收企业所得税	《财政部、国家税务总局关于中国清洁发展机制基金及清洁发展机制项目实施企业有关企业所得税政策问题的通知》（财税 [2009] 30 号）
第一代信息技术产业	自 2000 年 6 月 24 日起至 2010 年底以前，对增值税一般纳税人销售其自行开发生产的软件产品，按 17% 的法定税率征收增值税后，对其增值税实际税负超过 3% 的部分实行即征即退政策，增值税一般纳税人将进口的软件进行转换等本地化改造后对外销售，其销售的软件可按照自行开发生产的软件产品的有关规定享受即征即退政策	《财政部、国家税务总局、海关总署关于鼓励软件产业和集成电路产业发展有关税收政策问题的通知》（财税 [2000] 25 号）
	(1) 我国境内新办软件生产企业经认定后，自获利年度起，第一年和第二年免征企业所得税，第三年至第五年减半征收企业所得税； (2) 国家规划布局内的重点软件生产企业，如当年未享受免税优惠的，减按 10% 的税率征收企业所得税； (3) 软件生产企业的职工培训费用，可按实际发生额在计算应纳税所得额时扣除； (4) 集成电路设计企业视同软件企业，可享受上述软件企业的有关企业所得税政策； (5) 投资额超过 80 亿元人民币或集成电路线宽小于 0.25 微米的集成电路生产企业，可以减按 15% 的税率缴纳企业所得税，其中，经营期在 15 年以上的，从开始获利的年度起，第一年至第五年免征企业所得税，第六年至第十年减半征收企业所得税； (6) 对生产线宽小于 0.8 微米（含）集成电路产品的生产企业，经认定后，自获利年度起，第一年和第二年免征企业所得税，第三年和第五年减半征收企业所得税	《财政部、国家税务总局关于企业所得税若干优惠政策的通知》（财税 [2008] 1 号）
生物产业	对一般纳税人销售自产的用微生物、微生物代谢产品、动物毒素、人或动物的血液或组织制成的生物制品，可选择按照简易办法依照 6% 征收率计算缴纳增值税，但不得抵扣进项税	《财政部、国家税务总局关于部分货物适用增值税税率和简易办法征收增值税政策的通知》（财税 [2009] 9 号）

续表

行业	政策内容	法律依据
高端装备制造产业	自2009年1月1日至2010年12月31日，对文件列名的单位销售自产的用于对外放射业务的卫星、火星及其零部件免征增值税	《财政部、国家税务总局关于部分货物适用增值税税率和简易办法征收增值税政策的通知》（财税[2009]144号）
	自2009年1月1日至2010年12月31日，对文件列名的单位为对外放射业务提供的设计、试验、检测、发射、测控劳务免征营业税	《财政部、国家税务总局关于对外发射服务有关增值税和营业税政策的通知》（财税[2009]144号）
	对航空、航天、船舶工业总公司所属的军品科研生产用厂房、车间、仓库等建筑物用地，及其相应的供水、供电、供气、供暖、供煤、供油、专用公路、专用铁路等附属设施用地，免征城镇土地使用税；对满足军工产品性能实验所需的靶场、试验场、危险品销毁场用地及因防爆等安全要求所需安全距离用地，免征城镇土地使用税；对科研生产中军品、民品公用无法分清的，按军品销售额占销售总额的比例，相应减征城镇土地使用税	《关于对中国航空、航天、船舶工业总公司所属军工企业免征土地使用税的若干规定的通知》（财税字[1995]27号）
新能源产业	对利用垃圾生产的电力和热力实行增值税即征即退政策；对利用风力生产的电力产品实现的增值税实行即征即退50%的优惠政策	《财政部、国家税务总局关于资源综合利用及其他产品增值税政策的通知》（财税[2008]156）
	对企业从事国家重点扶持的公共基础设施项目（包括风力发电、海洋能发电、太阳能发电、地热发电等可再生能源发电项目）投资经营的所得，可享受自项目取得第一笔生产经营收入所属年度起，企业所得税"三免三减"优惠	《企业所得税法》、《企业所得税法实施条例》
新能源汽车产业	对包括混合动力汽车、太阳能电池、高端成套设备等在内的新兴产业产品给予了17%的全额退税；将电子工业用直径大于等于30厘米的单晶硅棒、有衬背的精锐铜制印刷电路用覆铜板等新能源、新材料产品的出口退税率提高至17%	
新材料产业	无	无

资料来源：综合整理。

二、设计财税支持体系

根据目前我国战略性新兴产业发展的基本现状，具体需要从以下几个方面切实增强财政支出政策的实际效果，促进加快相关产业和科技基础条件建设。

（1）进一步细化战略性新兴产业发展规划，明确财政支持重点领域和范围。按照《国务院关于加快培育和发展战略性新兴产业的决定》要求，进一步细化具体规划编制、明确财政支持领域和范围。在国家制订出台战略性新兴产业发展规划的基础上，各相关部门、地方政府应结合供给耕地制度集团产业发展和地方性

发展规划，努力提高规划编制的科学性，强化规划的执行力和约束力。要加快推动制定标准体系，抓紧制定产业发展门槛和产品标准；结合实际工作基础抓紧制定相关投入的支出标准体系，为有效实施财政支出政策奠定量化基础。根据各个行业的实际情况，进一步细化政府支持政策体系设计。根据战略性新兴产业发展的不同阶段，在不同的环节给予支持，提高财政支出政策的效率。比如，在研发阶段，应以财政无偿拨款为主；在产业化阶段，应主要采取奖励、贴息、担保方式，引导产业加快发展；在培育市场消费环节，应采取财政补贴、补助等方式，有效增强财政支出政策的实际效果。

（2）有效整合政府可支配资源，增强财政支出政策的针对性和实效性。坚持公共财政"有所为有所不为"的基本原则，将财政资金投入到市场机制难以发挥作用的领域和环节。根据公共财政建设的要求，系统梳理现行政府支持科技创新、企业发展的财税政策措施，对于已经过时、不需要政府再进行投入的领域，政府主动退出、停止进行财政投入；对于市场机制能够发挥作用、战略性和带动力相对较弱的领域，放手让市场调节、弱化政府支持强度；在此基础上，根据战略性新兴产业的定位，对先行政策进行修改、补充和完善，在资金的分配上要整合资源，集中力量，突出重点，避免"撒胡椒面"式的低效投入。整合现有政策资源，统筹协调、突出重点，集中力量对战略性新兴产业发展重点领域和关键环节进行投入。

建立稳定的财政投入增长机制，研究设立战略性新兴产业发展专项资金，增加中央财政的资金投入，抓住战略性新兴产业的关键领域和环节，着力支持重大产业创新发展工程、重大成果产业化示范、市场应用示范、创新能力建设和公共技术服务平台建设等。进一步发挥政府采购政策功能，强化政府采购政策功能服务经济建设和社会发展大局的作用。

继续贯彻落实节能环保、自主创新、中小企业发展等政策，加大强制采购节能产品和优先购买环保产品的力度，严格政府采购进口产品的管理。加强政策实施的监督，跟踪政策实施情况，建立采购效果评价体系，保证政策规定落到实处。

（3）加强不同政策手段长间的协调配合，促进形成财政支出政策合力。一是灵活选择财政支出政策手段。根据战略性新兴产业有关行业特点及发展阶段性特征，有针对性地采取财政贴息、创业风险投资、补助等多种方式，重点支持战略性新兴产业的薄弱环节。扩大政府新兴产业创业投资规模，利用创业风险投资方式，引导和带动社会资金流向战略性新兴产业领域，鼓励战略性新兴产业创新型企业发展。

二是集中力量，突出重点。努力改变目前支持项目散、小、乱的局面，集中力量支持行业和企业发展中的关键、核心技术。在财政资金投入环节上，要尊重市场规律，将财政资金投入到市场机制难以发挥作用的领域和环节上，如在研发阶段，应以财政无偿拨款为主；在产业化阶段，应主要采取奖励、贴息、担保方式，引导产业加快发展；在培育市场消费环节，应采取财政补贴、补助等方式。

三是加强政策联动。建立财政投入与税收、金融价格等扶持政策协调一致的联动机制，要采取各类扶持政策的"组合拳"，避免财政政策资金"单打独斗"，切实提高政策资金的使用绩效。同时，鼓励企业和科研机构组成技术联盟，发挥专项资金的引导示范作用，坚持产、学、研、用脱节的问题，形成科技与产业协调发展、互相促进的体制机制。

四是建立中央和地方多级共同投入的体制机制。总体上，对于重大战略性新兴产业的财政支出资金来源，要尽量以中央财政负担为辅，建立各个行业主管部门、企业和个人共同投入的机制。

（4）设立战略性新兴产业发展专项资金，推动相关产业加快发展。整合现有资金渠道，设立战略性新兴产业发展专项资金，突出支持重点，集中力量解决制约战略性新兴产业发展的关键核心问题。建立完善专项资金运作模式，建立部门联席会议制度，形成部门合力。在此基础上，国家设立战略性新兴产业发展基金或引导基金，并根据不同产业特点分设若干子基金，将产业研发资金、科技成果转化资金、电子发展基金、集成电路研发资金合并，按照正常领域分设电子发展基金、新材料发展资金、新能源发展基金、海洋产业发展资金、生物产业发展资金、健康产业发展资金、工业设计发展资金、创意产业发展资金、中药材发展资金等子项。

大幅度增加专项资金规模，推动科技成果转化，推动实现结构调整和发展方式转变。要求各省级政府也根据自身发展重点相应设立产业发展基金，专项用于国家级的战略性新兴产业的基础研究、技术研发、技术创新、科技成果产业化。中央设立相应的引导资金，并适当增加引导资金规模。重点支持新兴产业基地内的基础设施、重点项目、科研开发、公共服务平台和创新能力建设。

（5）加大土地供应、产业配套等方面的支持力度，有效推动产业合理布局。在我国土地国有的制度背景下，土地供应也是政府间接投入的一个重要方式。而且合理的土地利用结构和产业（企业）选点布局，更有利于发挥产业集群优势和企业的带动作用，促进战略性新兴产业加速发展。新增建设用地指标主要用于新兴产业基地和新兴产业项目建设，对重大项目由省"点供"用地指标。支持标准化厂房、公共服务平台和孵化器建设，为新兴产业发展提供载体。另外，对落实国家和省有关企业自筹技术开发经费政策到位的企业，要从项目配套、证券发行、税收优惠、政策性贷款等方面全面给予支持；对用于企业技术改造和技术引进的经费，应明确一定数量的资金用于企业技术创新。同时，通过自愿组合或政府引导等方式，将同一行业内的部分科研机构与企业适当合并、转让，使科技开发和科技投入更具有市场针对性。

(6) 完善财政资金管理机制，有效提高资金使用效率。一是建立部门间沟通机制，建立由财政部牵头，发改委、科技部、工信部等有关部门参与的联席会议，确定专项资金支持的原则、方向和重点。同时，严格审查专项资金支持项目内容，防止资源浪费，提高整体支持效果。二是建立项目库制度。每年年底前完成支持项目的申报、评审工作，统一纳入项目库管理，次年预算批复后，即及时下达预算。三是建立专项资金绩效考评制度。对重大项目设定绩效目标，并组织力量进行绩效考评。四是完善监督检查制度。充分发挥财政专员办等的力量，对专项资金支持的项目进行定期和不定期的监督检查，发现问题及时处理，切实增强财政支出政策的实际效果。

关于印发《物联网发展专项资金管理暂行办法》的通知

财企〔2011〕64号

各省、自治区、直辖市、计划单列市财政厅（局）、工业和信息化主管部门，新疆生产建设兵团财务局、工业和信息化主管部门，有关中央管理企业：

为促进我国物联网健康发展，规范物联网发展专项资金的管理，根据《中华人民共和国预算法》等法律法规，我们制定了《物联网发展专项资金管理暂行办法》。现予印发，请遵照执行。执行中有何问题，请及时向我们反映。

附件：物联网发展专项资金管理暂行办法

财政部
二○一一年四月六日

附件：
物联网发展专项资金管理暂行办法

第一章 总则

第一条 为了促进我国物联网健康发展，充分发挥财政资金的引导和扶持作用，规范物联网发展专项资金（以下简称专项资金）的管理，根据财政预算管理规定，特制定本办法。

第二条 专项资金是由中央财政预算安排，用于支持物联网研发、应用和服务等方面的专项资金。

第三条 专项资金的使用应当突出支持企业自主创新，体现以企业为主体、市场为导向、产学研用相结合的技术创新战略，符合国家宏观经济政策、产业政策和区域发展政策，坚持公开、公正、公平的原则，确保专项资金的规范、安全和高效使用。专项资金鼓励和支持企业以产业联盟组织形式开展物联网研发及应用活动。

第四条 专项资金由财政部、工业和信息化部各司其职，各负其责，共同管理。

财政部负责专项资金的预算管理、项目资金分配和资金拨付，并对专项资金的使用情况进行监督检查。

工业和信息化部负责确定专项资金的年度支持方向和支持重点，会同财政部组织项目评审，确定项目支持计划，并对项目实施情况进行监督检查。

第二章 支持范围与方式

第五条 专项资金的支持范围包括物联网的技术研发与产业化、标准研究与制订、应用示范与推广、公共服务平台等方面的项目。

第六条 项目申报单位应当具备以下资格条件：

（一）在中华人民共和国境内注册的独立法人；

（二）财务管理制度健全，会计信用和纳税信用良好；

（三）财务状况良好，具备承担项目的财务投资能力；

（四）专业技术人员不少于15人，其中高级职称不少于5人；

（五）拥有相应的专利、软件著作权或省部级以上认定的科技成果等研发成果，以及具有相应的市场应用基础。

第七条 项目申报单位应同时提供下列资料：

（一）法人执照副本及章程（复印件并加盖单位公章）；

（二）项目可行性研究报告；

（三）经会计师事务所审计的上一年度会计报表和审计报告（复印件并加盖单位公章）；

（四）相应的专利、软件著作权或省部级以上认定的科技成果等证明材料，以及已开展的市场应用方面的证明材料（复印件并加盖单位公章）；

（五）其他需提供的资料。

第八条 专项资金的支持采用无偿资助或贷款贴息方式。申请专项资金的项目原则上只采用一种支持方式。

无偿资助方式主要支持以自有资金为主投入的项目，贷款贴息方式主要支持以银行贷款为主投入的项目。原则上，技术研发、标准研究与制订、公共服务平台类项目，以无偿资助方式为主；产业化、应用示范与推广类项目以贷款贴息方式为主。

第九条 无偿资助额度或贷款贴息比例，由财政部根据专项资金年度预算安排及年度项目指南确定。

第十条 已通过其他渠道获取财政资金支持的项目，专项资金不再予以支持。

第三章 专项资金的申请与审核

第十一条 专项资金采取项目管理方式。工业和信息化部会同财政部根据国家宏观经济政策、产业政策以及行业发展规划，组织研究编制年度项目指南，明确专项资金年度支持方向和支持重点。

第十二条　省级工业和信息化主管部门应会同同级财政部门根据年度项目指南，组织做好本地区项目的初审工作。

第十三条　省级财政部门应会同同级工业和信息化主管部门依据项目初审意见，将审核汇总后的项目推荐名单和申请材料上报财政部与工业和信息化部。

第十四条　中央管理企业直接向财政部与工业和信息化部申报，中央部门（单位）所属企业通过归口管理部门申报。

第十五条　工业和信息化部会同财政部建立专家评审机制，组织技术、财务、市场等方面的专家对申报项目进行评审或委托专业咨询机构进行评估。

第十六条　工业和信息化部会同财政部依据专家评审意见或专业咨询机构评估意见，研究提出年度项目支持意见。

第十七条　财政部根据年度项目支持意见，确定项目资金及支持方式，下达专项资金预算指标，并根据规定及时拨付资金。

第十八条　项目承担单位收到专项资金后，按国家统一的财务会计制度规定处理。

第四章　监督检查

第十九条　各级财政部门与同级工业和信息化主管部门应加强对专项资金使用情况和项目实施情况的监督检查，对专项资金使用情况和项目实施进展情况采取定期或不定期检查。

第二十条　中央级项目承担单位应在项目完成后3个月内向财政部、工业和信息化部报送项目完成情况及专项资金的使用情况；地方级项目承担单位应在项目完成后3个月内向省级财政部门与工业和信息化主管部门报送项目完成情况及专项资金的使用情况；省级财政部门会同同级工业和信息化主管部门于项目完成后6个月内向财政部、工业和信息化部报送项目完成情况及专项资金使用情况的总结报告。

第二十一条　对弄虚作假骗取专项资金、不按规定用途使用专项资金的单位，财政部依据《财政违法行为处罚处分条例》（国务院令［2005］第427号）的有关规定进行处罚，并取消三年内的申报资格。项目因故中止（不可抗力因素除外），财政部将收回全部或部分专项资金。

第五章　附则

第二十二条　省级财政部门与工业和信息化主管部门可根据本地实际情况，比照本办法制定具体的实施办法。

第二十三条　本办法由财政部会同工业和信息化部负责解释。

第二十四条　本办法自发布之日起施行。

三、创设税收支持政策

根据新形势、新任务,完善支持战略性新兴产业发展税收政策的总体思路是:在全面落实现行促进科技投入和科技成果转化、支持高技术产业发展等方面税收政策的基础上,结合税制改革方向和税种特征,针对战略性新兴产业人力资本投入、研发费用比例较高、产品发展初期进入市场难度较大等多个角度,研究完善流转税、所得税、消费税、营业税等支持政策。并针对每个产业、不同发展阶段的具体特征,形成引导和激励社会资源支持战略性新兴产业发展的政策手段。

1. 支持战略性新兴产业发展的流转税政策

根据战略性新兴产业行业和产品的不同特点,研究制定相应的流转税支持政策。具体包括:

(1) 增值税政策。主要是考虑战略性新兴产业和产品的特点,设置合理的税负水平。在现行增值税制度下,对于部分缺乏进项税抵扣的行业和产品,如软件业,会导致行业的增值税税负增加。为了解决这个问题,现行增值税对软件产品采取了增值税实际税负超过3%的部分实行即退政策。下一步,对于战略性新兴产业中因为自身特点而导致增值税税负增加的一些行业和产品,应该在合理测算行业和产品税负的基础上,参照软件产品的做法设计相应的增值税超税负部分即征即退政策。同时,还需要在有利于战略性新兴产业发展的一些领域进一步完善增值税政策。例如,根据《加快推行合同能源管理 促进节能服务产业发展的意见》(国办发〔2010〕25号)规定,对节能服务公司实施合同能源管理项目,其无偿转让给用能单位的因实施合同能源管理项目形成的资产,免征增值税。需要根据节能服务公司的实际运行进一步对完善相关配套规定和措施。

(2) 营业税政策。从近期来看,可以对涉及战略性新兴产业的相关营业税政策进行调整和完善。主要包括:一是研究可再生能源(地热能、太阳能)在节能建筑领域的应用推广的营业税收优惠政策。可以考虑对节能建筑中应用推广可再生能源给予一定的营业税优惠。二是完善支持合同能源管理的营业税政策。根据现行规定,对节能服务公司实施合同能源管理项目,取得的营业税应税收入暂免征收营业税。对节能服务公司和合同能源管理项目等方面制定相应的配套规定和措施,使其真正可以操作。三是研究碳交易营业税优惠政策。清洁发展机制(CDM)项目是清洁发展机制是发达国家缔约方为实现其部分温室气体减排义务与发展中国家缔约方进行项目合作的机制,目前国内对企业实施CDM项目给予了企业所得税优惠政策,其还需要根据实际运行情况进行完善。同时,在国内推行碳排放权交易也是实现碳减排的一个重要经济手段,促进其发展。从长期来看,现行征收营业税的行业和劳务应该逐步纳入到增值税的征税范围,从而促使行业间的税负公平和弥补增值税的抵扣链条断裂等缺陷。

（3）消费税政策。与战略性新兴产业相关的消费税政策主要涉及能源方面，在我国将柴油、汽油之外的成品油纳入到消费税征收范围并提高成品油单位税额后，有必要根据成品油的实际情况完善相关消费税政策。具体来说：一是制定以燃料油为原料生产乙烯、芳烃类化工产品的政策。根据现行规定，在2009年1月1日至2010年12月31日期间，对国产的用作乙烯、芳烃类产品原料的石脑油给予免征消费税政策，对进口的用作乙烯、芳烃类产品原料的石脑油已缴纳的消费税予以返还。该政策还属于临时政策，有必要加以完善和规范化。二是研究生物柴油的消费税政策。现行对生物柴油的消费税政策规定，对外购或委托加工收回的柴油用于连续生产生物柴油，准予从消费税应缴纳税额中扣除原料已缴纳的消费税税款。除了给予抵扣政策外，还可以考虑对生物柴油的消费税给予低税率。

（4）出口退税政策。结合我国经济社会形势的发展变化情况战略性新兴产业发展的需要，进一步完善出口退税政策。继续实行对"两高一资"产品取消出口退税和实行低退税率的政策，根据战略性新兴产业的具体行业和领域的发展情况，给予17%的退税率，增强其产业竞争力。

2. 支持战略性新兴产业发展的所得税政策

根据战略性新兴产业特点，完善和健全支持战略性新兴产业发展的所得税优惠政策。

（1）完善战略性新兴产业企业的认定标准。与高新技术企业的企业所得税优惠政策一样，对战略性新兴产业企业设置企业所得税优惠的关键也在于对战略性新兴产业企业认定标准的确定，以保证真正需要支持的战略性新兴产业企业能够获得优惠，同时将其他不需要支持的企业排除在外。为了能够使战略性新兴产业企业能够获得现行高新技术企业的企业所得税优惠政策，应该在高新技术企业认定管理办法试点取得成效的基础上，完善对战略性新兴产业企业进行高新技术企业认定的有关条件和规定。

（2）完善战略性新兴产业企业的费用扣除等规定。给予企业研究开发费用的加计扣除和职工培训费用的扣除政策，是促进技术进步和自主创新的重要企业所得税优惠政策。为了促进战略性新兴产业的发展。一是在研究开发费用加计扣除办法试点取得成效的基础上，完善对战略性新兴产业的研究开发费用加计扣除范围和程序。二是结合战略性新兴产业情况，研究完善职工培训费用扣除相关政策。

（3）修订有关企业所得税优惠目录。在公共基础设施项目、环境保护和节能节水项目、资源综合利用、环境保护专用设备、节能节水专用设备的用户都是通过制定相关优惠目录的方式进行操作，为了使战略性新兴产业也能够享受上述相关优惠政策，应该结合战略性新兴产业定位等情况，研究修订有关企业所得税优惠目录。

3. 支持战略性新兴产业发展的其他税收政策

根据战略性新兴产业和产品特点，通过完善地方税政策，为战略性新兴产业发展提供良好的税收环境。具体包括：

（1）研究开征环境税。从战略性新兴产业的领域来看，其一方面直接包括节能环保产业，另一方面也都不属于高耗能、高污染产业。因此，通过加大对高能耗和高污染产业的税负来约束其发展，可以相对促进战略性新兴产业的发展。对此，可以通过开征环境税来达到目的。

环境税的具体制度内容包括：一是征税范围应包括废气、废水等污染物和二氧化碳的排放。一方面对废气、废水、固体废弃物等我国现行污染防治的重点进行调节；另一方面通过税收对影响全球气候变化的二氧化碳排放进行调节。二是根据征管需要设计计税依据。对于可以直接获得排放量的污染物，可采用实际排放量；对于不能直接获得排放量的污染物和二氧化碳，可以采用估算排放量。三是合理设计税率水平。环境税的税率水平应最大限度地反映污染物和二氧化碳减排的边际成本，考虑对宏观经济产业竞争力的影响，需要采取分次、逐步提高的办法，以增强其可接受程度。

（2）研究鼓励节能、新能源汽车发展的税收政策。鼓励节能和新能源汽车的发展，也是战略性新兴产业的重要内容之一。鼓励节能、新能源汽车发展的地方税政策主要是车船税。广州相对于机动车消费税和车辆购置税来看，现行车船税存在的主要问题是缺乏对节能减排的调控。为此，一是应该调节车船税的计税依据，选择排气量作为计税依据（对于载重汽车和船舶也可以采用重量作为计税依据）从而可以根据车船的耗能情况进行区别对待。二是提高税负和实行差别税率。机动车是能源的消耗大户，也是重要的污染源，提高税负有利于增强节能环保的功能。同时，为了体现车船税的调节作用，有必要在税率上进行区别对待。即根据排气量和重量大小设计差别税率，对低排气量和低重量的车船实行低税率，而对大排气量和超重的车船从高适用税率。三是为了配合车船税的改革，还可以对属于购置环节的车辆购置税税率进行调整，主要是对于各类低排量和新能源车辆给予税收优惠。

四、创设特别法案

总体来说，未来的税制改革应该对战略性新兴产业的发展总体有利。主要内容包括：从直接生产环节优惠向研究开发环节优惠转移；从生产贸易企业优惠向创新和产业化支持体系优惠转移，建立对商业性研究（产业基础研究、产业应用研究）、开发高新技术创业企业和创新孵育体系的税收优惠体系。

根据战略性新兴发展需要，建议颁布特别法案，规范科技税收立法。我国现有的科技税收政策，都是通过对一些基本税收法规的某些条款进行修订、补充形成的,散见于各类税收单行法规或税收文件中,使得人们对政策难以掌握或全面掌握,认识上不易清晰、明确,总感到透明度不够,而且很多的优惠政策缺乏长期稳定性。为此,根据我国实际情况,国家应制定《国家新兴产业发展法》,从总体上考虑高技术产业发展战略以及相关的财税政策,形成专门的《财政鼓励新兴产业发展条例》、《税收鼓励新兴产业发展条例》,明确财税政策的目标和优惠受益对象,研究激励政策发挥作用的机制,研究和判定予以鼓励的高新技术及其产业标准。

(1)在战略性新兴产业实行增值税转型试点。在增值税的抵扣中,应充分考虑高技术研究投入巨大而原材料消耗少等行业特点,在增值税改革中应增加增值税抵扣政策,也就是说,充分考虑高技术产业的人力资本投入。在高科技企业实行消费型增值税,应同时允许抵扣外购的专利权和非专利技术等无形资产和技术设备的固定资产进项税金。这样,既可以减轻企业税收负担,促进企业加大科技研究与开发投入。此外,企业研制属于国家产业政策重点开发的高技术含量、高市场占有率、高附加值、高创汇、高关联度且对全省乃至全国经济发展有重要影响的新产品,其缴纳的增值税,可根据不同情况给予不同的定期"先征后返"的照顾。

进一步建立健全对产业基础和产业应用研究开发的税收优惠政策。研究开发方面的补贴是世界贸易组织补贴与反补贴措施协议所允许的。按照协议规定,国家对基础性研究的资助不在限制之列,对产业(基础)研究和前竞争开发(产业应用)活动不超过合法成本的75%和50%的补贴为不可起诉补贴。应该将政府对技术创新的支持定位于产业研究和前竞争开发R&D阶段,采取拨款和贷款贴息为主、税收减免为辅相结合的支持政策体系。税收政策作用的范围应不限于列入高新技术产业领域的企业自主开发,而应包括所有行业的企业对高新技术的自主开发,不仅包括高新技术自主开发,还包括这些自主开发技术在生产中的应用。

(2)完善所得税优惠政策。应根据高技术产业发展的特点和需要,改变对不同高技术企业给予不同优惠的行为,有针对性地选取关键环节(项目或行为)给予较大幅度优惠,完善现行所得税优惠政策。所得税优惠政策不应按企业的经营状况来确定优惠标准。现行很多优惠政策都把亏损企业排除在外,应参照国际通行做法,扩大研究与开发费用扣除适用范围。不论内、外资企业,也不论新、老企业,不论国有、集体、民营企业,不论企业是否盈利,对符合高新技术条件的各类企业的研究与开发费用,在初始年度,均可实行据实税前列支。为鼓励企业对科技投入的长期稳定增长,应按几年的平均数来计算增长基数,从鼓励科技投入持续增长的角度看,5年应是比较合理的。因此,在后续年度,只要5年的平均投入比为每年增长10%以上,均可按150%的比例扣除。可采用未扣除的比例留待下年接转,接转不超过5年的办法。

(3)加速折旧优惠。现行企业所得税法规定,不论是高新技术企业,还是传统企业,对计税工资列支、无形资产摊销、生产设备折旧,实行统一的列支办法,不利于鼓励高新技术企业加大科技投入和技术创新。一方面,明确规定用于研究开发活动的新设备、新工具可实行双倍余额递减法或年数总和法等加速折旧;另一方面,可考虑对技术先进的环保设备、国产软件的购置和风险资本的投资实行"期初扣除"的折旧方式,允许在投资当年就扣除50%~100%。这一方面有助于提高投资回收速度,另一方面有助于高新技术产品的市场形成。

(4)适时提高高技术企业计税工资的标准。从全国收入水平的现状看,高技术企业由于员工的文化水平和素质较高,所以员工工资普遍偏高。但我国税法规定的计税工资标准过低,实际上就会造成高科技企业虚增应纳税所得额,增加了企业税收负担。因此,应允许高新技术企业工资据实列支。

(5)对风险投资税收支持。尽管国内高技术企业的整体税负并不重,但是从结构上看,税收优惠的设计对高科技产业的风险考虑较少,这应是我国下一步税收设计的重点。具体来说,应根据高技术产业发展的特点,将税收优惠的重心转移到创新孵育体系和高新技术成果产业化支持体系方面,建立税收优惠体系。

对所有创业企业的税收优惠政策。一般来说,各国对高新技术企业都提供税收优惠,但一般通过对小型企业税收优惠的方式来实现,这样既能促进科技型创业企业发展,而且还弱化了产业和区域的专项性。我国下一步要对现行的高新技术区域税收优惠政策加以改革,使之逐步扩大到以高新技术企业为主的所有的小型创业企业,既不以园区内外为限,也不以产业技术含量为界,使其成为普遍化的税收优惠政策。

对中小创业企业可以考虑放宽费用列支标准。建立科技开发准备金制度,允许企业特别是有科技发展前景的中小企业,按其销售收入一定比例提取科技开发基金,以弥补科技开发可能造成的损失,并对科技开发基金的用途和管理进行规范,规定准备金必须在规定时间内用于研究开发、技术更新和技术培训等与科技进步的方面,对逾期不用或挪作他用的,应补缴税款并加罚滞纳金。

建立对风险投资的税收倾斜政策。首先,对风险投资公司投资高新技术企业的风险投资收入,免征营业税,并对其长期实行较低的所得税率;其次,对法人投资于风险投资公司获得的利润减半征收企业所得税,对居民投资于风险投资公司获得的收入免征或减征个人所得税;最后,对企业投资高新技术获得利润再用于高新技术投资的,不论其经济性质如何,均退还其用于投资部分利润所对应的企业所得税。

加强科技人才培养,稳定科研队伍,为高新技术发展所需人力资本提供支持。高技术产业的发展说到底,都是人才的竞争。因此,税收政策应推动教育的发展,它包括学校教育、成人教育和员工培训等。进一步加强对科技人才培养的

税收支持。制定鼓励民间办学、鼓励社会捐资办学的税收政策。对社会各界向教育培训机构和科研机构的捐赠准许不受最高捐赠限额限制,均据实于税前列支。鼓励企业加大教育培训的政策,主要是提高职工教育经费提取比例。鼓励个人加大对教育的投资。进一步修订个人所得税政策,在基础扣除中,充分考虑现代家庭对教育的投入因素等。

优惠政策适度向个人倾斜,重点是完善高新技术人员的个人所得税政策。稳定科研队伍、调动科研开发人员的积极性。逐步推行税式支出管理,提高税收优惠政策的实际效率。税式支出是各类税收优惠的统称,为确保科技税收政策发挥出最佳效应,防止优惠支出额度及其方向的失控,应借鉴国外的一些先进经验,将因科技税收优惠减少的税收收入作为一项税式支出来加强管理,建立"税式支出"制度,设立科技税式支出统一账目,规范税式支出预算,提高税收政策实际效率。

第六节 高新区新使命：科技金融试点

发展战略型新兴产业,需要有金融体系的支持,同样需要完善发展环境,构建发展的创新平台。值得注意的是,国家高新区良好的政策和服务环境,无疑也是其发展战略性新兴产业的重要的有利条件。良好的创新创业环境不仅成为国家高新区不断发挥影响力和重要作用的原动力,更是未来发展战略性新兴产业的重要推动力。

一、高新区的新功能

事实上,正当人们高度关注和热议战略性新兴产业之时,国家高新区已经为战略性新兴产业的快速发展积累了雄厚的基础。

新兴产业的形成机制主要有四个方面：一是由重大技术突破而催生的新业态,如物联网、第三代移动通信技术等；二是由产业融合发展与价值链分解催生的新业态,如电子交易、生物医药研发外包等；三是与内需市场扩容和消费结构升级相关的高增长行业,如文化创意、健康管理等；四是由于规制和环境变化而出现的替代性技术和新业态,如新能源、节能环保产业等。而从这些情况看,国家高新区已经在发展新兴产业方面抢得先机,并将成为我国战略性新兴产业发展的摇篮。

国家高新区经过20世纪80年代的探索试验,90年代的大规模布局和初创发展,到进入21世纪,以提高自主创新能力、实现创新驱动发展为主要目标进行"二次创业",不仅成为我国经济的重要增长点,更为我国产业结构调整发挥了重要作用,国家高新区对区域经济发展的支柱性地位也日益显现。

2008年,中关村、南京、武汉东湖、成都、西安等19个国家高新区工业增加值占所在城市工业增加值的比重均达到30%以上,苏州、合肥、吉林、珠海、宝鸡等12个国家高新区生产总值占当地城市GDP的比例达到20%以上。

2008年,国家高新区实现人均GDP 25.9万元,国家高新区的土地利用效率、投资度和投资效益都远高于全国平均水平,实现了土地资源的高效利用。

同时,国家高新区已经初步形成一批具有高成长性、高竞争力的产业集群,成为区域产业结构调整的中坚力量。北京、上海、天津、深圳、西安、沈阳等地的国家高新区在软件、集成电路、通信设备、新能源、现代制造业等方面形成了产业集群。

面对我国加快发展战略性新兴产业的重要任务,科技部有关人士表示,国家高新区一定能够成为支撑经济增长、推动产业结构调整和转变经济发展方式的重要力量。国家高新区已经在国家经济发展和应对国际金融危机中发挥了重要作用,也一定能够在新一轮经济发展中成为战略性新兴产业发展的载体。

从我国开始建设高新区开始,国家高新区就一直积极探索内涵增长模式,坚持以科技为动力,以创新求发展,培育有前景的产业集群。如今经过多年的探索和实践,国家高新区已经建立了从技术研发、技术转移、企业孵化到产业集聚、集群的一整套企业创新和产业培育体系,探索形成了培育科技企业和产业集群的有效模式,催生了一批新兴产业和有影响力的产业集群,成为我国新兴产业持续涌现的发源地,并为我国加快发展战略性新兴产业集聚了力量。

目前,国家高新区集聚了7000家研发机构、700多个国家中层技术研发中心和开放实验室、300多家产业技术检验检测平台,科技资源共享和公共服务水平有了显著提高。

杭州高新区(滨口)为战略性新兴产业的发展绘制了蓝图。这包括:做强高新技术产业,拉长通信设备、安防设备、数字电视、新材料、新能源与节能环保、生物医药等高新技术产业的产业链,力争新认定高新技术企业和技术先进型服务企业100家;做大新兴产业,推进国家软件及服务外包(杭州)基地建设,兴建互联网、物联网、新能源三大产业园区和专业"孵化器"。同时,利用高新技术进行嫁接改造,做优传统产业。

西安高新区明确表示,将重点发展电子信息、先进制造、生物医药和现代服务业,尤其是重点培育通信、光伏与LED、新型电子元器件、电力设备、能源技术、软件与服务外包、创新型服务业等具有较强竞争力的新兴产业集群。

济宁高新区则明确提出,把大力发展光电信息产业作为战略性新兴产业发展的重中之重,着力突破一批核心技术和产业链高端项目,积极抢占战略性新兴产

业制高点,打造具有国际竞争力的高端产业集群。

苏州高新区正在为战略性新兴产业"定制"基地,在苏州科技城为新能源、生物医药、服务外包确立先发优势。

无锡高新区也将依靠园区相关产业基础,大力发展战略性新兴产业。无锡高新区党工委书记周谦表示:"无锡高新区将站在产业战略的高度,努力打造'六个千亿元'产业格局,即传感网信息产业、集成电路产业、光伏新能源产业、光机电装备制造产业、软件和服务外包产业以及其他IT产业等,全面推进国家传感网创新示范区建设工作。"

国家高新区还产生了多项具有战略意义的创新成果,为战略性新兴产业的发展提供了技术源头,如我国新的组群千万亿次高性能计算机、人用禽流感疫苗、抗肿瘤蛋白质药物、第三代移动通信技术、中文搜索软件、下一代互联网、最新导航、燃料电池等。

国家高新区发展战略性新兴产业的另一个优势在于,科技人员和研发投入高度密集。目前,国家高新区拥有各级科技人员135万人,占全国的30%;2008年园区企业的研发投入为1658亿元,占高新区生产总值的7.9%,这一数字接近甚至超过了许多发达国家的平均水平。这些将成为国家高新区发展战略性新兴产业的有效推动力。

二、新兴产业的核心载体

国家高新区应成为我国战略性新兴产业培育发展的核心载体。如果说产业集群对于促进特定产业领域的创新创业具有特殊价值,那么作为多种高技术产业综合载体的国家高新区对于新兴产业的整体培育具有类似的特殊价值。不确定性是新兴产业的内在属性,创新型产业的集群效应和不同产业技术的交叉融合效应能够增加新兴产业崛起的概率。硅谷的案例表明,创新创业活跃的高技术产业密集区同时也是新兴产业的"孵化器"。

国家高新区经过多年的发展,已经在高技术产业发展和创新创业环境营造等方面奠定了相对良好的基础,因此在新的历史阶段,应作为核心载体承担起培育发展国家战略性新兴产业的历史使命。

所谓核心载体,指的是国家高新区应成为我国战略性新兴产业的主要策源地、主要培育平台和关键发展载体。这种历史使命的完成对于中国这样的后发国家来说需要政策支持和政府推动,如果说,硅谷作为全球高技术产业的摇篮,其活跃的创新创业环境首先是企业行为自行演化的产物,其次才是政府鼓励支持的结果的话,那么中国作为后发国家,要建立能够促进产业兴起的世界一流的创新创业环境,并最终培育能够引领世界的战略性新兴产业,将会更加需要政府层面的大力支持。

高新区管委会应成为促进我国战略性新兴产业培育发展的产业推进组织。全球竞争不仅仅是企业的竞争，同时也是产业链的竞争、产业集群的竞争和产业生态系统的竞争。对于中国这样的后发展国家来说，需要加强群体合力以实现产业链突围。国家高新区管委会在过去多年的探索中，已经探索创造出"孵化器"、加速器、产业技术联盟等多种产业组织形式，将来仍然需要作为产业推进组织在整合全球资源、配合国家战略部署和推动多主体灵活探索等方面不断推动产业组织创新，使自身作为产业组织形式的"孵化器"，加速推进战略性新兴产业的培育和产业国际竞争力的提升。

国家高新区通过集聚大量的创新要素与资源，建立适宜创新的配套措施以及制度创新，形成了包括创业、科技研发、教育、金融、专业化服务以及机制体制改革等在内的良好的"小气候"，将推动我国战略性新兴产业持续快速发展。

以天津滨海高新区为例，天津滨海高新区自建区以来，不断优化创新创业环境。天津滨海高新区管委会主任赵海山表示，由于建立了从技术研发、技术转移、企业孵化到产业集群的一整套创业创新和产业培育体系，天津滨海高新区将成为我国战略性新兴产业发展的沃土。

多年来，天津滨海高新区充分利用科技、人才、区位、产业等优势，搭建创新平台，聚集创新资源，不断增强自主创新能力和核心竞争力。如今，天津滨海高新区进一步完善了知识产权管理体系，初步形成了以企业为主体的高水平研发体系和自主创新高地。

天津滨海高新区作为我国第一家国家知识产权试点园区，园区企业每年专利申请量均占天津市企业专利申请量的60%以上。为了进一步增强企业自主创新能力，天津滨海高新区正在建设包括生物医药研究院、民航科技产业化基地和工业生物研发转化中心等在内的12个国家级研发平台。

可以说，国家高新区经过多年的探索和实践，已经形成了培育科技企业和产业集群的有效模式，并催生了一批新兴产业和有影响力的产业集群。但国家高新区并未就此止步，而是不断提高服务水平，优化创新环境建设。

据了解，苏州高新区提出了"2+3"产业振兴规划，即在继续做强做大做优电子信息和精密机械两个支柱产业的同时，重点发展医疗器械、新能源和服务外包3个新兴产业，园区2010年启动的领军人才计划也将对这3个新兴产业重点支持。同时，苏州高新区还研究制定了鼓励医疗器械、服务外包等产业发展的相关政策，并不断深化各类专业技术公共服务平台的服务水平和创新载体建设，加快战略性新兴产业在园区的集聚和发展。

此外，杭州高新区（滨江）引导企业设立海外研发或经营机构，在全球范围内配置资源、参与竞争，并继续通过政府援手、政府购买、政策杠杆、电子商务以及平台搭建等，帮助企业解决外需不足问题，拓展市场，并鼓励服务外包，力

第三章 金融资本的力量

求打造"天堂软件·杭州外包"国际品牌。

科技部相关负责人表示,今后要进一步促进国家高新区"二次创业",充分发挥国家高新区在引领战略性新兴产业发展、支撑地方经济增长中的集聚、辐射和带动作用,加快推进战略性新兴产业基地建设,促进战略性新兴产业集群发展。

山东省把推进高新区"二次创业"作为战略性新兴产业发展的重要载体,以培育战略性新兴产业和形成区域经济增长极为主要任务,强化高新区的集聚、辐射和带动作用,把高新区培育成战略性新兴产业的摇篮。同时,要主动转型,集聚1~2个产业,促进产业集聚、构建公共平台、推进科技金融、汇聚创新人才,使其成为战略性新兴产业的载体,并打造成在全国有重要影响力的战略性新兴产业集群。此外,要把用好专项资金作为培育战略性新兴产业的重要保障,把自主创新成果转化作为推动战略性新兴产业发展的重要措施,把改革完善高新技术产业发展考核评价体系作为推动战略性新兴产业发展的重要动力,大力培育发展战略性新兴产业。

江苏省把推进自主创新作为培育发展战略性新兴产业的根本途径。近年来,江苏抓住全球产业结构调整机遇,注重发挥科技创新的驱动作用,在新能源、新材料、生物医药、节能环保等领域率先突破,初步探索出一条具有地方特色依靠科技发展战略性新兴产业的路子,包括集中加大科技资金投入,为战略性新兴产业发展注入强劲血液。

新疆维吾尔自治区制订了战略性新兴产业发展规划,大力发展新能源、生物医药、新材料、信息等产业,重点开展煤炭清洁利用技术、太阳能高效利用技术、5兆瓦风力发电机组研制、少数民族医药、金属新材料、物联网系统、多语种软件等方面的研究开发,努力在关键技术、核心技术方面取得突破性进展,促进重大专项成果和战略性高技术、创新技术的产业化,形成一批集聚效应突出的产业集群。同时,新疆将继续引导各类创新要素向企业聚集,大力培育高新技术企业和科技型中小企业,完善高新技术产业投融资体制和科技服务体系,加强与金融部门、中介机构的协调配合,开展科技企业上市引导培训工作,加快科技企业上市融资步伐。新疆还将把高新区作为培育战略性新兴产业的重要基地,支持乌鲁木齐高新区建设创新型园区,支持昌吉高新区升格为国家高新区。

云南省不断加大科技资金投入,构建适应战略性新兴产业发展的多层次融资体系。一是建立支持战略性新兴产业创业企业的天使基金和创投引导基金,探索政府引导、市场化运作的机制,支持新技术、新产品产业化,以少量的政府资金通过整合资源,引导金融机构、创投基金和社会投资,组建各种天使基金、创投基金和风险投资公司等,形成对科技型中小企业不同发展阶段的资金支持链。二是建立科技风险投资补偿专项资金,按投资项目和资金多少给予风险补助的方式,吸引各种类型优秀的创投机构和产业投资基金加大对战略性新兴产业的投资。三是建立科技融资担保公司，完善科技企业融资担保机制，鼓励银行加大对科技型中小企业的信贷支持力度，探索知识产权等无形资产质押贷款。四是构建科技企业股份转让系统的相关平台和制度，培育大量科技企业在国内外资本市场上市。

三、62 个产业基地

从国家高新区新一轮产业布局中不难发现，各高新区已拉开战略性新兴产业发展大幕。工信部从全国1568多家开发区中选取了62个，作为调整工业结构的试点。工信部希望这些被命名为"国家新型工业化产业示范基地"试点，能够成为中国下一步孵化"战略性新兴产业"的温床。

这些基地包括：北京中关村科技园电子信息基地、石家庄医药产业高新技术开发区、江苏无锡传感网高新技术开发区、上海航空产业基地等。基地的建设要结合实际，明确发展定位，制订具有前瞻性的产业发展规划。

据悉，未来几年，工信部将在规划布局、技改、重大专项和资金安排等方面对62家示范基地进行扶持。同时，按照工信部与地方政府的协议，地方政府也将在土地、财政等方面予以配套支持。

为了推出这62家示范基地，工信部经过了整整一年的调研和准备。此次工信部选取的62家示范基地，从区域分布看，除西藏自治区外，全国30个省、区、市和5个计划单列市实现了全覆盖，其中东部地区29个，占46.8%；中部地区16个，占25.8%；西部地区17个，占27.4%。

工信部的官员说，62家示范基地主导产业规模和水平均居国内同行业前列，主导产业产值占主体园区产值比重平均达到70%；平均销售收入超过800亿元，合计工业产值达到了3万亿元。此外，产业示范基地还普遍建有较完善的公共服务设施，并得到了所在地政府政策和资金支持。

62个基地中，原材料基地15个、装备制造25个、消费品8个、电子信息及生产性服务业等新兴产业14个。其中，被选为传感网电子信息基地的江苏无锡高新技术开发区，是国务院总理温家宝提出要建立"国家传感信息中心"的基地。

被选中作为电子信息基地的北京市中关村科技园，是国务院确定的自主创新科技园区。北京中关村科技园区管委会副主任李石柱说，北京市已经计划到2012年，形成2家具有全球影响力，引领高技术发展方向的"千亿规模"的世界级企业，北京市已经确定设立100亿元的重大成果产业化股权投资计划。

工信部希望这些基地能够成为战略性新兴产业的承载地。李毅中说，希望示范基地能够大力发展信息网络、新能源、新材料、生物产业、航空航天等产业。他要求这些地方抓紧研究制定促进战略性新兴产业的发展规划和产业政策。

以甘肃金昌金属材料示范基地为例，这个基地将被工信部作为新材料高技术产业基地来打造。目前，当地政府已经专门为此规划土地4000公顷，吸纳企业169家，实现工业增加值170亿元。

工信部调研的数据显示，截止到目前，全国经国家公示的省级以上开发区有1568个，其中各类国家级开发区222家，此外，全国还有各类功能区、聚集区、工业区数千家，这些名目繁多的园区，成为地方大规模招商引资的基地。据工信部对121个国家级园区的统计，2008年实现工业产值达到9.4万亿元，提供了超过5500亿元的税收。在产业园区较为集中的东南部沿海地区，这些园区的工业产值占到了当地区域内的50%以上。

不过，工信部的调研还显示，中国目前各类园区过多、过散，特色不明确，产业配套不完善，附加值较低，一些产业园区甚至成为地方圈地搞投资的幌子。土地是中国工业园区普遍存在的主要问题，一些地方为了兴建工业园区，圈占浪费了大量良田。

工信部的官员称，希望通过创建国家新型工业化产业示范基地，能够引导中国工业园区的健康发展。同时，真正起到带动工业转型的作用。

国家发改委宏观院国土开发与地区经济研究所的专家说，最近几年来，中国兴起了大规模的各类工业园区。从本质上看，工信部此次筛选的62个基地，与此前的工业园区区别不大。如何真正让这些功能基地起到预想的作用，还有待检验。此前，国家发改委曾通过产业投资基金的形式将92亿元转向资金分配给地方，以支持高新技术企业和基地的发展。

产业结构调整和升级是一个复杂的工程，不可能通过62个基地的创建就会起到立竿见影的效果，基地创建主要作用在于引导。该官员表示，工信部将对62个基地进行严格的检查，坚决防止产业方向、入驻企业和项目不符合规划的进入，禁止落后产能转移，禁止在基地园区内进行重复低水平建设。还透露，工信部今后将会把十大产业振兴计划与62家基地的建设结合起来，"对于符合产业规划的优先安排，对于国家财政安排的各种专项，也会优先支持基地符合条件的项目"。

参 考 文 献

一、中文部分

[1] 彼得·诺兰等:《全球商业革命、瀑布效应以及中国企业面临的挑战》,《北京大学学报》(哲学社会科学版),2006年第2期。

[2] 邴志刚:《促进经济发展方式转变的宏观政策取向》,《学习时报》,2007年12月17日。

[3] 陈清泰:《在培育新兴产业中的政府作用》,《科技日报》,2010年6月21日。

[4] 发展战略性新兴产业课题调研小组:《关于发展我国战略性新兴产业的思考》,《学习时报》,2010年第5期。

[5] 贾根良:《评佩蕾斯的技术革命、金融危机与制度大转型》,《经济理论与经济管理》,2009年第2期。

[6] 卡罗塔·佩蕾斯:《技术革命与金融资本:泡沫与黄金时代的动力学》,中国人民大学出版社,2007年。

[7] 黄南:《世界新兴产业发展的一般规律分析》,《科技与经济》,2008年第5期。

[8] 李朴民:《如何正确选择战略性新兴产业》,《经理日报》,2010年5月3日第A04版。

[9] 李章军:《破浪前进的战略抉择——省部级干部研讨班侧记》,《中国高新技术产业导报》,2010年3月15日。

[10] 李辉、史秋实:《发展战略性新兴产业抢占经济科技制高点》,《中国高新技术产业导报》,2010年2月15日。

[11] 林兆木:《关于转变经济发展方式问题》,《人民日报》,2010年2月3日。

[12] 北京麦肯桥资讯有限公司:《浦东半导体照明产业总体发展规划》,2004年。

[13] 蔡翔、严宗光、易海强:《知识供应链:概念、特征、主体》,科学管理研究,2000年。

[14] 陈益升、陆容安、欧阳资力:《国际科学城(园)综述》,《科学对社会的影响》(中文版),1995年。

[15] 褚劲风：《世界科学城市的类型、政府决策过程与区位选择分析》，《上海师范大学学报》（社会科学版），1998年。

[16] 杜国珍、肖广岭：《构建传统产业集群共性技术供给机制——一项对比研究》，《科学学与科学技术管理》，2006年。

[17] 冯德连：《经济全球化下产业集群的创新机制研究》，2006年。

[18] 张少春：《中国战略性新兴产业发展与财政政策》，经济科学出版社，2010年。

[19] 盖文启：《创新网络——区域经济发展新思维》，北京大学出版社，2002年。

[20] 《胡锦涛在省部级干部落实科学发展观研讨班上的讲话》，中央政府门户网站。

[21] 《温家宝在省部级主要领导干部研讨班发表重要讲话》，中央政府门户网站。

[22] 《李克强在省部级主要领导干部专题研讨班发表讲话》，中央政府门户网站。

[23] 杨林：《从几次金融危机看虚拟经济与实体经济关系》，《中国金融》，2009年第5期。

[24] 袁天昂：《资本市场支持我国战略性新兴产业发展研究》，《证券经纬》，2010年第3期。

[25] 曾晓安：《中国能源财政政策研究》，中国财政经济出版社，2006年。

[26] 战略性新兴产业部际领导小组办公室：《战略性新兴产业发展思路研究调研资料汇编》，2010年。

[27] 盖文启、王缉慈：《论区域的技术创新型模式及其创新网络——以北京中关村地区为例》，1999年。

[28] 辜胜阻：《加强自主创新，实现高技术开发区的二次创业》，《中国科技产业》，2005年。

[29] 郭建国、孔凡娜：《国内外发展高科技园区金融支持体系的比较》，《商业研究》，2007年。

[30] 国家新材料行业生产力促进中心、国家半导体照明工程研发及产业联盟：《中国半导体照明产业发展报告》，机械工业出版社，2006年。

[31] 王滨：《科技革命与社会发展》，同济大学出版社，2003年。

[32] 段瑞华：《科学技术革命与社会主义之历史演进》，华中理工大学出版社，1996年。

[33] 向文华：《科技革命与社会制度嬗变》，中央编译出版社，2003年。

[34] 黄顺基：《大杠杆：震撼社会的新技术革命》，山东大学出版社，1995年。

[35] 黄顺基:《大动力:科学技术动力论》,中国人民大学出版社,1990年。

[36] 黄顺基:《科技革命影响论》,中国人民大学出版社,1997年。

[37] 黄天湘:《高科技与社会》,社会科学文献出版社,2000年。

[38] 尚勇:《科学技术与经济发展》,经济管理出版社,2001年。

[39] 杨承训:《历史的杠杆:科技主导经济发展规律研究》,河南人民出版社,2001年。

[40] 陈华山:《科技、体制与经济增长》,经济管理出版社,2001年。

[41] 吴敬琏:《中国增长模式抉择》(增订版),上海远东出版社,2009年。

二、英文部分

[1] Carlota Perez. The Double Bubble at the Turn of the Century: Technological Roots and Structural Implications, Cambridge Journal of Eco-nomics, 2009, Vol.33, No.4, pp.779-805.

[2] Freeman, C.and C.Perez. Structural Crises of Adjustment, Busi-ness Cycles and Investment Behavior, In G. Dosi et al. eds. Technical Change and Economic Theory. Francis Pinter, London 1988.

[3] Gourinchas, Rey. From World Banker to World Venture Capitalist: US External Adjustment and Exorbitant Privilege NBER Working Paper. No.11653. August, 2005.

[4] Krugman, Paul. A Model of Innovation, Technology Transfer, and the World Distribution of Income. Journal of Political Economy, 1979, Vol. 87 (2), pp. 253-266.

[5] Sturgeon T. J. Modular Production Networks: A New American Model of Industrial Organization. Industrial and Corporate Change, 2002, Vol.11, Issue 3, pp. 451-496.

[6] UNCTAD: World Investment Report 2002-Transnational Corpora-tions and Export Competitiveness, p.121.